변희재의

태블릿
사용 설명서

변희재의
태블릿
사용 설명서

변희재 지음

미디어워치

차례

들어가며

대부분의 사람들은 안정되고 편안한 삶을 소망하며 살아간다. 그러면서도 마음 한편엔 안정되고 편안한 삶을 일탈하는 일을 수없이 시도한다. 그 일탈이라는 것이 어쩔 수 없이 막다른 골목에서 떠밀리다시피 하는 게 아니고 스스로의 선택에 의한 거라면 얘기는 달라진다. 무늬는 일탈이지만 그것은 투쟁이 된다. 무엇을 위한 투쟁이냐가 관건이겠지만.

전작 『손석희의 저주』가 그러했다. 일탈이되 막다른 골목에서 떠밀리다시피 한 게 아닌 선택에 의한 투쟁의 결과였다. 그것도 진실투쟁에 의한. 하지만 물리적 한계에 부딪히며 JTBC의 태블릿 보도 문제점을 다루는 데서 멈춰야 했다. 그 이상의 추가 증거가 나오지 않았기 때문이다.

그러다 최서원 1심 재판에서 국과수 태블릿 포렌식 보고서가 공개되면서 본능적 나의 일탈은 또다시 꿈틀댔다. 국과수에서는 태블릿을 최서원이 사용했다고 단정하지 못했다. 그러니 국과수가 최서원이 태블릿을 사용했다는 것을 단정하지 못했다면 나로서는 거꾸로 사용하지 않았다는 증거를 찾으면 되는 일이었다. 포렌식 자료를 정밀 분석하면 끝나는 일이었다. 『손석희의 저주』 2편을 쓰겠다는 구상을 공개하기도 했다. 이 관련 기사를 내보낸 바로 다음 날, 구속영장이 떨어졌다. 문재인의 검찰이 내게 더 이상 태블릿 문제 제기를 하지 못하도록 계획한 구속영장이었으며 구속이었다.

각오는 했지만 두려웠다. 영화와 드라마 속에서 본 감옥만 떠올릴 수밖에 없었으니. 그러나 감옥도 사람이 살고 있는 사회였다. 사회에서 평소 알고 지

내던 사람들이 너무 많았다. 김상률 전 교육문화수석, 현기환 전 정무수석, 허현준 전 청와대 행정관은 물론, 평소 뉴스에서만 봤던 드루킹, 고영태, 양승태 전 대법원장까지 이슈 메이커들이 모두 서울구치소에 모여 있었다.

『몬테크리스토 백작』과 『빠삐용』을 읽으면서 탈옥과 복수보다는 당당하게 감옥 문을 부수고 나가 진실을 알리겠다는 결의를 더더욱 굳혔다. 더욱이 미디어워치 자문단에서 국과수의 포렌식 자료를 근거로 태블릿 디지털 조작 증거를 잡아내고 있었다.

그때부터였다. 내가 감옥 문을 박차고 나가는 날, 기자들과 독자들 앞에서 '가짜 태블릿은 가짜 대통령 문재인이 책임져라'는 기자회견문을 낭독하는 꿈을 꾼 것은. 어처구니없게 보석 석방을 거부하는 해프닝 속에 출소 기자회견은 무산되었다. 그 대신 태블릿 조작의 결정적인 증거와 감옥에서의 진실투쟁을 담아 책으로 펴내 한국뿐만 아니라 일본, 미국, 대만 등에 출판하는 날을 기다렸다. 『변희재의 태블릿 사용 설명서』는 이렇게 출판된 것이다.

지난한 태블릿 진실투쟁에 함께하고 있는 미디어워치 황의원 대표와 직원들, 이동환·차기환·정장현·이경재·도태우·김기수 변호사를 비롯한 우종창 선배, 엄형칠 법학도, 포렌식 분석과 자문을 해 주고 있는 장○○씨와 김인성 교수, 태블릿진상규명단, 늘 소통하며 힘이 되어 준 미디어워치 독자들께 감사를 드린다. 무엇보다 태블릿 관련 미디어워치의 기사를 정리해 준 이우희 편집국장에 대한 감사의 인사를 빠뜨릴 수 없다.

어디선가 보이지 않게 태블릿 진실투쟁에 동참하고 있는 애국 동지들께도 감사의 인사를 대신한다.

2021년 2월 진실투쟁 사무실에서

변희재

등장인물

태블릿 관련자

최서원 태블릿 같은 건 쓸 줄도 모르는 왕컴맹. 단지 박근혜 대통령과 가깝다는 이유로 태블릿의 실사용자라는 누명을 뒤집어썼다.

김한수 현직 대통령 탄핵을 위한 태블릿 조작에 가담한 태블릿 실사용자.

김성태 태블릿 개통 명의자인 김한수가 대표이사로 있는 '주식회사 마레이컴퍼니'의 직원. 현재는 대표이사.

진실 추적자

변희재 이 책의 저자. 2016년 12월 7일 태블릿 조작 의혹을 처음 제기한 이후 4년째 진실을 추적하는 리더. 그로 인해 1년간 투옥 생활을 하고 아스팔트 동지들과의 갈등이라는 혹독한 대가를 치르고 있지만 오직 진실만이 대한민국을 바로잡을 수 있다는 의지를 꺾지 않고 있다.

황의원 변희재의 23년 동지이자 미디어워치의 대표이사. 1심 결심공판에서 "태블릿 조작은 거대한 폰지 사기극"이라며 "판결문에 내가 범행을 부인하고 전혀 반성하지 않는다고 적어 달라"며 항거했다가 법정구속 6개월간 투옥 생활을 했다.

이우희 미디어워치 편집국장. 탄핵 직전 미디어워치에 입사해 태블릿 조작 관련 취재와 기사 작성을 전담하고 있는 8년차 기자.

김인성 디지털 포렌식계의 시라소니. 어느 조직이나 세력에 줄 서지 않고 독자적으로 활동한다. 변희재가 도움을 요청하자 우선 검찰로부터 태블릿 이미징 파일을 받아낼 것을 조언했다.

이동환 태블릿 재판의 변호사로 거대한 거짓 세력에 맞서 싸우다 어느새 30대 시골 변호사에서 40대 우파 변호사로 거듭났다.

차기환 항소심에 합류한 변호사. 검찰의 태블릿 조작 증거가 쏟아지자 판사와 검사를 꾸짖는 진풍경을 항소심 내내 연출한다.

우종창 대한민국에서 유일하게 박근혜 대통령 재판 관련 1차 서류를 모두 읽고 취재하며 기사를 쓰는 베테랑 기자.

태블릿진상규명단 변희재의 진실투쟁에 공감하여 자발적으로 모여든 익명 전문가 그룹. 전직 과학 전문 기자, 포렌식 전문가, 법학도 등이 포함돼 있다.

미디어워치 독자들 변희재의 진실투쟁에 공감하는 일반 시민들로 구성돼 인터넷 카페를 통한 소통으로 서로가 서로에게 힘이 되어 준다.

거짓 관리자

홍성준 태블릿 재판 직관검사. 2018년 태블릿 재판을 맡아 평검사에서 부부장, 대검 연구관, 부장으로 초고속 승진했다. JTBC의 보도를 절대 진리로 규정하며 변희재의 태블릿 검증과 이미징파일 제공 신청에는 무조건 반대한다.

노승권 태블릿 사건 초기 서울중앙지검 1차장 검사로 특수본의 수사 책임자였다. 당시 "태블릿에서 정호성의 문자가 나왔다"는 거짓말로 태블릿이 정말 최서원 것이 맞는지에 대한 기자들의 의문 제기를 조기 차단했다.

윤석열 특검의 수사 팀장으로 태블릿을 최서원의 것으로 조작 수사한 책임자. 홍성준 검사가 변희재를 구속할 때 서울중앙지검장이었다. 2018년 11월 JTBC의 실질사주 홍석현과 심야회동을 가졌으며 그로부터 2주 뒤 홍성준은 변희재에게 5년형을 구형했다.

김용제 "태블릿 요금은 마레이컴퍼니에서 냈고 김한수는 몰랐다"는 취지의 거짓 알리바이를 최초로 구축한 특수본 검사.

김종우 "마레이컴퍼니에서는 법인카드 자동이체로 2012년까지만 냈고, 이후로는 김한수가 냈다"는 취지로 거짓 알리바이를 보완한 특검 검사.

장욱환 태블릿 재판 항소심의 공판검사. 태블릿 이미징 파일 제공을 거부하고 있다.

박주영 태블릿 재판 1심의 단독 부장판사. 태블릿 감정 요구를 끝까지 거부하며 피고인 전원에게 유죄를 선고한 우리법연구회 출신 판사.

거짓 유포자

홍석현 중앙홀딩스 회장이자 JTBC의 실질사주. 간부회의에서 "태블릿은 내가 손석희에게 줬다"고 말했다고 한다. 탄핵 당시 공공연히 대권을 꿈꿨다.

손석희 JTBC의 태블릿 보도 당시 총괄책임자이자 뉴스룸의 앵커. 김의겸은 태블릿 보도의 폭발력에 대해 "손석희 브랜드는 컸다"고 평가했다.

손용석 태블릿 특별취재팀 팀장으로 후일 변희재를 상대로 한 JTBC 측의 법적 대응을 전담함.

서복현 태블릿 실사용자와 법적 검토 등을 보도한 JTBC 기자.

심수미 태블릿 연설문 수정과 입수 경위 보도를 전담한 JTBC 기자.

김필준 더블루K 사무실에서 태블릿을 최초 입수했다고 주장하는 JTBC 막내기자.

조택수 태블릿을 검찰에 임의제출 했다는 당시 JTBC 법조팀장.

서문
변희재의 태블릿 사용 설명서 미리보기

태블릿으로 탄핵을 쏘다

2016년 10월 24일, JTBC의 "최서원[01]이 태블릿을 통해 박근혜 대통령[02]으로부터 청와대 기밀문서를 받아 국정을 농단하였다"는 단독보도를 시작으로 대한민국에서는 국민이 직접 선출한 대통령이 탄핵되고 현재까지 약 4년여 동안 구치소에 갇혀 있는 사태가 벌어졌다.

박 대통령이 탄핵되고 투옥된 핵심 사유는 비선실세 최서원과 공모하여 삼성, SK 등으로부터 K재단, 미르재단의 출자를 강요하고 승마 경기용 말 세 마리를 지원받았다는 것 등이다. 그러나 헌법재판소의 탄핵 심리 과정에서도 법원의 재판 과정에서도 검찰 측은 박 대통령과 최순실이 공모했다는 확실한 증거를 전혀 제출하지 못했다. 국민들은 그냥 '일반

---

01 2016년 당시 최순실이라는 이름은 법적으로 존재하지 않았다. 최순실은 최서원 씨의 과거 개명 전 이름이다. 언론은 이러한 사실을 잘 알면서도 촌스러운 느낌을 주는 최순실이라는 이름을 사용했다. 최서원 씨는 2019년 11월 국내 93개 언론사에 적법 절차로 개명한 이름 '최서원'을 사용해 달라는 내용증명을 발송했다. 이 책에서는 직접 인용시에만 '최순실'로 표기했다.

02 박근혜 대통령은 언론의 선동과 조작된 증거, 불법적인 절차로 탄핵당했다. 태블릿은 이러한 불법 탄핵의 시발점이자 상징이다. 태블릿의 진실이 탄핵과 맞닿아 있으므로 모든 진실이 드러날 때까지 이 책에서는 전(前) 대통령이 아닌, 박근혜 대통령으로 기술했다.

인 최서원이 태블릿을 통해서 국가 기밀을 박 대통령으로부터 전해 받았지' 이 수준의 인식을 할 뿐이었고 오히려 검찰은 바로 이러한 국민 인식을 이용해서 박 대통령에게 무려 30년형을 구형하기에 이른 것이다.

개통자 김한수를 원천 배제하다

그러나 태블릿은 보도 당시부터 지금까지 무수한 의혹과 논란에 휩싸였다. 태블릿이든 스마트폰이든 소유자나 실사용자는 이동통신사 대리점에 가서 직접 개통한 개통자를 최우선 순위로 올려놓는다. JTBC와 검찰은 박근혜 정부의 청와대 행정관 김한수가 2012년 6월 22일 직접 대리점에서 자신의 회사인 '주식회사 마레이컴퍼니' 명칭으로 개통했다고 밝혔다. 그렇다면 당연히 태블릿 실사용자로 김한수를 우선 염두에 두었어야 했다. JTBC와 검찰은 애초에 이러한 합리적인 가정을 원천적으로 제외시켰다.

김한수는 검찰과 특검 수사에서 "고 이춘상 보좌관 요청으로 태블릿을 개통한 뒤 곧바로 그에게 건네주었을 뿐 그 이후는 모르겠다"고 진술했다. 이춘상 보좌관은 2012년 12월 대선 직전 교통사고로 사망하여 진위를 더 확인할 수 없는 상황이었고 검찰과 특검은 무조건적으로 김한수의 진술이 진실인 것처럼 몰아붙였다.

요금 납부 문제는 "회사가 냈다"는 알리바이로 무사통과

문제는 요금 납부였다. 설사 김한수가 개통한 뒤 이춘상 보좌관에게 건네주었다 해도 매달 청구되는 요금은 개통자가 납부하거나 아니면 이춘상 보좌관이 처리했어야 했다. 이춘상 보좌관이 요금을 낸 기록은 없다.

검찰과 김한수는 이 문제를 "마레이컴퍼니 법인카드로 자동이체를 해 놨기 때문에 개통자 김한수도 그 이후에는 잊어버렸다"는 알리바이를 내세웠다. 실제 검찰과 김한수는 마레이컴퍼니 법인 계좌가 적혀 있는 태블릿 계약서를 박근혜 대통령 재판과 나의 태블릿 재판에 제출했다. 그러다 보니 박 대통령 변호인단도 나도 이 사실에 대해 별다른 의심 없이 받아들였다.

그러나 내가 1년여 간 서울구치소에서 사전 구속되었다 석방된 후 항소심에서 다시 정밀하게 자료를 검토한 결과 이상한 점을 발견했다.

이용 정지 기록 발견, 연매출 20억 원 회사가 요금을 체납?

태블릿은 요금 미납으로 2012년 9월 10일부터 11월 27일까지 석 달여 간 '이용 정지' 상태였고 누군가 2012년 11월 27일 오후 1시경 요금을 납부하여 이용 정지를 해제한 뒤 곧바로 사용한 기록을 검찰과 국과수의 포렌식 자료에서 발견한 것이다.

당시 김한수의 회사 마레이컴퍼니는 연매출 20억 원대였다. 6개월[03] 간 미납된 태블릿 통신요금은 기껏 40만 원에도 못 미쳤다. 월 평균 요

---

03 2012년 6월부터 11월까지. 처음 석 달은 요금을 내지 않았으나 이용은 가능했던 상태. 9월부턴 이용 정지 상태였음.

금은 기기 할부 원금을 포함해 약 6만 원 정도. 회사 법인카드로 자동이체 설정이 되었는데 이 정도 금액이 빠져나가지 않고 연체되어 이용 정지가 되었다는 게 믿기지 않았다.

그래서 나는 내 태블릿 재판 항소심 법원에 대체 누가 미납된 요금을 한꺼번에 계산했는지 여부를 사실조회로 문의했다. 기록상으로 요금을 납부하여 이용 정지를 해제하자마자 곧바로 태블릿을 사용해 박 대통령의 대전 유세 자료를 다운 받는 등 이용했기 때문에 요금 납부자가 곧 태블릿 실사용자였다. 특히 2012년 11월 27일이 바로 당시 대선의 선거운동 첫 날로, 박 대통령은 이날 대전 유세를 시작했다.

요금 납부자는 법인 회사가 아닌 김한수 개인

2020년 3월 나는 법원을 통해 태블릿이 등록된 이동통신사 SKT로부터 놀라운 회신을 받았다. 문제의 11월 27일, 개통자인 김한수가 자신의 개인카드로 밀린 요금 375,460원을 한꺼번에 납부했던 것이다. 이로써 태블릿 실사용자 건은 최서원이 아니라 김한수라는 점이 완전히 확인된 셈이다.

특히 태블릿은 2012년 대선 기간과 정부 인수위 기간에만 집중적으로 사용되었다. 검찰이 최서원이 태블릿을 통해 받았다는 국가 기밀문서라는 것들도 대부분 이 기간에 작성된 것들이다. 김한수는 대선 캠프, 인수위, 청와대까지 줄곧 근무하였다. 만약 태블릿을 최서원이 아닌 김한수가 사용했다면 대선 캠프, 인수위와 청와대 관련 문서가 들어있는 건 너무나 당연한 일이다. 즉, 태블릿을 통해 최서원이 박 대통령으로부터 국가 기밀문서를 넘겨받았다는 탄핵의 대전제가 무너지는 순간이다.

요금을 납부한 사실을 숨기는 김한수와 검찰

더 놀라운 것은 검찰과 김한수는 이 결정적인 요금 납부 사실을 고의로, 조직적으로 은폐해 온 정황이 발견되었다는 점이다. 일단 검찰은 태블릿 실사용자의 결정적 단서가 될 수 있는 2012년 요금 납부 명세서 전체를 은폐했다. 이로 인해 박 대통령 측과 우리 측 모두 제때에 이 사실을 확인할 수 없었다.

또한 2016년 10월 29일 김용제 검사는 김한수를 조사하면서 "해당 태블릿PC는 선거가 끝난 후에도 최근까지 계속 개통 상태였고, ㈜마레이컴퍼니에서는 진술인이 퇴사한 후에도 계속 요금을 부담하였던 것으로 보이는데 그 경위가 어떻게 되나요?"라고 묻고 김한수는 "저도 까맣게 잊고 있어서 몰랐습니다. 제가 회사를 퇴사한 후에도 회사에서 저에게 해지 요청한 사실이 없습니다"라고 답을 했다. 검사와 김한수 모두, 김한수 개인이 요금 납부한 사실을 쏙 빼놓고 마치 회사 법인카드로 자동 납부한 것인 양 거짓 조서를 꾸민 것이다.

김한수와 검찰이 내세운 유일한 근거, 위조 계약서

결론적으로 김한수의 회사 마레이컴퍼니에서는 태블릿 요금으로 단돈 10원 한 푼도 빠져나간 바가 없다. 계약서에만 그렇게 적혀 있을 뿐 실제 요금은 모두 김한수 개인카드로 지불한 것이다. 그럼에도 불구하고 검찰은 처음부터 마레이컴퍼니에서 요금이 계속 지불된 것처럼 김한수에게 위증을 교사하고 김한수는 이에 손발을 맞춰 준 것이다. 이들의 위증은 특검, 재판에까지 이어지며 검찰의 조직적 조작으로까지 사건이 번지게 된다.

또 다른 문제는 태블릿 계약서이다. 계약서상에는 마레이컴퍼니의 법인카드가 기록되어 있는데 도대체 왜 태블릿 요금이 빠져나가지 않아 3개월간 연체가 되고 이를 김한수가 개인적으로 처리하게 되었느냐는 것이다. 당연히 계약서를 검찰과 김한수가 새롭게 위조하면서 마레이컴퍼니 법인카드를 직접 적어 넣은 게 아니냐고 의심할 수밖에 없었다. 나는 법원을 통해 SKT의 계약서 전문을 받아보았고, 각종 위조 정황을 발견했다.

통신사 계약서에서 드러난 서로 다른 두 명의 사인

총 8쪽의 계약서에서 1쪽과 3쪽의 김한수 사인과 2쪽, 4쪽, 5쪽의 김한수 사인이 완전히 다르다. 각종 이동통신사 대리점에 확인한 결과 하나의 계약서에서 사인이 다르다는 건 있을 수 없다는 답을 받았다. 상식적으로 계약서에 자신의 것과 다른 사인이 중간에 섞여 있으면 나중에 고객 입장에서 계약 무효를 주장할 수 있기 때문이다. 서로 다른 사인이 뒤섞여 있다면 대리점이나 본사에서 확인하여 바로잡는 게 정상이다.

나는 한 계약서에 서로 다른 사인이 뒤섞인 이유를 실제 2012년 6월 22일 개통 당시 계약서에 실제 사인한 인물이 김한수가 아닌 그의 직원 김성태였기 때문이라고 추측했다. 검찰에서 긴급히 위조한 1쪽과 3쪽 계약서는 김한수가 사인했고 나머지는 실제 계약자 김성태의 사인이 남아 있는 것이다.

베끼다가 잘못 베낀

당시 김한수는 마레이컴퍼니의 대표이사, 김성태는 직원이었다. 대표이사가 계약할 때와 직원이 계약할 때는 체크항목과 제출해야 할 서류도 다르다.

대표이사가 직접 계약서를 체결했으면 '본인'에게 체크가 되었어야 했는데 계약서에는 '대리인'에 체크가 되어 있다. 직원 김성태가 작성한 계약서를 옆에 놓고 검찰과 김한수가 이를 베껴 위조하다 '대리인'에게 체크된 것까지도 그대로 베끼다가 벌어진 현상일 수 있다는 것이다.

또한 법인카드로 결제하기로 했다면 '세금계산서 발행'에 체크될 수가 없다. 그렇게 되면 추후 이중과세 문제가 벌어진다. 그러나 이 계약서에는 '세금계산서 발행'에 체크가 되어 있다. 즉, 김성태가 작성한 원계약서는 법인카드 결제로 기록되지 않아 '세금계산서 발행'에 체크해 놓은 것을 그대로 베껴 위조하다가 벌어진 일일 것이다.

대표이사가 직접 대리점에서 계약을 체결했다면 제출할 필요가 없는 법인 인감증명서도 제출되어 있다. 이 역시 원 계약자는 김한수가 아닌 직원 김성태라는 강력한 정황이다.

김한수가 직원을 시켜 개통해 대선 캠프에서 사용했다

이에 나는 추가로 법원에 '가입사실확인 연락처'에 적혀 있는 핸드폰 번호를 사실조회했다. 태블릿 개통 시 이를 알려주는 번호로서 개통하러 온 본인의 핸드폰 번호여야 의미가 있다. 김한수가 계약했으면 김한수 번호가, 김성태가 계약했으면 김성태 번호가 적혀 있을 것이다. 예상대로 법원은 김성태의 번호라고 통지했다. 이로써 계약서는 추후에 마레이컴퍼니 법인카드로 결제된 것처럼 위장하기 위해 검찰과 김한수가 위조한 것으로 확신할 수밖에 없다. 김한수는 특검과 법정에서 자신이 직접 계약서를 썼다고 증언했지만 거짓이었다. 검찰과 김한수는 계약서의 '요금 납부 방법'을 위조하는데 집중한 나머지 '가입사실확인 연락처'를 김한수의 번호로 고쳐 써야 한다는 것까지는 신경쓰지 못한 것 같다.

계약서 위조에 가담한 SKT

이러한 계약서 위조에 이동통신회사 SKT가 개입한 정황도 잡혔다. 과연 계약서대로 마레이컴퍼니 법인카드로 결제 등록이 되었는지 여부를 확인하기 위해 나는 SKT는 물론 카드회사 하나카드(구 외환카드)[04] 양쪽에 사실조회를 했다.

---

04 하나카드는 2014년 외환카드를 합병했다. 태블릿 계약서에 적힌 외환카드 번호는 현재 하나카드에서 사실조회를 해 준다.

하나카드는 즉각 답변했다. 하나카드는 2020년 3월 10일 일찌감치 재판부에 사실조회 회신서를 제출했다. 하나카드는 회신서에서 태블릿 계약서에 기재된 마레이컴퍼니 명의 카드번호 9410-5370-5833-8100의 외환카드에는 ▶자동이체 설정 이력도 없고 ▶자동이체 해지 등의 변동사항도 없으며 ▶그럼에도 카드 상태는 2012년 6월부터 2013년 2월자까지 '정상 카드'라고 답변했다.

반면 SKT는 일단 2020년 3월 3일 회신서를 제출했다가 이를 다시 수정해서 보내는 이상한 행태를 보였다. 변호인에게 전달된 회신서에는 "사건번호를 잘못 표기하였습니다. 다시 수정하여 보내드립니다. 첨부 자료는 기존과 동일한 내용으로 다시 첨부해 드립니다. 혼란을 드려 죄송합니다. 감사합니다"라는 문구가 적혀 있었고, 이 문건은 2020년 4월 9일 재판부에 접수됐다.

고객 모르게 자동이체를 해지할 수 있는 놀라운 회사 SKT

결과적으로 하나카드보다 한 달가량 늦은 회신서에서 SKT는 태블릿 요금이 마레이컴퍼니의 법인카드로 계약 당시부터 자동이체 설정되었고 중간에 해지되었다는 기록을 보내왔다. 즉, 카드번호 9410-5370-5833-8100의 외환카드가 2012년 6월 22일 태블릿 요금 자동이체 카드로 설정됐고 3개월쯤 뒤인 9월 28일 자동이체가 해지되었다는 게 SKT의 설명이다.

앞뒤가 맞지 않는 것은 SKT의 기록이다. SKT는 2020년 1월 20일자 사실조회 회신서에서 태블릿의 요금은 개통 이후 단 1원도 납부되지 않았다는 기록을 제출했다. 당시 연매출 20억 원대 규모로 탄탄한 회사였던 마레이컴퍼니의 법인카드에 자동이체가 설정되었다면 태블릿 요금이 납부되지 않았을 가능성은 상상하기 힘들다.

하나카드에 덜미를 잡히다

또 통신사는 요금이 자동이체가 되지 않는다고 해서 마음대로 자동이체를 해지하지 않는다. 자동이체 해지는 가입신청자의 요청이 있어야만 이뤄진다.

업계 관계자들은 "통신사는 3개월 이용대금 미납이 되었다고 자동이체를 해지하지도 않고 해지할 이유도 없다"며 "돈 들어오는 통로를 일부러 하나 없앨 이유가 전혀 없기 때문"이라고 설명했다. 한 관계자는 "자동이체를 해지하려면 가입자가 신청해야 한다"고 덧붙였다. SKT는 검찰과 김한수가 위조한 계약서 내용대로, 무리하게 마레이컴퍼니의 법인카드에 자동이체가 설정되었다는 기록을 보내려다가 하나카드에 의해 덜미를 잡힌 게 아닐까.

이미징 파일로 확인하면 조작의 흔적을 찾을 수 있다

이렇게 SKT까지 개입하여 계약서 등을 조작한 정황이 포착되자 나는 법원 측에 SKT 계약서 보관 서버를 조사할 수 있도록 직권 압수수색 명령을 신청했다. SKT 서버에 이 계약서의 등록일이 계약일인 2012년 6월 22일 아니라 검찰의 국정농단 수사 이후로 나온다면 이 계약서는

100퍼센트 조작된 것이다.

사태가 여기까지 이르다 보니 나는 법원에 검찰이 2016년 10월 25일 태블릿 포렌식 검사를 할 때 태블릿 전체 내용을 사본화한 '이미징 파일'을 제출할 것을 명령해 달라고 신청했다. 실제 검찰의 포렌식 자료와 그 후 약 1년 뒤 국과수에서 포렌식한 자료 간에는 카톡 채팅방 415개가 사라지는 등 조작의 흔적들이 발견되었다.

핵심 증거를 내놓지 않겠다는 검찰의 행태

법원은 공판검사 김민정의 의견을 물었고 김 검사는 반대하지 않고 "법원이 알아서 판단하라[05]"는 답을 하여 법원은 검찰에 이미징 파일을 피고인들에게 열람·복사해 줄 것을 명령했다. 검찰은 48시간 안에 피고인들에게 이를 허용해야 했다. 그러나 검찰은 무려 2달간 불법적으로 시간을 끌었고 결국에는 "이미징 파일 5개 파티션 중 4개 파티션이 사라지고 하나만 남아 있다"는 의견서를 제출했다. 이는 명백한 증거인멸이었다. 이 과정에서 애초에 이미징 파일 열람·복사를 사실상 허용한 김민정 검사는 돌연 휴직계를 냈고, 공판검사가 장욱환 검사로 바뀌었다.

이에 피고인들은 검찰의 이미징 파일은 물론 국과수의 이미징 파일, 그리고 태블릿 본체 모두를 검증하겠다는 의견서를 제출했다. 그러자 검찰은 아예 이 모든 증거 자료를 열람·복사해 줄 수 없다는 최후의 답을 보내왔다. 이 사건과 관련해 나를 자문해 주고 있는 전 한양대 컴퓨

---

05 검찰은 통상 '적의適宜처리함이 상당하다'고 표현한다.

터공학과 김인성 교수는 "태블릿을 쟁점으로 다루는 사건에서 검찰이 태블릿 관련 증거를 아예 내놓지 않겠다는 건 이와 유사한 다른 사건에선 들어보지도 못한 일"이라며 태블릿 수사 단계에서 매우 심각한 조작이 벌어진 게 아닐까 강하게 의심하고 있다.

검찰보다 빠르게 개통자를 알았던 JTBC

2018년 5월 29일, 나는 태블릿 실사용자가 최서원이 아닌 김한수이고, 태블릿은 JTBC와 검찰을 거치면서 증거가 훼손 및 조작되었다고 주장했다는 이유로 전격 사전 구속되었다.

최근 발견된 요금 납부와 계약서 위조 정황이 아니어도 당시 검찰은 얼마든지 간단한 수사로 사실 확인을 할 수 있었다. 예를 들면 JTBC는 태블릿의 개통자가 김한수의 마레이컴퍼니라는 점을 검찰보다 먼저 확인해 보도했다. JTBC 측은 이동통신사인 SKT 대리점에 물어봐 개통자 정보를 얻었다고 주장했지만 이는 통신비밀보호법상·전기통신사업법상의 위법이다. SKT 역시 "대리점에서 개통자를 알아낸다는 건 불가능하다"는 입장을 법원에 보내왔다.

JTBC가 개통자를 알아냈을 유일한 방법, 김한수 소유자

JTBC 측이 개통자를 알아낼 유일한 방법은 개통자 김한수로부터 직접 듣는 것뿐이다. 그렇게 되면 개통하자마자 이춘상 보좌관에게 넘겨주어 자신은 아무것도 몰랐다는 김한수의 알리바이가 무너지며 JTBC

와 김한수 역시 유착하여 태블릿을 최서원 것으로 둔갑시킨 혐의를 받게 된다. 나는 검찰 수사 단계에서부터 이 건에 대해 확실히 수사하여 사실을 확인해 달라며 거듭 요청했지만 검찰은 그대로 나를 구속시켜 버렸다. 이에 대한 수사는 여전히 하지 않고 있다.

조작과 거짓을 양산한 공범들 세상

그러다 이제는 단순히 언론사인 JTBC를 넘어 검찰과 김한수가 유착하여 증거를 은닉하며 위증을 공모한 혐의까지 잡혀 버렸다. 그러다 보니 검찰은 "태블릿 관련 증거를 일체 제출할 수 없다"고 버티고 있는 실정이다.

내가 태블릿 실사용자와 조작 관련한 결정적인 증거들을 확보하여 기자회견 등을 통해 발표해도 대한민국의 그 어떤 언론도 이를 보도하지 않는다. 언론도 박 대통령 탄핵 관련 무수한 조작과 거짓을 양산한 공범들이기 때문에 그런 것인가.

이제 탄핵의 시작과 끝을 재검토할 수밖에 없다

이에 나는 2019년 5월, 1년간의 수감 생활을 한 뒤 보석으로 석방되어 새롭게 찾아낸 태블릿 관련 증거 기록들을 다룬 미디어워치 기사를 정리하고 옥중 투쟁 기록을 담아 이 책을 출간한다. 이 책을 살펴본다면 태블릿 실사용자는 김한수이고 검찰은 김한수와 함께 이를 최서원의 것으로 둔갑시켰다는 가설에 충분히 동의할 수 있을 것이다.

이를 100퍼센트 확인할 수 있는 방법은 태블릿 증거들을 인멸한 검찰, 계약서 조작 혐의가 잡힌 SKT에 대해 피고인들이 신청한 직권 압수수색 명령을 법원이 수용하는 것이다. 이렇게 태블릿 관련 진실을 모두 밝혀내면 과연 박 대통령과 최서원이 무슨 일을 어떻게 공모했다는 것인지, 대체 검찰은 뭘 어떻게 수사해 온 것인지 즉, 탄핵의 시작과 끝을 전면 재검토할 수밖에 없을 것이다.

1
부

태블릿
진실은 감옥에
가둘 수 없다

1
장

언제나 예감은
틀리지 않고

구속영장이 청구되다

처음 난 내 눈을 의심했다. 2018년 5월 24일 오후, 정신없이 외부 일정을 마치고 들어와 방송 하나를 녹화한 후 미디어워치TV 유튜브 댓글을 모니터하던 중이었다. 그 틈을 비집고 빠르게 기사 하나가 스쳐갔다.

최순실. 태블릿. 손석희. 변희재. 구속.

얼핏 보아도 나와 무관한 기사가 아니란 걸 본능적으로 감지했다. 그러면서도 설마 하는 마음에 심호흡을 고르는 사이 마음보다 빠르게 내 손은 스쳐간 그 기사를 눈앞에 소환했다. 잠시 숨이 멎는 듯했다. 내 눈에 명징하게 잡힌 것은 나에 대한 구속영장이 신청되었다는 기사였다. 연합뉴스 기사였다.

(김계연 기자)비선실세 최순실 씨의 태블릿PC 관련 보도가 조작됐다고 주장해 온 미디어워치 대표고문 변희재 씨에게 구속영장이 청구됐다. 서울중앙지검 형사1부(홍승욱 부장검사)는 24일 이런 의혹을 지속적으로 제기해 JTBC와 손석희 사장 등의 명예를 훼손한 혐의로 변 씨에 대해 구속영장을 청구했다.

변 씨는 '손석희의 저주'라는 이름의 책자와 인터넷 언론 미디어워치 기사 등을 통해 "JTBC가 김한수 전 청와대 행정관과 공모해 태블릿PC를 입수한 뒤 파일을 조작해 최 씨가 사용한 것처럼 조작해 보도했다"며 허위 사실을 퍼뜨린 혐의를 받는다.

검찰은 국립과학수사연구원의 디지털 포렌식 분석과 '국정농단 특검' 수사, 관련자들의 법원 판결 등으로 조작설은 사실무근이라는 점이 명백히 확인 됐다고 설명했다.

검찰은 변 씨가 합리적 근거 없이 손 사장 등을 비방할 목적으로 조작설을 퍼뜨렸다고 판단했다. 손 사장과 태블릿PC 관련 의혹을 처음 보도한 기자 는 물론 그 가족들까지 신변의 위협을 느끼며 극심한 고통을 호소하는 점 등을 고려하면 구속 수사가 필요하다고 검찰은 덧붙였다

(「연합뉴스」 2018년 5월 24일).

물론 나는 이미 지난 2017년 3월, 서울중앙지검 형사1부 홍성준 검 사로부터 태블릿 관련 수사를 받을 때부터 100퍼센트 기소될 것이고 자칫 구속영장이 청구될 수도 있다는 느낌을 강하게 받았다. 아마도 그 래서 내 신변에 어떤 일이 벌어질지 몰라서 지인들과의 관계를 위해 정 신없이 뛰어다녔는지 모르겠다. 보수 애국 인사라면 모조리 구치소에 가두고 있던 문재인 정권에서 구속이 되면 언제 출소하게 될지 알 수가 없었기 때문이다.

하지만 그때는 막연한 생각이었다. 막상 눈앞의 현실로 닥치자 마음 이 멈칫했다. 믿고 싶지가 않았다. 구속영장이 청구될 수도 있다는 생 각에 내일을 위해 오늘을 준비했다는 것이 얼마나 큰 착각인지 나는 그 때 처음 알았다. 내일은 결국 오늘의 시점에선 존재하지 않는다. 오직 존재하는 것은 오늘, 오늘 뿐이었다. 그리고 존재하는 그 오늘, 내게 구 속영장이 청구된 것이다.

유죄 근거

이 사건은 JTBC가 단독 입수 보도한 최서원의 태블릿과 관련해 나를 포함한 미디어워치에서 최서원 것이 맞는지, 증거 훼손은 없었는지를 검증한 것이었다. 그렇다면 JTBC가 고소했다 해도 대한민국 검사는 공정한 입장에서 수사했어야 했다. 그러나 홍성준 검사는 당시 수사에서 마치 JTBC 측의 변호사처럼 일방적으로 한 쪽에 서 있었다.

예를 들면 나는 JTBC 측이 태블릿을 '더블루K' 건물에서 우연히 습득한 게 아니라 진짜 실사용자 김한수 전 청와대 행정관으로부터 건네받았을 수 있다는 유력 증거로 개통자 확인 문제를 제기했다. 우연히 태블릿을 습득했다면서 어떻게 JTBC는 검찰보다 먼저 개통자 김한수 전 청와대 행정관의 개인회사 '마레이컴퍼니'를 알고 보도할 수 있었느냐는 것이다. 이건 실제 개통자 김한수로부터 정보를 받지 않고는 불가능한 일이었다. 그러나 홍성준 검사는 이런 문제에서조차 "JTBC는 자체 취재를 통해 알아낼 수 있다"고 막무가내로 우겨댔다.

JTBC가 개통자 정보를 알아냈다면 그건 통신비밀보호법·전기통신사업법 위반에 해당된다. 이미 나는 이와 관련해 JTBC 측을 고소했고 이 사건 역시 홍성준 검사가 담당이었다. 그러나 그는 끝까지 이 관련 수사를 하지 않았다. 나는 훗날 홍 검사를 직무 유기로 따로 고발하기에 이르렀다.

이런 상황이었으니 나는 명예훼손 사건으로는 이례적으로 사전 구속 영장이 신청될 수 있다는 걸 염두에 두었던 것이다.

나는 즉각적으로 최서원 측의 이경재 변호사와 상의해 변호사 선임에 나서 구속영장 실질심사를 준비했다. 이 사건은 명백히 문재인 정권과 JTBC 측의 정치적 탄압이므로 정치력이 있는 변호사가 필요했다. 종편 방송에서 정치 평론을 하는 서정욱 변호사를 선임했다. 뒤이어 국회의원 출신 강용석 변호사가 도와주겠다고 해서 합류했다. 그리고 조우석 전 중앙일보 기자, 우종창 전 월간조선 기자, 류석춘 연세대 교수, 최대집 의사협회 회장 등 그간 태극기 보수 운동을 함께해 온 인사들에게 연락하여 상황을 설명하고 도움을 요청했다. 이 분들은 내가 구속된 뒤 석방 촉구 성명서를 발표했었다.

4년간 딱 세 번 일치하는 동선이 실사용자일 확률

2018년 5월 24일 오후, 서울중앙지검에서 구속영장을 복사해 받아 본 나는 고개를 갸우뚱할 수밖에 없었다. 일단 이 사건의 핵심 사안은 태블릿 실사용자가 최서원이 맞는지, JTBC와 검찰이 보관하던 중 태블릿을 조작 혹은 훼손한 건 없는지 여부였다. 애초부터 검찰과 JTBC의 최서원 실사용자 근거는 너무나 빈약했다. 단지 최서원의 사진 두 장이 들어 있고 태블릿의 위치 추적 중 4년간 사용하면서 독일에서 두 번, 제주도에서 한 번, 단 세 번의 위치가 최서원의 동선과 일치한다는 것뿐이었다. 그러다 보니 검찰은 구속영장에 국립과학수사연구원과 정호성 비서관의 판결문에서 마치 최서원 것으로 인정된 것인 양 적어 놓았다. 이것이야말로 검찰의 허위 사실 적시이다.

국과수 포렌식 결과, 미디어워치 측 주장과 비슷하게 다수가 사용한 공용 태블릿일 가능성을 더 높이 두고 있고, 최서원 것이라 확정한 대목이 없다. 정호성 판결문에는 태블릿 실사용자와 관련해선 아예 언급조차 없다. 또한 JTBC와 검찰이 태블릿을 보관하던 중 실수든 고의든 태블릿을 많이 건드려 증거 조작까지는 몰라도 증거 훼손의 정황은 너무 많았다. 최서원 1심 재판부에서 태블릿 검증을 의뢰한 국과수에서도 "무결성이 유지되지 않았다"고 발표했을 정도였다.

우습게도 구속 사유는 내가 김경재 전 자유총연맹 총재에게 책임을 미루는 등 증거인멸의 우려가 있다는 것이었다. 이는 애초에 내가 태블릿의 조작 여부를 조사하게 된 동기의 문제였다. 검찰 조사 때 사실 그대로 "내가 자유총연맹 김경재 총재 특보 시절, 김경재 총재가 한번 조작 여부를 확인해 보라 해서 조사한 것"이라고 답했다.

2016년 10월 24일 JTBC 첫 보도 이후 보수 진영 SNS에 곧바로 조작설이 유포되었다. 다음 날 미래한국의 한정석 편집위원도 구체적으로 조작 의혹을 제기했다. 반면 나는 설마 했다. 중앙일보의 계열사인 JTBC에서 개인 IT 기기를 조작했을 리가 없다는 입장이었다. 개인 IT 기기는 문자, 카톡, 사진, 요금 납부자만 확인해도 누가 사용했는지 손쉽게 판별되기 때문이다. 나중 이야기지만 결국 검찰은 요금 납부자 김한수를 은폐했고, 나는 이것으로 실사용자가 김한수임을 밝혀낸 것이다.

2주만 더 빨랐다면

내가 특보로 근무하던 자유총연맹에도 태블릿 조작 여부를 밝혀 달라는 전화가 빗발쳤다. 그래서 김 총재는 내게 자문을 구했고, 나는 "그럴 가능성이 없다"고 답변했다. 이후에도 계속 전화가 끊이지를 않으니

2016년 11월 말경, 김 총재는 "그럼 자네가 철저히 조사해서 조작된 게 아니라는 점을 밝혀라. 그래야 보수 진영이 가짜 뉴스에 휘둘리지 않을 것 아닌가" 이렇게 이야기하기에 조사를 시작한 것이다.

처음부터 JTBC를 음해하려고 조사를 한 게 아니었다. 태블릿 조작설이란 가짜 뉴스에 휘둘리는 보수 진영을 다잡기 위해서 조사한 것이다. 그렇게 조사하다 보니 개통자가 김한수인데 최서원이 사용한 명확한 증거도 없이 무리하게 JTBC와 검찰이 태블릿을 최서원 것으로 단정지었다는 확신이 들어 2016년 12월 8일 국회의 탄핵 소추안 가결 전날, "태블릿을 정밀 조사할 때까지 탄핵 표결을 멈추라"는 성명서를 발표하게 된 것이다.

이렇게 되면 고의적으로 JTBC의 태블릿 보도를 음해하여 탄핵을 막으려 했다는 범행 동기가 무너진다. 그러니 검찰은 구속영장에 "김경재 총재에게 책임을 미룬다"며 이를 증거인멸의 정황으로 악용한 것이다. 구속의 이유로 악용하면서도 검찰은 김경재 총재에게 이를 확인해 보지도 않았다. 만약 탄핵을 막기 위해 고의로 JTBC 음해를 시작했다면 2016년 10월 24일 첫 보도 이후 약 한달 반 동안 뭘 하다가 탄핵 표결 하루 전날에야 입장문을 발표했겠는가. 실제 내가 2주만 더 빨리 조사에 착수하여 의혹들을 발표했으면 진짜 사기 탄핵을 막을 수 있었을지도 모르는 일이다.

검찰은 JTBC편

검찰은 이 사안으로는 나를 구속은커녕 기소조차 쉽지 않자 미디어워치에서 JTBC 태블릿 보도의 문제점을 지적한 23가지의 쟁점 사안을 모두 JTBC 편에서, 허위 사실로 단정한 범죄일람표를 만들었다. 그러나 이건 대부분 미디어워치의 지적이 맞았고 JTBC가 오보를 냈던지 혹은 각자 자기주장을 할 수 있는 사안들이었다. 대표적인 사례는 다음과 같다.

> 범죄일람표(1)-1: 손석희 사장의 JTBC는 태블릿을 조작해서 보도했다. 이건 의혹이 아니라 이미 사실로 밝혀졌다. JTBC는 자사의 컴퓨터에 청와대 기밀문서를 삽입하여 마치 최순실의 태블릿PC인 양 조작 보도를 한 것이다(2016년 12월 23일 미디어워치 홈페이지).

검찰은 이에 대해 "JTBC는 태블릿을 취득하고도 청와대 기밀문서를 삽입하여 최순실의 것처럼 조작 보도를 한 사실이 없다"고 반박해 놓았다. 이 건은 JTBC가 최서원의 태블릿을 보도할 때 모든 파일을 자사의 데스크톱PC로 옮겨 화면에 보여 줄 때는 마치 최서원의 데스크톱PC인 것처럼 시청자를 오인하게 한 사안이다. 이에 대해 JTBC조차 "시청자들에게 큰 화면으로 잘 보여 주기 위한 연출"이란 점을 스스로 인정했다. 더 큰 문제는 JTBC는 애초에 태블릿이 아닌 데스크톱PC를 입수한 양 보도했다는 점이다. JTBC의 손용석·서복현 기자는 훗날 재판에 출석하여 "최서원이 증거인멸 할 우려가 있어 태블릿을 입수했지만 데스크톱PC를 입수한 것처럼 보도했다"는 황당한 증언을 했다. 언론사가 검찰 수사를 위해 시청자 전체를 속이는 방송을 했다는 것이다. 이 문제를 정확히 지적한 미디어워치에 대해 대한민국 검찰은 이 사안을 구속영장 1순위에 올려놓은 것이다.

범죄일람표(1)-3: 손석희의 JTBC가 국가기관인 국과수의 보고서조차 모조리 거짓, 조작, 왜곡하고 나섰다. 벼랑 끝에 몰리니 이성을 상실한 상황이었다. 최순실이 해당 태블릿PC에서 문서를 수정·편집했다는 손석희의 보도는 조작으로 드러났다. 손석희의 JTBC는 최순실이 태블릿PC를 사용한 아무런 증거가 없음에도 불구하고 최순실 것이라 조작한 것은 물론, 이제 국과수 보고서까지 조작에 나섰다(2017년 11월 28일 미디어워치 홈페이지).

검찰은 이에 대해 "국과수 보고서에 최순실이 사용한 정황들이 발견되었고 JTBC는 국과수 감정 결과를 사실대로 보도하였으며 태블릿으로 직접 수정·편집했다고 단정적으로 보도한 적 없다"고 반박했다.

그러나 이 역시 미디어워치의 지적이 맞다. 국과수 보고서에서는 최서원이 태블릿을 사용했다는 대목이 전혀 없다. 오히려 다수의 메일계정을 근거로 다수의 사용자가 있을 가능성, 즉 미디어워치가 애초에 주장한 대로 청와대 공용 태블릿 쪽에 무게를 두었다. 그럼에도 2017년 11월 27일 JTBC 뉴스룸 〈국과수 "태블릿, 조작·수정 없었다"…조작설에 '쐐기'〉 보도에서는 마치 국과수가 최서원 실사용자를 확인해 준 것처럼 보도했던 것이다.

작년(2016년)에 JTBC가 입수해 보도했던 최순실 태블릿PC에 대한 국립과학수사연구원의 최종 감정 결과가 나왔습니다. 국과수는 "태블릿PC에 대한 조작과 수정은 없었다"는 결론을 법원에 통보했습니다. 태블릿PC의 동선과 정호성 전 비서관의 진술, 그리고 그 안에 있던 국가 기밀 자료를 토대로 최순실 씨가 실제 사용자라고 못 박았던 검찰의 결론을 국과수가 최종적으로 확인해 준 것입니다.

법원이 JTBC가 보도한 태블릿PC에 대한 감정을 국립과학수사연구원에 의뢰한 건 지난 9일입니다.

검찰 포렌식 분석 결과, 해당 태블릿PC는 최순실 씨가 사용했던 것으로 확인됐지만 최 씨 측이 이를 못 믿겠다며 반발했기 때문입니다.

오늘 검찰이 전달받은 국과수 감정 결과는 기존 검찰의 결론과 같았습니다.

이외에 JTBC 측에서 최서원이 태블릿으로 문서를 편집·수정했다고 단정적으로 보도한 적이 없다는 검찰의 반박 자체가 허위 사실이다. JTBC 손석희 사장은 2016년 10월 26일, "저희들의 그동안 보도들은 대부분 태블릿PC를 근거로 하고 있습니다. JTBC는 최순실 씨가 태블릿을 들고 다니면서 연설문도 고치고 회의 자료도 받았다고 보도해 드렸습니다"라는 멘트로 정리해 주었다. 이런 명백한 사실을 검찰이 나서서 "그런 적이 없다"고 거짓말로 JTBC를 비호하며, 그 사유로 구속영장을 청구한 것이다.

태블릿에는 문서를 수정하거나 편집할 수 있는 앱과 기능이 없다. 논란의 핵심 사안은 최서원이 문서를 수정할 수 없었다는 걸 뻔히 알면서도 왜 JTBC는 마치 최서원이 태블릿으로 문서를 수정한 것처럼 보도했느냐는 것이다. JTBC와 검찰은 "그런 보도를 한 적이 없다"고 발뺌하는 전략을 택하곤 이를 지적한 나를 구속해 버린 셈이다.

이 사안과 관련해 방통심의위에서도 코미디 같은 해프닝이 벌어졌다. JTBC의 손용석 기자는 2017년 7월 26일 방통심의위에 출석하여 "그러니까 태블릿PC를 통해서 지금 위원님이 말씀해 주신 것처럼 태블릿PC 앱을 통해서 (연설문을 수정 또는) 작성했다는 보도는 한 적이 전혀 없습니다"라고 의견을 진술했다. 방통심의위는 이러한 손용석의 의견 진술을 청취한 후 'JTBC가 태블릿PC로 문건을 수정했다는 거짓 방송'을 징계해 달라는 민원에 대해 '문제없음'으로 의결했다.

'통해서'라는 단어를 쓰지 않았기 때문에 보도에 문제가 없다는 궤변이었다. 문재인이 장악한 방통심의위는 이 궤변을 따라 그대로 "문제없음"으로 의결한 것이다.

그러나 JTBC 심수미 기자는 2016년 10월 19일 JTBC 뉴스룸 〈'20살 정도 차이에 반말'…측근이 본 '최순실-고영태'〉 제하 보도에서 태블릿이 최서원 것이라고 주장하면서 "평소 이 태블릿PC를 늘 들고 다니면서 '그걸 통해서' 그 연설문이 담긴 파일을 수정했다"고 보도했다. 그러나 JTBC는 방송 대본을 그대로 올리는 인터넷 기사에선 심수미의 "그걸 통해서" 발언을 삭제했다. JTBC 측은 "태블릿을 통해서"란 대목을 삭제하여 방통심의위의 징계를 피해간 것은 물론 이를 지적한 나를 구속시키는 증거로 악용한 셈이다.

미디어워치에서는 심수미 기자의 보도와 증거인멸 관련 방통심의위에 2019년 8월 6일 재차 징계를 요청했다. 그러나 1년을 훌쩍 넘긴 이 시각까지도 방통심의위는 이 관련 회의 소집조차 하지 않고 있다.

범죄일람표(2)-4: JTBC 손석희 사장의 8일 해명 방송에서 가장 의아한 점은 경향신문, 한겨레신문, 뉴스1, 포커스뉴스 등 다양한 매체 기자들이 더블루K 사무실을 찾아갔는데 모두 유리문이 굳게 닫혀 있어 사무실 밖에서 사진을 찍는데 그쳤던 반면, 유독 JTBC의 심수미 기자만 문이 열려 있어 출입이 가능했다고 밝힌 점이다(『손석희의 저주』, 211쪽).

검찰은 이에 대해 "심수미 기자는 관리자의 허가를 받고 빈 사무실에 들어갔고 외부인의 출입이 가능한 상황이었다"는 동문서답 수준의 반박을 했다.

여기서 핵심 사안은 JTBC가 태블릿을 발견했다는 '더블루K' 사무실의 문은 잠겨 있었다는 것이다. 타 언론사 기자들은 출입하지 못했다. 그런데 유독 JTBC 심수미 기자만이 문이 열려 있었다고 보도한 것이다. 심수미 기자뿐 아니라 서복현 기자 역시 2016년 12월 8일 같은 보도를 했다.

(심수미 기자 보도) 그런데 최 씨가 이 사무실을 떠날 때 문을 열어 두고 간 상태였고 또 아직 임차인을, 이후에 임차인을 구하지 못해서 부동산 중개인 등 아무나 드나들 수 있는 상황이었습니다. 누군가 훔쳐갈 가능성도 있을 뿐더러 또 최 씨가 사람을 보내서 증거인멸을 할 수 있다라는 의혹들이 계속해서 불거진 상황이었고, 실제 공소장을 살펴보면 '더 블루케이'에서 가져온 컴퓨터 5대를 망치 등을 이용해서 파기한 정황도 있습니다. 그러니까 이런 은닉되거나 파기할 우려가 너무나 컸던 상황입니다([단독 공개] "JTBC 뉴스룸 '태블릿PC' 어떻게 입수했나").

(서복현 기자 보도) 또 김 기자는 협조와 지원을 받았다고는 하지만 사실 그

사무실은 앞서 심수미 기자가 얘기했듯이 두 달가량이나 비워져 있었고 그렇다면 사무실이 밖에 부동산에 나와 있는 상황이었기 때문에 중개인도 들어갈 수 있는 상황이었습니다. 또 문도 잠겨 있지 않았던 상황이었고요. 그랬던 상황이었기 때문에 이 관리인도 주인이 있는 사무실을 무리하게 문을 열어 준 건 아니라는 겁니다("고영태가 태블릿PC 건네 줬다?…'황당'루머 팩트체크").

미디어워치는 "왜 문이 잠겨 있었는데 열려 있는 것처럼 거짓 보도했냐"고 묻고 있는데, 검찰은 "관리인 허가 받고 들어갔다"는 동문서답을 하며, 이조차도 구속영장에 이용한 것이다. 이 사안에 대해서도 2019년 8월 6일 방통심의위에 징계를 요청했으나 아무런 소식도 없다.

이외에도 "JTBC는 '더블루K' 사무실엔 새벽에 도착했다"고 내가 인용한 사안에 대해 검찰은 "JTBC는 새벽에 도착했다고 주장한 바 없다"며 이조차 구속사유 범죄일람표에 포함시켰다. 나중에 JTBC 측이 "새벽에 도착했다"는 보도를 한 것이 드러나자 검찰은 공소장을 변경할 수밖에 없었다. 검찰은 이런 수준의 단순한 사실 확인이 가능한 것조차 모두 JTBC 편에 서서 오직 구속만을 위해 본인들 스스로 사실을 왜곡, 허위 날조하여 영장을 발부한 것이다. 이렇듯 구속영장은 사실상 허위 공문서 수준이었다.

특검과 검찰이 휘두르는 폭력

서정욱 변호사 등은 구속영장 기각에 자신감을 갖게 되었다. 다만 나는 수사 과정에서부터 명백한 정치권력이 개입한 사안이라 판단해 구속될 가능성을 염두에 둘 수밖에 없었다. 그래서 영장이 발부된 날 밤 바로, 탄핵무효 집회 과정에서 특수공무집행 방해죄로 4개월간의 징역살이를 한 박성현 뉴데일리 주필과 만났다. 서울구치소에서의 수감 생활 관련 여러 가지 조언을 미리 받아 두기 위해서였다.

사실 당시 투옥되었을 때 내가 가장 두려워했던 점은 다른 데 있었다. 담배였다. 박근혜 대통령 탄핵 사태 이후 그간 끊었던 담배를 다시 피우게 되었다. 수감 시 금단현상을 두려워했던 것이다. 박성현 주필은 "감옥에 가면 남들도 다 안 피우기 때문에 눈에 보이지 않아 담배 생각이 나지 않는다"고 말했다. 그의 말은 실제 맞았다.

다음 날은 미디어워치 임직원들과 주요 독자들 간의 만찬 시간을 가졌다. 아무래도 투옥 시 황의원 대표이사, 이우희 편집국장 등 미디어워치 운영진과 자발적 구독료를 내는 독자들이 회사를 지키고 법정투쟁을 도와야 했기 때문이다. 마치 최후의 만찬인 양 "끝까지 함께 갈 것"을 다짐했지만 내가 구속된 이후 석방 투쟁의 노선 관련 독자그룹의 리더들이 삼삼오오 분열될 수밖에 없었다. 그렇다 해도 다수의 독자들이 적극적으로 후원금을 내주며 버텼기에 재판 비용과 회사 유지비용이 충당될 수 있었다.

나는 나름 변호인단과 임직원, 그리고 독자들과 만반의 준비를 한 뒤 2018년 5월 29일 화요일 오전 10시로 잡혀 있는 구속영장 실질심사를 받기 위해 서울중앙지법을 향해 출발했다. 미리 다음과 같은 성명서를 법조 기자단에 배포했다.

[변희재 성명서] 컴퓨터 분석 작업 할 수 없는 구속은, 방어권 박탈이다

서울중앙지검은 손석희 태블릿PC 보도 문제와 관련, JTBC 측이 본인을 허위 사실 유포로 인한 명예훼손으로 고소한 건에 대해 5월 24일, 사전 구속영장을 신청했다.

검찰의 구속영장은 "국립과학수사연구원에서 태블릿을 최순실이 사용했다고 과학적으로 인정했다", 그리고 "정호성에 대한 판결문에서 최서원이 태블릿을 이용하여 청와대 문건을 전달 받았다고 적시했다"는 이 두 가지를 전제로 작성되었다. 하지만 이 두 가지 전제 모두 사실이 아니다.

먼저 국립과학수사연구원은 해당 태블릿을 최서원이 사용했다는 결론을 내린 바 없다. 오히려 다른 계정의 구글 이메일 접속기록을 근거로, 여러 명이 함께 쓴 공용 태블릿일 가능성을 지적했다. 이는 해당 태블릿이 애초에 대선 캠프와 청와대의 공용 태블릿이었다는 박근혜 대선 캠프 신혜원 씨의 증언과도 일치한다.

마침 이번 구속영장이 청구되기 하루 전인 5월 23일, 애초 태블릿PC를 검증했던 국립과학수사연구원 나기현 연구관은 그간 검찰과 JTBC 측이 주장해 온 것과 달리 "국과수에서 최순실이 사용했다고 결론 내린 바 없다"고 최서원 2심 재판 법정에서 확실한 증언을 했다. 이는 과학적으로 최서원이 태블릿을 사용했다고 입증된 바가 없다는 의미이다.

특히 나 연구원은 해당 태블릿에서 실사용자를 정확히 특정할 수 있는 카톡 대화록 등을 복원할 수 있다고 증언하기도 했다. 이에 본인은 특히 JTBC가 태블릿을 입수한 이후인 2016년 10월 23일에 사진폴더 등이 삭제된 경위를 밝히고, 각종 삭제된 파일 복원 작업을 의뢰하는 작업을 하던 중이었다. 삭제된 사진폴더와 훼손된 카톡 대화록만 복원되면 실사용자는 간단하게 입증될 수 있다.

두 번째로, 검찰의 다른 전제도 역시 사실이 아니다. 정호성에 대한 판결문의 경우, 처음부터 끝까지 그 어디에서도 "최순실이 태블릿으로 청와대 문건을 전달받았다"는 내용을 확인할 수가 없다.

정호성과 최서원뿐 아니라 캠프 관계자들이 greatpark1819@gmail.com 이란 공용메일을 사용했던 만큼, 태블릿이 대선 캠프에서 공용으로 사용되었다면, 같은 청와대 문건이 저장될 수 있다. 고로 정호성은 청와대 문건을 단지 이메일로 전달한 적은 있다고 인정했던 것뿐이다. 정호성은 검찰 조사와 재판에서 "최순실이 태블릿으로 문건을 받았다"고 진술한 바가 없다. 나는 『손석희의 저주』란 책을 출판했고, 그간 이 책의 근간이 된 JTBC 태블릿 보도 문제와 관련한 기사들도 모두 미디어워치 인터넷판에 공개해 놓았다. 증거인멸이란 있을 수도 없는 일이다. 나는 그간 검찰에 신속한 수사를 촉구해 왔다. 3번에 걸친 검찰의 수사에도 적극적으로 협조해 왔다. 검찰 조사에서도 "만약 내 주장이 크게 틀리고 최순실의 것으로 과학적으로 입증된다면 어떠한 중형도 감수하겠다"는 입장을 밝혔다. 이런 내가 도주할 이유 또한 뭐가 있겠는가.

한편, 검찰은 손석희 사장의 자택, 그리고 JTBC 사옥 앞, 손석희 사장 부인이 다니는 성당 앞에서 집회를 연 것으로 피해자들의 고통이 극심하다는 점을 구속 사유로 내세우고 있다. 손석희 사장 자택 앞 집회는 1년 4개월 전인 2017년 1월에 두 차례 연 것이 전부다. 손석희 사장 부인의 성당 앞 집회는 태블릿 보도의 진실이 밝혀지길 바라는 미디어워치 독자들이 직접 집회를 신고하여 2018년 2월 단 두 차례만 열었다고 한다. 나는 성당 앞 집회는 신고도 하지 않았고 참여하지도 않았다.

나와 미디어워치 독자들의 주도로 2017년 12월부터 JTBC 사옥 앞과 성당 앞 집회가 2018년 2월까지 이어지게 된 것은 2017년 12월 검찰 측이 나에게 "우리가 수사를 한다고 해도 서로 받아들이지 않을 듯 하니 손석희 사장과 일대일 토론으로 결판내는 게 어떻겠냐"고 먼저 제안을 했기 때문이다. JTBC 관련 집회는 모두 손석희 사장이 직접 토론에 응하라는 메시지를 전하는 것이 목적이었고, 집회 중간에 나는 실제로 JTBC 사옥 안으로 들어가 손 사장에게 전해 달라며 관련 공문을 전달하기도 했다.

이 모든 집회는 합법적으로 신고한 집회였다. 경찰의 통제에 따라 단 한 건의 폭력도, 집시법 위반도 없었던 평화로운 집회였다. 심지어 JTBC 사옥 앞 집회 당시 JTBC 직원인 양원보 기자가 집회 현장에 잠입해 유유히 영상취재를 한 후에 유머를 섞은 보도를 JTBC 방송을 통해 내보냈을 정도였다.

2018년 2월경에는 검찰이 갑자기 수사를 하겠다는 입장을 전해 와서 2018년 3월 JTBC 사옥 앞 정리 집회 이후로는 그 어떤 태블릿 관련 집회도 열지 않았고 검찰의 수사만 기다려 왔다. 4월과 5월이 가장 집회를 열기 좋은 날씨라는 점에서 이 기간에 JTBC 집회를 열지 않았다면 검찰 수사와 재판을 준비해 왔다는 방증이다.

JTBC 측과 손석희 사장은 피해가 극심하다면서도 지난 1년 6개월 동안 단한 건의 집회금지 가처분신청을 낸 바도 없다. 이는 박영수 특검이 자택 앞에서 야구방망이 집회가 열리자마자 위협을 느꼈다며 즉각 집회금지 가처분신청을 낸 것과 대조적이다.

그뿐만이 아니다. JTBC 측은 태블릿 특종 보도와 관련하여 미디어워치 측이 비판 기사를 게재하기 시작했던 2016년 12월부터, 역시 지난 1년 6개월 동안 가장 손쉽고 빠르게 언론보도 피해를 구제할 수 있는 언론중재위에 단 한 건의 정정보도 신청조차 하지 않았다. 아무런 문제 제기가 없으니 미디어워치 측은 그간의 JTBC 측과 손석희 사장에 대한 비판 기사들을 묶어 『손석희의 저주』라는 제목의 책을 발간했다. JTBC 측은 이에 대해서도 역시 지난 6개월 동안 출판금지가처분신청을 하지 않았다. 2017년 12월 JTBC 사옥 앞 집회는 오히려 손석희 사장에게 내가 출간한 책에 대한 출판금지 가처분신청을 요구하여 빨리 재판에서 진위를 가리자는 메시지를 전달하기 위해서 이뤄지기도 했다.

즉, JTBC 측은 그렇게 피해를 입었다면서도, 정작 지난 1년 6개월 동안 즉각적인 법적 효과를 발휘할 수 있는 피해구제 활동인 ▶집회금지가처분신청 ▶출판금지가처분신청 ▶언론중재위 정정보도신청 등은 단 한 건도 하지 않았던 것이다. 피해가 그렇게 극심하다면서도 오직 검찰 고소에 의한 처분만을 장기간 기다려 왔던 것이 JTBC 측의 행태였다.

손석희 사장의 처분을 기다리다 못해 오히려 내가 "국과수에서 최서원의 것으로 확인했다", "변희재 씨가 파일 내부 문건을 조작했다고 주장한 것이 허위로 드러났다"는 JTBC 측의 허위 보도와 관련해 언론중재위에 정정보도 신청을 했다. 그러나 JTBC 측은 언론중재위에 출석해서도 전혀 반박도 하지 않아 조정 불성립되었다. JTBC의 보도가 맞다면 언론중재위에서 곧바로 기각이 되었을 것이다.

손 사장의 처분은 물론 검찰의 관련 수사가 너무 늦어지자 2017년 말에는 결국 미디어워치에서 JTBC를 대상으로 민사소송을 제기했다. 미디어워치는 1차 변론 기일에서 특검과 검찰이 조사했다는 태블릿 LTE 위치 정보에 대한 사실 확인을 요구했으며 이것이 재판부에서 채택되어 최근까지도 특검과 검찰의 답변을 기다리고 있었던 상황이었다. 나는 방송통신심의위에 JTBC 태블릿 보도 중 7건의 징계심의를 요청했다. 개중 태블릿 입수 경위 문제와 관련해서는 JTBC가 허위 보도를 한 것이 인정되어 JTBC 측이 징계를 받았다. 나머지 6건은 여전히 심의 중이다. 자유한국당 김진태·박대출 의원 등이 구성한 태블릿진상규명위 TF팀도 JTBC 보도 5건을 방통심의위에 심의 요청했고, 이 모두 심의 중으로 아직 단 한 건도 기각된 바없다(중략).

나는 손석희 사장에게 "당신이 스스로 진실을 밝히지 않으면 진실을 덮으려는 세력에 의해 살해당할 위험이 있다"고 경고한 바 있다. 이는 손석희 사장에게 하루빨리 토론에 응하라는 취지의 강력한 메시지였지, 내가 직접 손석희 사장의 신변을 위협하겠다는 발언은 전혀 아니었다. 그러나 너무 과도한 표현이 이뤄진데 대해서는 본인의 잘못을 인정한다. 이 발언에 대해서는 손석희 사장과 가족들에게 진심으로 사과드린다.

나는 검찰 측에 먼저 신속한 수사를 요청해 왔다. 이번에 기소가 이뤄진다면 매일매일 재판에 출석해서라도 보다 빨리 진실을 밝히겠다는 입장이다. 이 건은 애초 2018년 1월에 JTBC 측이 고소했던 건으로 검찰이 신속히 수사를 하여 기소를 했었다면 『손석희의 저주』 책을 발간할 이유나 집회를 열

이유가 없었던 건이다. 검찰은 아직도 나를 포함하여 5,891명의 국민이 고발한 손석희 증거 조작 건, JTBC가 태블릿 개통자 김한수의 마레이컴퍼니를 검찰보다 먼저 알고서 보도해 버린 통신비밀보호법 위반 혐의 고발 건은 수사조차 하지 않고 있다.

이 사건 재판을 준비하려면 포렌식 자료 컴퓨터 분석과 JTBC 보도와 미디어워치 자체 취재기사 모니터 작업이 필수적이다. 구속 된 상태에서는 컴퓨터를 활용할 수 없어 아무런 준비도 할 수 없다. 방어권을 가질 권리가 있는 대한민국 국민으로서 대한민국 법원과 검찰에 본인이 컴퓨터를 활용해 신속하고 정확하게 재판을 준비할 수 있는 기회를 줄 것을 요청 드린다.

2018년 5월 29일

한마디로 검찰은 JTBC 손석희 사장과 기자 등의 피해가 극심하여 나를 구속하겠다는데 정작 피해 당사자들은 그 어떤 피해구제 조치도 한 바 없다는 것이다. 특히 컴퓨터 분석 작업이 필수적인 이번 사건의 특수성 때문에 구속되면 나는 아예 재판 준비를 할 수 없게 된다. 실제 이는 태블릿 1심 재판 때부터 재판부에 호소했던 내용이다. 이와 별개로 미디어워치 독자 모임에서도 '미디어워치 독자들의 합법적이고 평화로운 집회가 왜 변희재 대표의 구속 사유란 말인가'라는 제목의 성명서를 발표하며 내가 불구속 상태에서 재판을 받아 진실을 밝힐 수 있도록 대한민국 법원에 촉구했다.

"반드시 구속시켜라"

미디어워치 독자들은 성명서 발표에 그치지 않았다. 서울중앙지법 앞에서 집회를 열어 구속영장 기각을 주장했다. 그러나 당시 서울중앙지법 영장실질심사 담당 이언학 판사는 이런 독자들의 활동을 나에게 문제 삼아 오히려 구속 사유로 악용하기도 했다.

나는 일단 포토라인의 기자들을 적극 활용하기로 했다. 지금껏 기자들은 수많은 태블릿 조작 의혹에 대해 침묵해 왔다. 그러므로 오히려 포토라인의 기자들 앞에서 당당히 나의 정당성을 주장하고자 했다. 나는 "국과수 결과 태블릿 실사용자가 최서원으로 입증된 바 없다. 정호성 판결문에도 최서원의 것이라 명기된 바 없다"며 강하게 검찰의 구속영장을 반박했다. 그러나 간략한 발제 이후 나는 기자들과 질의응답 기회도 없이 검찰 측 직원들에 의해 재판장으로 끌려 들어갔다.

지금껏 검찰은 포토라인을 국민의 알 권리 충족이라 주장해 왔다. 그러나 막상 그 알 권리를 가장 손쉽게 충족시킬 수 있는 질의응답 기회는 없었다. 결국 피의자被疑者의 사진이나 찍어 보여 주는 것이 말 많고 탈 많은 포토라인의 주요 목적이었단 말인가. 이에 대해서는 국가인권위원회와 법무부 등에 포토라인 출석 시 원하는 피의자에 한해 기자들과의 질의응답을 보장하는 방안을 마련하도록 촉구할 계획이다.

기울어지다

20여 년간 언론 생활을 하면서 나는 수많은 검찰 수사와 민형사 재판을 받아봤다. 그러나 구속영장 실질심사는 처음이었다. 변호사들은 "인신을 구속하는 단판 공판이므로 피고인에게 충분히 항변할 기회를 준다"며 안심시켰다. 나는 구속 여부와 관계없이 성명서에 발표한 그대로 내가 할 말은 다하겠다는 자세로 임했다.

그러나 실상 나의 발언권은 없었다. 이언학 판사는 검사보다 더한 수준으로 JTBC 측 사설 변호사처럼 설교했다. 내가 발언을 하려고 하면 "법원을 무시하는 것이냐"며 말을 끊었다. 더구나 다른 중대한 정치적 사건 영장실질심사는 점심시간을 넘겨 서너 시간씩 이어지는 경우도 많았다. 하지만 내 건은 단 15분 만에 끝났다.

특히 홍성준 수사검사는 영장에도 없었던, 내가 CJ그룹을 협박해 돈을 갈취했다거나 "손석희의 목을 따버리겠다"는 발언을 했다는 증거를 추가로 제출했다. 정말로 그런 증거가 있었으면 수사 당시나 영장에 첨부했어야 되는 게 아닐까? 나는 이언학 판사에게 검사가 제출한 증거자료를 확인하겠다고 요구했다. 그러나 이언학 판사는 "증거가 맞으니 제출했겠지"라며 나의 항변을 가볍게 묵살했다. CJ그룹을 협박해 돈을 갈취했다는 증거와 관련해 나는 결국 태블릿 재판 2심에서 모든 증거 제출을 검사에게 요구했다. 그러나 지금껏 무소식이다. 이와 관련하여 나는 사건과 관계없는 민간인 사찰을 한 혐의로 홍성준 검사를 국가인권위에 제소했다.

이언학 판사는 마지막으로 "바깥에서 떠드는 사람들을 피고인이 데리고 왔나요?"라고 질문했다. 나는 이 질문을 잘 알아듣지 못해 재차 묻지 않을 수 없었다. 결국 이언학 판사의 질문은 성명서를 발표하고 집회를 하고 있던 미디어워치 독자들을 겨냥했던 것이다. 나중에 알았지만 이언학 판사는 문재인 지지 성향의 우리법연구회 출신이었다.

그간 변호사들이 알려 준 실질심사와는 전혀 다르게 항변도 제대로 하지 못하고 끝나자 변호인들도 당황할 수밖에 없었다. 이미 나는 법무부 호송차에 탑승해 서울구치소로 이동하고 있었다. 서정욱 변호사는 "원래 구속영장 실질심사는 깐깐하게 하는 경우가 있다. 다만 검사가 갑자기 새로운 증거를 제출하면서 구속 의지를 강하게 내보인 게 몹시 걸린다"며 사실상 구속을 암시했다. 실제로 단순한 명예훼손 사건임에도 검찰에서는 담당 홍성준 이외에 부부장급 검사를 포함해 무려 3명의 검사를 구속영장 실질심사에 내보냈다. 이는 곧 재판부에 "반드시 구속시켜라"는 시그널을 준 것이었다.

변호사들의 판단이 아니어도 나는 구속을 각오했다. 크게 동요하지 않았다. 오히려 앞으로 시작될 서울구치소의 생활이 어떨지 궁금할 따름이었다.

2
장

당신들의
과거

서울구치소로

　서울중앙지법에서 경기도 의왕시에 있는 서울구치소까지는 약 1시간 정도 시간이 소요되었다. 서울구치소 건물로 들어가서 처음으로 내가 마주한 인물은 공교롭게도 2017년 대선 당시 댓글 조작으로 구속된 드루킹(실명 김동원)이었다. 그의 보도 사진은 모자이크 처리되었으나 단번에 알아볼 수 있었다. 그는 옆에 동행하고 있던 교도관과 밝게 웃으며 쉴 새 없이 떠들어댔다. 이런 드루킹의 명랑해 보이는 첫 모습에서 나는 '서울구치소 생활이 그리 힘들지만은 않겠다'는 느낌을 받았다.

　나는 아직 서울지방법원으로부터 구속영장을 발부받지 않았기 때문에 수용자복이 아닌 체육복을 입은 채 독방에 갇혀 대기하게 되었다. 대부분 정치적 사건의 경우 구속영장은 다음 날 새벽쯤 발부 여부가 결정 난다.

　독방에 갇히자마자 '이제 좀 쉴 수 있겠다'는 안도감이 들었다. 구속영장이 신청된 뒤 실질심사를 준비하면서 혹시 구속되었을 때를 대비해 미디어워치 조직을 정비하는 데 밤낮이 모자랐다. 특히 마지막 날에는 구속영장 관련 모든 상세 사항을 하나하나 반박하느라 밤을 샐 수밖에 없었다. 모든 걸 마치고 서울구치소 독방에 들어와서야 편히 쉴 수 있게 된 것이다. 다만 시계도 휴대폰도 없는 상태라서 자다 깨는 걸 반복하며 몇 시인지조차 파악할 수 없었다.

　저녁 무렵 처음 식사가 배급되었다. 카레라이스였다. 배식을 받자마자 놀란 것은 카레라이스가 괜찮은 분식점에서 파는 것 이상으로 고기와 야채가 듬뿍 들어간 양질의 식사였다는 점이다. 그간 '콩밥' 이런 말들에 익숙해져 단무지에 영양가 없는 국이 나올 거란 예상과는 전혀 달랐다. 나는 '아직 내가 구속 결정이 안 되어 교도관들이 먹는 걸 줬나 보다' 이렇게 돌려 생각했다. 그리고는 또다시 자다 깨다를 반복했다.

독방에 갇히다

새벽 기상 음악 소리가 울렸다. 눈을 떴을 때 당연히 구속영장이 발부되었을 거라 판단했다. 만약 기각되었다면 나는 오전 2시쯤 서울구치소 밖으로 나가서 대기 중이던 독자들의 환호를 받으며 귀가했을 것이다. 그런데 실제로는 교도관이 나타나 발부된 구속영장 서류를 가져와 서명을 요구했다. 무덤덤하게 서명을 했지만 새벽까지 서울구치소 앞에서 나의 석방을 외쳤을 독자들을 생각하니 안타깝고 미안한 마음에 왈칵했다.

그날 아침식사는 '떡국'이었던 걸로 기억된다. '떡국' 역시 고기가 듬뿍 든 고급이었다. 나중에야 알았지만 서울구치소의 식사는 다른 구치소나 교도소와 비교할 수 없을 정도로 높은 수준이었다. 한 교도관은 "바깥에서는 대충 아무거나 먹겠지만 여기는 일급 영양사가 철저히 영양 안배를 고려해서 식단을 짜기 때문에 더 좋을 겁니다"라고 자랑하기도 했다.

구속 첫날 오전에는 간단한 건강진단과 함께 브리핑을 받고 갈색 수용자복을 지급받았다. 서울구치소에 들어와 제일 먼저 마주쳤던 드루킹이 입고 있던 것과 같았다. 그때 교도관 한 명이 나를 조용히 불렀다. 그러고는 다음과 같은 말을 했다.

"저는 미디어워치TV 애독자입니다. 설마 JTBC 태블릿 건으로 구속될지는 전혀 몰랐습니다. 이왕 들어오신 것, 보수 논객으로서 명예도 있으니 책도 많이 읽고, 서울구치소 내에서 당당하게 투옥 생활을 잘하고 있다는 말이 나왔으면 합니다."

교도관의 이 한마디에 나는 정신이 번쩍 들었다. 서울구치소 내에서의 생활도 수많은 눈과 귀에 의해 평가가 되고 있었던 것이다. 실제 삼성전자 이재용 부회장 관련, "감옥 생활 성실히 잘 적응하고 있다"는 기사를 본 기억이 있다. 반면 박근혜 정권 실세 중 한 명은 "수감 생활 적응을 못해 하루 종일 귤만 까먹고 있어 서울구치소에서 걱정을 하고 있다"는 기사도 있었다.

우연인지는 몰라도 약 1년 뒤 내가 법원에 의해 보석 석방 명령을 받았을 때 명령서를 들고 온 교도관도 같은 인물이었다. 나는 교도관에게 "교도관님과의 약속대로 성실히 투옥 생활 하느라 최선을 다했습니다"라고 자신 있게 말하고 구치소를 나왔다.

어쨌든 정식으로 구속영장이 발부되어 방을 배정받았다. 독방이자 CCTV가 설치된 방이었다. 곧이어 교도관과의 면담을 하게 되었다. 이모 과장이라는 인물이었다. 이 모 과장은 주로 서울구치소의 정치적 사건으로 인해 투옥된 수용자들을 전문으로 면담하는 듯했다. 이 모 과장은 CCTV 방을 배정한 이유에 대해 설명했다.

"자체 회의를 해보니 구속될 사안이 아니었습니다. 심적인 충격이 클 수밖에 없어 보호 관찰을 위해 CCTV 방에 배정했습니다. 크게 걱정할 만한 사안이 없으면 바로 방을 바꿔드리겠습니다."

이 모 과장으로부터 설명을 들은 후 나는 작은 고시원 방 크기의 독방에 갇혔다. 한순간 숨이 턱 막히는 느낌이 들었으나 대학 시절 이런 수준의 자취방이나 고시원방은 수두룩이 경험하여 이내 친근하기까지 했다. 문제는 한번 들어와 앉으면 교도관이 문을 열어줄 때까지 내 의사로 일체 방문 밖으로 나갈 수 없는 현실이었다. 투옥될 각오를 했을 때 내 경험상 비교해 볼 수 있는 곳은 군대였다. 군 신입병 시절과 비교했을 때조차 이 작은 독방에 갇히는 경험은 없었던 것이다.

그때 내가 갇혀 있던 3호실을 관할하는 조 모 교도관이 문을 열고는 밖으로 나오게 했다. 3호실이라 하면 10여 개 정도의 방을 일렬로 늘어놓은 복도 전체를 말한다. 즉, 나의 수감표에는 '3-1'로 적혀 있다. 3호실 복도의 1번방이란 뜻이다. 교도관은 2번방 수용자도 함께 불렀다. 대개 1번방과 2번방이 독방이다.

조 모 교도관은 나보다 나이가 10여년 정도는 위여서 그랬는지 편하게 말을 놓았다.

"언론사 운영을 한 거 같은데, 신문 같은 거 없으면 답답하잖아. 어느 신문 볼 거야."

그는 내게 이렇게 물은 후 어딘가 전화를 걸어 신문을 주문했다. 나는 조선일보, 한국경제, 문화일보를 주문했다. 나중에 알고 보니 그날은 구독을 신청하는 기간이 아니었다. 교도관이 내가 바로 신문을 받아

볼 수 있게 배려해 준 것이었다. 그러고는 "오늘은 이거라도 읽으면서 시간을 보내"라면서 자신이 읽고 있던 석간 문화일보를 나에게 넘겨주었다. 다음으로 눈에 띄게 잘생긴 미남이었던 2번방 수용자와 함께 여러 가지 이야기를 나눴다.

2번방 수용자의 비밀

2번방 수용자는 얼마 전 운동장에서 만난 삼성 이재용 부회장에게 "어차피 당신 또 들어올 텐데 에어컨 설치 좀 해 놓고 나가라"며 충고를 했다고 자랑스럽게 말했다. 그러자 조 모 교도관은 "S모 그룹의 C 회장도 자기가 너무 더워서 에어컨을 설치해 보려 했는데 최소한 한 동 전체는 다 설치하라 그랬더니 할 수 있다 그러더라. 전기료를 누가 내느냐는 문제로 안 됐지"라고 전했다. 2번방 수용자는 "L그룹 회장은 감옥에 들어와서 빵 하나 안 돌려 원망을 받던데 그런 인심을 쓰니 감옥에 들어온 거지"라고 말하기도 했다. 그러면서 주로 경제 이야기, 국제정치 이야기 등에 걸쳐 약 1시간 동안 이것저것 떠들었다.

조 모 교도관은 기회가 있을 때마다 2번방 수용자와 함께 나를 밖으로 불러내 주로 시사 이야기를 나눌 수 있도록 해 주었다. 보호 관찰로 지정된 나의 사정을 고려해 적응을 잘 할 수 있도록 한 일종의 배려 조치였던 것이다. 나는 2번방 수용자에 대해 대충 '이명박·박근혜 정권 당시의 청와대 비서관이나 국정원 직원쯤이 아닐까'라고 추측했을 뿐이다.

나의 추측은 보기 좋게 빗나갔다. 기업가나 정치 관련 발언을 거침

없이 하던 2번방 수용자는 나중에 알고 보니 여성 연쇄 살인범이었다. 2009년 사형선고를 받은 강호순이었던 것이다. 현재 대한민국에선 사실상 사형이 폐지되어 여전히 서울구치소에서 생활하고 있었던 것이다. 한 교도관은 "징역형을 받지 않았으니 교도소로 갈 수가 없다. 그냥 서울구치소에서 계속 있을 수밖에 없다"고 설명해 주었다.

강호순, 드루킹과 함께

강호순의 수감 생활과 관련해 다양한 이야기들이 공개되었으나 내가 직접 확인한 바로는 그는 교도관들과 잘 지냈다. 나이가 지긋한 교도관은 "강호순이 저렇게 모범적으로 되기까지 교도관들이 많이 노력했다. 강호순이 하루하루 생활에 의미를 갖도록 인간적으로 마음을 터놓고 다가갔다"고 설명한 바도 있다.

실제 강호순뿐 아니라 서울구치소에서는 여러 사형수들이 사형을 대기 중에 있다. 그들은 빨간색 명찰을 달고 있다. 주로 드라마나 영화에서 나오는 사형수들은 극단적인 상황에 몰려 악에 바친 모습으로 그려지는데 반해 최소한 내가 본 사형수들은 강호순처럼 쾌활하고 친근한 모습들이었다. 문재인 정권의 탄압에 의해 누명을 쓰고 들어온 박근혜·이명박 정권 측 인사들과 비교하면 오히려 그들의 모습이 더 밝았을 정도였다.

구속 첫날 오전에는 황의원 대표이사, 이우희 편집국장 등 미디어워치 직원들이, 오후에는 도태우 변호사가 변호인 접견을 왔다. 외부에서 늘 편안하게 만나던 지인들이 접견을 오니 '구속된 게 맞구나' 하는 실감이 났다. 일반인 접견이나 변호인 접견 때는 약 5분 정도의 거리를 교도관과 함께 이동한다. 교도관과는 자유롭게 대화를 나눌 수 있으나 다른 수용자와의 대화는 원칙적으로 금지되어 있다. 그러나 워낙 국정농단이란 명목으로 구속된 박근혜·이명박 정권 인사가 많다 보니 아는 지인들이 있을 수밖에 없었다. 그런 경우는 교도관들도 대충 눈감아 주고 안부 인사 정도는 하도록 배려해 준다.

　서울구치소에서 가장 먼저 만난 지인은 박근혜 정권 당시의 김상률 교육문화 수석이었다. 김 전 수석에 대해서는 그의 좌파 노선은 물론 그의 박사학위 논문 표절까지 미디어워치에서 특종 보도를 한 바 있다. 그는 먼저 반갑게 인사를 했다. 매일 성경책을 정독하고 있다고 설명했다. 놀라울 정도로 밝고 평온한 모습에 "어떻게 그게 가능합니까?"라고 물어 보니 "처음에 왔을 때는 억울함에 잠도 못 잤는데 그냥 마음을 비운 상태"라고 말했다. 나중에 한 젊은 교도관은 "김 수석과 밖에서 사이가 안 좋았다고 들었는데 두 분 매우 친해 보입니다"라는 말을 한 적이 있다. 실제 워낙 많은 사람들이 문재인 정권에 의해 억울하게 투옥되다 보니 자연스럽게 동지애가 싹트는 것 같았다.

교도관들과 잘 지내는 기술

　이동할 때 함께하는 교도관들은 생각보다 시사에도 밝았다. 아무래도 서울구치소 성격상 정치와 경제의 리더급들이 드나들다 보니 자연스럽게 지식과 정보를 익히게 된 측면이 있을 법했다. 또한 교도관들 나름 독방을 쓸 수밖에 없는 정치범들을 위해 보다 더 편하게 대화를 나누기 위해 노력하기도 한다. 원칙적으로 독방을 쓰는 수용자들이 대화할 수 있는 상대는 교도관 밖에 없기 때문이다. 교도관들이 말 상대를 해 주지 않으면, 하루 종일 벽만 보고 있어야 하는 형편이다. 외부인 접견보다도 접견하러 갈 때 교도관과 함께 걸어가며 대화하는 시간이 더 즐거울 때도 많았다.

교도관들도 각자 정치적 성향이 있을 것이다. 주로 태극기 집회 때도 나간다는 보수 성향의 교도관들은 귀띔을 해 준다. 이들 교도관과는 자연스럽게 문재인 정권 비판 등 정치적 이야기를 나눌 수 있었다. 반면 좌익 성향 교도관들도 있을 테지만 그런 경우 알려 주지 않았을 것이다. 그러나 좌익 성향 교도관에 의해 조금이라도 불편한 일을 당했던 기억은 없다. 교도관들은 교도관 전문직에 충실히 수용자들이 규율을 지키며 수감 생활에 적응을 잘 하도록 돕는 데 최선을 다했다.

개중에 앞서 CCTV 방에 수감된 이유를 설명해 준 이 모 과장의 경우 약 한 달에 두 번 정도 자신의 사무실에서 일대 일 개인 면담을 전문으로 했다. 취지는 정치범들은 독방을 쓰기 때문에 수감 생활 관련해 조언해 줄 사람도 없고 말 상대도 없어 한 달에 두어 번 정도 시간을 낸다는 것이었다. 커피 한 잔을 놓고 재판 관련 이야기, 가족 관련 이야기 등 격의 없이 대화를 하고 병원 치료 등 건의도 하게 된다. 약 1년간 이 모 과장으로부터 많은 도움을 받게 되었다. 특히 두 차례에 걸쳐 급성 통풍 발작이 왔을 때 이 모 과장이 직접 나서주는 덕분에 신속히 약을 처방받을 수 있었다. 그러나 안타깝게도 이 모 과장은 김경수 경남지사가 수감되었을 때 수갑 착용 문제로 나와 크게 맞부딪히게 되었다. 나중에 서울구치소를 상대로 규정과 절차 없이 김경수 지사만 수갑을 면제해 줘 정당하게 수갑을 착용한 나의 명예가 훼손되었다는 사유로 1억 원의 손해배상 청구 소송을 냈다. 그 핵심 증인으로 이 모 과장이 법정에 불려 나오게 된다.

약 한 달 후, 나는 이 모 과장과의 면담을 거쳐 CCTV가 없는 방으로 옮겨갔다. 3층 11호실 1번방이었다. 바로 옆의 12호실에는 그 유명한 댓글 조작의 드루킹이 있었고, 13호실에는 우병우 전 민정수석이 있었다. 8호실에는 최서원의 국정농단을 고발하여 탄핵의 불을 붙인 고영태가 있었다.

"어이, 변 사장!"

방을 옮기자마자 마침 접견을 나가는 드루킹과 마주쳤다. 드루킹은 "어이, 변 사장, 당신처럼 명예훼손 같은 걸로 여기 들어와 독방을 쓰니 독방이 모자라잖아. 대충 손석희 사장에게 사과하고 나가지!"라며 첫인사를 대신했다. 참고로 구치소 안에서 수용자들은 서로를 '사장'이라고 부른다.

고영태의 경우는 애매했다. 박 대통령에 대한 탄핵무효 운동을 하는 사람 입장에서는 철천지원수이지만 고영태는 태블릿에 관해서는 일관되게 "최서원이 사용하는 걸 본 적이 없다"고 증언했다. 특히 JTBC나 검찰의 주장과 달리 고영태는 자신의 책상에 태블릿을 놔둔 적이 없다는 증언을 하여 미디어워치가 태블릿 조작 문제에 뛰어들게 된 결정적 계기가 됐다.

한동안 운동을 나갈 때면 드루킹, 고영태와 셋이 함께 가게 되었다.

나이 또래가 비슷해서 서로 말을 놓고 친하게 지낼 수 있었다. 우리 셋이 즐겁게 운동을 나가는 모습은 서울구치소 내에서도 화제였다.

수감된 지 약 1주일 정도 지나자 요청한 책들이 반입되었다. 러셀 커크의『버크에서 엘리엇까지 보수의 정신』, 유민호의『일본직설』, 한준석의『이승만의 대미투쟁』, 피터 나바로의『중국이 세상을 지배하는 그날』등 대개 국제 관계와 역사서였다. 이 책들을 읽어나가면서 본격적인 투옥생활이 시작되었다.

슬기로운 수감 생활

서울구치소의 하루 일과는 다음과 같다. 오전 6시 기상음악과 함께 자동적으로 불이 켜지면서 기상한다. 각 수감방에선 수용자 스스로 불을 켜고 끌 수 없다. 야밤의 사고를 대비하여 모든 방에는 경고등이 켜져 있다. 때문에 나는 수면 안대를 구입해서 사용했다. 그러나 여름철의 경우는 더위 때문에 수면 안대조차 착용할 수 없었다.

기상한 뒤 방 정리를 마치면 정자세로 앉아 교도관의 기상 점검을 기다린다. 기상 점검을 할 때는 교도관이 창문틀 사이로 방 상황을 확인하며 수용자들과 상호 인사를 한다. 영화나 드라마에서와 달리 교도관들은 매우 정중한 자세로 인사를 한다. 또한 영화나 드라마에서처럼 수용자를 부를 때 "어이, 3450 나와!" 이렇게 하지 않는다. 교도관들은 수감번호 옆의 실명을 확인하고 "변희재 씨" 이렇게 이름을 부른다. 당연히 늘 존댓말을 쓴다. 교도관들은 공직자로서 수용자를 상대하여 예를 지키는 데 철저히 훈련된 인물들이었다. 그러나 보수 운동가 중 성호

스님은 자신이 구속되었을 때 아침 조회시간 때마다 교도관 앞에서 인사를 하면서 가장 커다란 굴욕을 느꼈다고 한다.

아침 조회가 끝나면 식사가 배급된다. 식사는 앞서 언급한 대로 최소한 6천 원 이상의 백반식은 되는 수준이다. 아침에는 주로 떡국, 스프와 모닝빵 등이 배급된다. 식사 양은 넉넉하여 모자라서 잘 먹질 못했다는 경우는 없다.

식사 종류는 흔히들 백반집이나 분식집에서 사먹을 수 있는 것들이 대부분 나온다. 예를 들면 불고기 백반, 제육 백반, 감자탕, 육개장, 짜장밥, 카레라이스, 된장찌개, 김치찌개 등이다. 무더운 한 여름에는 두 번에 걸쳐서 삼계탕이 나온 적도 있었다. 정규 식사 이외에 영치금으로 라면, 김치, 김, 땅콩, 소시지 등을 신청하여 부식으로 먹을 수도 있다. 서울구치소에서 최소한 식사 문제는 걱정할 게 전혀 없다.

오전 7시 30분 정도에 아침식사가 끝나면 1시간 정도 자유시간이다. 특히 경고등 밑에서 야밤을 틈타 독서를 자주 했던 나의 경우 이 시간 동안 주로 잠을 더 잤다. 서울구치소에서 기상 이후 시간에는 일체 누우면 안 된다. 그러나 아침식사를 마친 후 일과 시간 시작할 동안의 오전 8시 30분까지 1시간은 교도관들이 거의 나타나지 않는다.

오전 8시 30분에 담당 교도관이 들어오면서 일과가 시작된다. 사실 일과 시작이라고 해봐야 특별하게 다를 건 없다. 그냥 수감 방에 멍하니 앉아 있거나 책을 보는 것이다. 물론 4명, 6명, 8명씩 혼방을 쓰는 경우에는 장기와 바둑을 둔다고도 한다. 화투와 카드는 금지되어 있으나 카드를 하다 한두 번 걸린 적이 있을 정도로 암암리에 다들 하고 있는 듯하다.

오전 9시 30분쯤에 KBS 뉴스를 생방으로 방영해 준다. 그리고 이 시간대에 조간신문이 도착한다. KBS 뉴스는 시청을 거의 하지 않고 내가 신청한 조선일보와 한국경제를 읽는다. 각각 종합일간지와 경제지여도 절반은 비슷한 소재들이다. 그래서 조선일보를 대충 다 읽는데 약 1시간, 한국경제를 읽는데 30분 정도 걸린다. 신문은 1인당 세 종류씩 신청 가능하다. 나는 석간인 문화일보를 더 신청했다.

나중에 구속된 황의원 대표이사는 함께 혼방을 쓰는 수용자들과 분담하여 나눠서 신청해 10대 종합일간지를 모두 받아볼 수 있었다고도 했다. 반면 적의 동태를 파악하겠다며 "한겨레신문과 경향신문을 본다"는 국정원 출신의 인사도 있었다.

감옥 생활 중 가장 큰 스트레스는 평일에는 KBS, 주말에는 MBC의 문재인 찬양 뉴스를 보는 일이었다. 친문 한겨레신문을 본다는 것은 나로서는 엄두도 내지 못할 일이었다. 오전 11시에 방송이 끝나면 12시 점심시간까지 미처 다 못 본 신문을 읽는다든지 책을 읽는다. 변수는 일반 면회 접견과 변호인 접견, 그리고 운동이다. 어느 시간대에 잡히느냐에 따라 하루 일과 스케줄이 바뀐다.

오후 3시부터 5시까지의 방송에 일일 드라마, 각종 다큐가 편성되어 있다. 이때 면회 접견이나 변호사 접견이 오면 방송을 놓친다. 그래서 나는 웬만하면 모두 오전에 오라고 권했지만 접견 오는 사람마다 스케줄이 다를 수밖에 없다.

운동은 가급적 점심식사 직후로 잡았다. 방송이나 접견과 겹치지 않는 시간이다. 그러나 여름의 경우는 이 시간대면 땡볕에 그대로 서 있어야 한다. 독방 수감자들은 운동 역시 혼자서 한다. 20여 미터 정도의 거리를 왕복할 수 있는 좁은 운동장을 배정받는다. 다만 운동장까지는 드루킹, 고영태 등과 함께 나가며 담소를 나눌 수 있었다.

운동장에서 홀로 할 수 있는 운동은 걷거나 뛰는 것밖에 없다. 혼방의 수용자들은 넓은 운동장에서 수십 명이 같이 다니며 이야기도 나누는데 흔히 영화 속에서 나오는 감옥에서의 운동 장면과 비슷하게 시간을 보낸다. 그러나 독방 수용자들은 운동이라고 해봐야 방에서 혼자 있는 것과 별반 차이가 없다.

내 경우는 왕복 20번 정도 뛰고 걷거나 혹은 아예 책을 갖고 나와 독서를 하면서 시간을 보냈다. 혼방 수용자들의 운동 시간은 30분, 독방 수용자들은 1시간이다. 독방 수용자들은 너무 좁은 방에 혼자 있다 보니 상대적으로 활동량이 부족해 운동 시간을 늘린 것이다. 그런데 막상 혼자 왔다 갔다 하는데 1시간은 지겨울 정도로 긴 시간일 때가 있다. 여름 경우는 땡볕 아래서 10분간 서 있기조차 쉽지 않을 때도 있다. 그때는 주로 비교적 짧은 글들이 이어져 있는 영화평론 관련 책이나 여행·등산 잡지를 들고 나갔다. 주문해서 받은 영화평론 관련 책은 죄다 운동장에서 읽었다 해도 과언이 아니다. 특히 류상욱 씨의 『익스트림 씨네 다이어리』에서 소개된 낯선 아시아 영화들은 출소해서 꼭 찾아보겠다고 다짐했다. 그러나 출소 이후에는 예상치 못한 많은 일들로 차분히 독서나 영화감상을 할 시간을 내지 못하고 있다.

내가 들어가는 독방 운동장의 경우는 높은 담 위로 주변 동산 끝 봉우리가 조금 보이는 곳이었다. 그때마다 투옥되기 전의 취미였던 등산이 떠올랐다. 원래부터 직업상 하는 일이 책과 글 읽고, 방송 보는 것이라 그 점에 대해서는 오히려 감옥 안에서 더 즐겁게 잘할 수 있었다. 그러나 등산은 불가능했던 것이다. 그래서 「월간 산」, 「월간 사람과 산」 같은 잡지를 들고 나와 운동시간에 등산을 꿈꾸며 읽었다.

결국 출소하자마자 독자들과 강화도의 봉천산을 올랐는데 그 과정에서 무릎을 상해 버렸다. 1년 내내 평지만 왔다 갔다 하다가 갑자기 급경사를 내려오다 무릎에 무리가 온 것이었다. 등산뿐 아니라 출소 후 골프를 하다가 이번에는 허리를 삐끗해 버렸다. 투옥 생활 중 골프 스윙에 필요한 수준으로 허리를 써 본 적이 없었던 것이다. 옥중에서 나름 걷고 뛰고 하더라도 실제 출소한 뒤 평소대로 운동을 할 때는 신중할 필요가 있었던 것이다.

서울구치소에서 만난 펜싱 국가대표 선수였던 고영태는 나에게 "당신 운동장에서 대충 걷고 뛰는 것 갖고 몸 관리 안 되니까, 방에서 PT체조 같은 것 꾸준히 해야 될 거야"라는 조언을 해 준 적이 있었다. 실제로 그랬던 것이다. 출소 후에 다친 무릎과 허리는 여전히 회복이 안 되고 있다. 그나마 등산은 다시 하고 있지만 골프채는 아예 다시 잡을 엄두도 못 내고 있다.

모범 수감 생활자로 산다는 것

일반인 접견은 하루에 한 번 10분씩, 변호사 접견은 횟수와 시간제한 없이 한다. 수감 생활 초기에는 일반인 접견과 변호사 접견이 적응하는 데 큰 도움이 된다. 그래서 재벌들 같은 경우 접견 전용 변호사를 두세 명씩 고용하여 하루 종일 변호사를 접견하기도 한다. 대한항공의 조현아 부사장이 아예 온종일 변호사 접견실을 점령했다고 해서 논란이 되기도 했다.

수감 생활을 지속하다 보면 일반인·변호사 접견이 오히려 독서와 방송 시청에 장애가 되는 경우가 더 많다. 특히 오후 3시부터는 일일 드라마를 볼 수 있게 해 주는데 나는 당시 재벌 회장과 평범한 흙수저 청년의 운명이 뒤엉키는 '비켜라 내 운명아'를 열중해서 시청하고 있었다. 이 드라마 소재가 미국의 산업혁명기 때 젊은 청년들이 주변 어른들의 도움으로 크게 성공하는 이른바 아메리칸 드림을 소재로 대박 흥행을 기록한 대중소설들과 유사했기 때문이다. 그런데 이 시간 때 접견이 들어오면 방송을 놓쳐 버린다. 일일 드라마이고 인물들 간의 사연이 복잡하게 얽혀 있어 이틀만 놓치면 따라가기 쉽지 않은 드라마였다.

외부 정치 상황이나 회사 상황을 전달해 줄 수 있는 인물이 아닌 가족 혹은 처음 오는 그냥 아는 지인이 접견을 오면 "요즘 몸은 어때? 식사는 잘하고? 춥지는 않고?" 이런 식의 똑같은 대화가 오갈 수밖에 없다.

그보다 접견에서의 더욱 힘든 점은 늘 밝고 당당한 모습을 보여야 한다는 점이다. 접견 과정에서 조금이라도 피곤한 모습을 보이면 외부에서 잘못된 소문이 돌 수 있다. 구속 직후 통풍 탓에 휠체어를 타고 접견했을 때 외부의 사람들은 실제 증세보다 백 배 이상 더 걱정할 수밖에 없었다. 접견은 수용자가 외부와의 소통하는 공간이기도 하지만 외부에서 수용 환경을 검증 테스트하는 채널이기도 한 것이다.

최대집 의사협회 회장이 접견을 왔을 때 서울구치소 내의 의료시스템 문제점을 설명해 줬다. 최소한 자비로 병원에 가야 하는 사람은 보내 줘야 하는데, 외부 진료를 신청해 놓으면 감감 무소식이다. 내 접견

때는 교도관이 들어와 기록했다. 이 소식이 서울구치소 내에서 널리 퍼졌다. 교도관들은 서울구치소 내의 문제점이 밖에 알려지는 걸 극도로 경계한다.

그래서 나는 대개 "서울구치소 내 식사는 밖의 식당보다 더 좋고 방송도 좋은 프로그램만 틀어줘서 늘 재미있게 시청하고 있고 난방 설비도 잘 되어 있어 전혀 춥지 않다"는 식으로 이야기한다. 서울구치소에서는 이런 나의 태도에 고마워했다. "수감 생활에 잘 적응한 인물"로도 손꼽혔다. 그러다 의료진료 시스템과 관련해 그것도 의사협회장에게 고자질한 셈이 되었으니 교도관들이 바짝 긴장하게 된 것이다.

2심을 넘어가면서부터는 나는 일반인 면회는 직원과 태블릿 특검법을 추진하는 인물들로만 접견을 제한했다. 변호사 접견도 최소화했다. 그러다 보니 차기환 변호사의 경우는 내게 묻지도 않고 보석을 신청하기도 했다. 어차피 서울구치소에서 재판 준비를 하는 건 한계가 있었다. 무엇보다 정보가 턱없이 부족했다. 나는 그냥 믿고 맡겼다.

다만 이런 점은 있다. 서울구치소에서는 매일 접견이 들어오는 수용자들은 따로 주의를 기울인다. 물론 아예 접견이 없는 경우도 그렇다. 특히 가족이 아닌 사람들의 접견이 매일 들어온다는 것은 밖에서 무언가 움직이고 있다고 해석될 수 있다. 가족이 아닌 인물들이 접견을 매일 들어오는 수용자는 재벌 회장이나 유력 중앙정치인, 조폭, 그리고 나와 드루킹 같은 사회운동가들 정도이다. 고위 공직자 같은 경우만 해도 가족 이외의 인물들이 매일 같이 접견을 신청하지는 않는다.

나의 경우 미디어워치 독자들이 접견을 들어왔다. 드루킹의 경우는 불법 대선 조직이라는 경공모 회원들, 그리고 우리와 함께 다닌 조폭 할아버지는 조직원들이 매일 같이 들어왔다. 접견이 매일 있다 보니 접견 시간이 겹칠 때가 있는데 이때는 같이 접견을 나가기도 한다.

영치금의 위력

한창 재판에 대한 대응 문제로 미디어워치 독자들 내에서 내분이 일어났을 때였다. 옥중에서는 나조차 어떻게 할 수 없었다. 접견 들어온 독자들에게 "나와 미디어워치의 법적 대응은 아무런 이견이 없고 모두 내 지시에 따라 하는 것"이라 설명을 해도 소용이 없었다. 옥중에 있어서 정보가 차단되어 오판을 내린다며 내 말을 믿지 않기까지 했다.

이 건에 대해 나는 드루킹과 조폭 할아버지에게 의견을 물은 적이 있다.

"감옥에 들어오니 도무지 내 말에 영이 안 서는데 두 분도 그러십니까?"

내 말에 두 사람은 이구동성으로 대답했다.

"우리는 말 한마디로 싹 정리되는데, 변 사장이 밖에서 인생을 잘못 살았나 보네."

이후 나는 2심 때부터 일반인 접견마저 줄여 버렸다. 곧장 교도관이 확인을 해 왔다. 신변에 문제가 생긴 게 아닐까 하는 걱정의 차원이었던 것이다.

영치금의 경우도 독방과 달리 혼방에서는 매우 중요한 요소라는 것을 혼방에 수용된 황의원 대표를 통해 알았다. 독방에서는 여러 가지 간식거리, 생활용품 등을 아무리 많이 구입해도 한 달에 10만 원 이상 쓸 일이 없다. 그런데도 접견을 오는 분들은 계속 영치금을 넣어준다. 1년 동안 그렇게 받은 영치금이 쌓여서 출소 이후에는 그 돈으로 생활이 가능할 정도였다.

혼방의 경우는 영치금이 많이 들어올수록 방 내부의 서열 관계에 큰 영향을 미친다고 한다. 매일 같이 영치금이 들어오면 무언가 사회에서 중요한 사람으로 인식되는 모양이다. 실제 그렇게 들어온 영치금으로 방 생활에 필요한 용품과 간식 등을 사주므로 영치금의 위력은 대단한 것이다.

연휴를 기다리는 이유

오후 방송은 3시부터 5시까지 일일 드라마와 '동물농장', '생활의 달인' 같은 것들로 편성된다. 이 시간대에 석간신문 문화일보가 도착한다. 석간 문화일보는 오전에 벌어진 일들을 다루기 때문에 다음 날 조간보다 더 빠르게 그날 소식을 전해 준다.

아침 조회와 비슷한 방식으로 점검을 하고 오후 5시 30분부터 저녁식사를 한다. 6시부터는 '나 혼자 산다', '미운 우리 새끼', '전지적 참견 시점'과 같은 예능프로를 방영하고, 7시부터는 KBS 생방뉴스, '밥상 차리는 남자'와 같은 일일드라마를 보여 준다. 점검 이후에는 사실상 일과가 끝난 거나 마찬가지이다. 아예 이불을 펴고 드러누워서 편하게 TV

를 시청한다.

구치소에서의 하루 일과는 일반인 접견과 변호사 접견이 동시에 있기라도 하면 생각보다 바쁘게 돌아간다. 특히 하루에 신문 3개를 읽고 오전·오후·저녁 방송 모두를 시청하게 되면 책을 읽을 시간이 부족할 수밖에 없다. 그러다 보니 방송이 끝나는 오후 8시 30분부터 책을 잡고 경고등에 의존하여 오전 2~3시까지 읽게 되는 것이다. 부족한 잠은 낮에 잠시 벽에 기대어 자면서 보충하거나 아니면 주말에 한꺼번에 몰아 자기도 한다.

흔히들 감옥에서는 일반인·변호사 접견, 운동 시간 없이 하루 종일 방에 갇혀 있어야 하는 주말이나 연휴가 더 힘들다는 말들을 한다. 그러나 나의 경우는 전혀 그렇지 않았다. 오히려 방송을 오전부터 저녁까지 틀어 주는 휴일이 시간에 구애받지 않고 책과 방송을 마음껏 볼 수 있어 훨씬 좋았다. 토요일 오전에는 국내외 명산을 소개해 주는 '영상앨범 산', 그리고 고급 음악프로인 '불후의 명곡'을 볼 수 있다. 또한 휴일에는 교도관들도 교대로 쉬기 때문에 그냥 이불 펴놓고 하루 종일 드러누워 있어도 된다.

주말에는 영화도 틀어 준다. 주말 오전에는 방송 시청표를 공개해 주는데 저녁에 틀어 줄 영화 제목도 공개된다. 평소 보고 싶었던 '혹성탈출 반격의 서막', 스티븐 스필버그의 '레디 플레이어 원'의 방영을 확인했을 때는 그날 하루 종일 즐거웠다.

그래서 나는 평일에는 늘 휴일이 오기를 기다렸다. 추석·크리스마스·설날 연휴도 늘 기다려졌다. 이럴 때는 별 건 아니지만 송편, 떡, 케이크 같은 특식도 들어온다. 그렇게 휴일을 맞으면 책, TV, 잠, 책, TV,

잠을 반복하며 평일에 부족했던 잠도 보충한다.

재판정을 채우는 응원단의 정체

한 달에 약 한두 번 정도 재판정에 출정하는 날의 스케줄은 전혀 다르다. 오전 10시 재판이라면 오전 8시에는 서울구치소에서 출발하여 서울중앙지법으로 가야 한다. 아무리 재판의 모든 준비를 변호사들과 미디어워치 기자들에게 맡겼다 하더라도 결정적인 진술을 해야 할 때가 있어 재판이 있는 날에는 늘 긴장이 된다.

수용자들은 출정대기소로 가서 각자 옷을 갈아입는다. 수용자복을 입고 재판정에 출정하면 그 복장 자체로 재판부에 부정적 인식을 줄 수 있다 하여 정치범들은 대부분 사복 정장으로 갈아입는다. 나 역시 독자들이 준비해 준 사복을 입고 출정했다. 기자들은 사복 정장을 입고 서울구치소버스에서 내리는 장면을 찍어 보도한다. 그러다 보니 수용자복을 입고 찍은 사진은 한 장도 없다.

사복으로 갈아입으면 수갑을 차고 버스에 오른다. 버스에서조차 독방 수용자는 다른 수용자 옆자리에 앉지 못한다. 서울중앙지법에 도착하면 지하에 있는 수용자 대기실에서 대기한다. 재판이 오전 10시가 아니라 11시 정도 열리게 되면 대기실에서 한 시간 이상 기다릴 때도 있다.

독방 수용자는 대기실에서도 다른 수용자와 나란히 앉을 수 없다. 유리로 칸막이가 된 곳에 혼자 있어야 한다. 그럴 때는 먼저 재판을 마치고 돌아오는 수용자들의 모습을 가끔 볼 수 있다. 무죄나 집행유예를 받고 나온 수용자들의 얼굴은 그야말로 '환하다'. 교도관들이나 다른 수용자들도 모두 축하해 준다. 그런 모습을 볼 때마다 재판에서 석방 선고를 받은 뒤 어떤 절차를 통해 석방되는지 늘 궁금했다. 그러다 조국 전 민정수석과 박근혜 대통령 1심 김세윤 재판장의 만남 의혹을 제기했다가 구속되어 2심에서 집행유예를 선고받고 출소한 우종창 전 월간조선 기자 사례를 통해 알게 되었다. 사복을 입고 나왔으면 서울중앙지법에서 바로 걸어 나갈 수도 있다는 것이다. 그게 아니면 다시 서울구치소로 가서 외부 지인에게 연락해 사복을 받아서 갈아입고 나가야 한다. 즉, 어떤 경우든 수용자복을 입고는 출소할 수 없다는 것이다.

그렇게 대기하다 교도관의 신호를 받고 3층 혹은 4층 재판정으로 올라간다. 재판정과 연결된 작은 방에서 또 10분에서 20분을 대기한다. 물론 수갑을 착용한 상태이다. 재판장의 신호가 있어야 비로소 재판정에 입장한다.

내 재판정은 미디어워치 독자들로 늘 꽉 들어찼다. 재판정에서부터는 나의 모습이 독자들은 물론 기자들에게 죄다 공개가 된다. 대기실에서부터 어떤 경우든 의연함과 당당함을 잃지 않으려 바짝 신경을 쓰고 재판정에 입장했다. 독자들 사이에서 조금이라도 "우울해 보였다", "힘이 빠져 보였다" 이런 말들이 돌면 외부에서 크게 동요할 수밖에 없기 때문이다. 심지어 헤어커트 할 시간을 놓쳐 머리가 정돈이 안 된 상태로 재판정에 나가면 그것만으로도 "감옥 내에서 학대받은 것 아닌가"하는 걱정들이 퍼져 나간다.

내 재판은 대개 JTBC 기자들을 증인으로 불러 심문하는 방식으로 진행되었다. 정보의 한계 등으로 질문은 변호사와 불구속 기소된 황의원 대표가 하고, 나는 주요 사안에 대해서만 발언했다. 특히 김필준 기자 심문 때 포렌식상 분명히 이메일 로그인을 하고 들여다본 기록이 나왔는데도 "로그인을 하지 못해 메일을 못 들여다봤다"는 증언이 나오자, 공방은 이어졌다. 나도 직접 질문을 하며 서너 번씩 확인하기도 했다. 그러나 그럴 때마다 1심 박주영 판사는 노골적으로 JTBC 편을 들어 무마시키곤 했다.

그렇게 재판이 끝나면 다시 대기실에서 기다렸다가 1시간에 한 대씩 배치되는 서울구치소 버스를 타고 귀소하게 된다. 버스를 타고 서울중앙지법을 나가면 기다리고 있던 독자들이 태극기를 흔들고 응원의 메시지를 보낸다. 버스 유리창은 검은색 코팅을 하여 외부에서 내부는 잘 보이지 않는다. 그러나 내부에서는 외부의 응원 모습이 보이고, 응원의 소리도 잘 들린다. 응원의 효과는 재판정 쪽보다는 서울구치소에 영향을 미친다. 교도관과 함께 버스를 탄 수용자들 사이에서 "변희재 재판 때는 여전히 응원단이 나온다"는 소문이 쫙 퍼지는 것이다.

저녁식사 이후에 돌아오게 되면, 사소(司掃: 세숫물 준비와 청소 따위를 맡아보던 조선시대 정9품 잡직)가 미리 식사를 방안에 준비해 놓는다. 방안에서 식사를 할 때는 마치 퇴근 후 집에 돌아온 것과 같은 편안함을 느낀다. 그리곤 자유롭게 TV를 시청하고 다시 책을 읽는 것이다.

추운 겨울보다 무더운 여름이 더 무서운 감옥

감옥에서는 추운 겨울보다 무더운 여름이 더 무섭다는 말들을 자주 들었다. 실제 서울구치소에서의 최악은 겨울이 아니라 여름이었다. 내

구속 기간 중 2018년 7월 20일부터 8월 10일까지 기온은 섭씨 35도 아래로 내려온 적이 없었다. 이 정도 기온이면 서울구치소 최상층인 3층의 온도는 한낮에 섭씨 40도를 넘나들게 된다. 그나마 선풍기를 24시간 돌려주기는 하지만 이 정도 수준이면 온풍기를 돌리는 것과 진배없다.

3층의 경우는 1층과 2층에서 물을 많이 소비해 물이 제대로 나오지 않을 때가 많다. 오전 2시 혹은 3시에 교도관들이 호스를 들고 와서 각 방에 물을 넣어 주어야 할 정도였다. 새벽에도 온도가 내려가지 않아(방 아래 깔려 있는 쇠파이프의 열 때문) 뜨거워서 잠을 깬 적이 여러 번이었다. 더워서 깨는 것이 아니라 뜨거워서 깨는 것이다. 한낮에는 드러누워 아예 움직이지 않는 '시체놀이'로 시간을 보내야 했다.

교도관들은 노약인 수용자들이 혹시 위험한 상태에 빠질까 봐 전전긍긍해 개별 수용자에 대한 관리는 엄두도 못 내는 상황이었다. 그래서일까. 수용자 개개인은 혹서기酷暑期에 더 자유롭고 편한 측면도 있다.

혼방과 독방의 혹서기

나에게는 혹서기를 견뎌내기 위해 각 수용자들과 교도관들이 똘똘 뭉쳤던 20일간의 일이 참으로 좋은 기억으로 남아 있다. 특히 상대적으로 편한 1층과 2층이 아닌 최악의 조건에서 견뎌낸 3층의 수용자들과 교도관끼리는 전우애 같은 것도 느껴질 정도였다. 서울구치소에서는 3층 수용자들이 너무 고생한다며 오후 시간에 에어컨을 빵빵하게 틀어놓은 대강당에서 '그 중에 그대를 만나'로 시작되는 이선희 라이브 콘서트 영상을 틀어주는 이벤트를 연 적도 있었다. 또한 얼음물을 특별히 3

층만 두 개씩 투입해 주기도 했다. 나중에는 삼계탕 특식까지 넣어 주었다. 구치소에서는 이런 작은 배려와 이벤트 하나하나가 큰 즐거움과 보람을 느끼게 해 준다.

혹서기가 지나서였지만 자카르타 아시안 게임 당시 축구 준결승에서 박항서 감독이 이끄는 베트남과 대한민국이 맞붙어 큰 화제가 되기도 하였다. 법무부에서는 전격적으로 이 경기를 생방송해 주기로 결정했다. 저녁 시간, 서울구치소에서는 간만에 힘찬 응원소리가 울려 퍼졌다. 대한민국이 승리하자 결승에서 일본과 맞붙게 되었다. 서울구치소 교도관들은 축구 결승 생중계 관련 여론 수렴에 나섰다. 나는 "국가에서의 교화 기관이란 애국심을 길러 주는 일 이외에 더 중요한 게 없다. 국가에 의해 감옥에 갇혀 있지만 국가대표팀을 응원하면서 분노와 복수심도 줄이고 더 큰 국가 공동체 일원이라는 의식을 키우는 거다. 물어볼 것도 없이 다들 축구 결승전 생중계를 보고 싶어 할 것이다. 교화 기관에서 이런 작은 것 하나라도 배려해 주며 큰 기쁨을 주는 것 자체가 하나의 교화이다"라는 의견을 전했다.

결승전이 있던 날, 오전 방송 시청표에 한국과 일본 축구 결승전이 편성되어 있었다. 서울구치소 전체에서 환호성이 울려 퍼졌다. 결승전은 연장전까지 가면서 오후 10시가 넘어서야 대한민국의 승리로 끝났다. 서울구치소에서는 야밤까지 환호성이 이어졌다. 서울구치소에서 이런 환호성이 터졌던 것은 김경수 경남지사의 서울구치소 구속이 방송을 통해 알려진 때 이외에 처음이었다.

반면 겨울에는 문제될 것이 아예 없었다. 가을에서 겨울로 넘어가는 문턱에 잠시 추울 뿐, 12월이 되면 충분히 따뜻한 온돌 난방이 시작된다. 침낭을 구입하면 한겨울에도 전혀 춥지 않게 지낼 수 있다.

편안했던 겨울에 가끔 교도관들과 뜨거웠던 혹서기 이야기를 하면서 "20여 일간 교도관들과 수용자들이 생존 투쟁했던 시절이 그립다"는 말을 하면 "그건 변희재 씨가 독방을 썼기 때문"이라며 "8명씩 뒤엉켜 지내는 혼방에서였다면 기억하고 싶지도 않을 것"이란 답을 하곤 했다. 같은 3층이라도 혼방은 독방과 또 다른 수준의 힘든 여름을 보냈다는 것이다.

아우슈비츠에서도 갖는 희망을

투옥을 각오하면서 가장 크게 기대했던 것은 외부의 방해 없이 원하는 책을 마음껏 읽을 수 있다는 점이었다. 그 점에서 만큼은 대만족이었다. 또한 대성공이었다. 출소 이후 서울구치소에서 읽었던 도서목록을 뽑아 보니 '2018년 5월 31일'에서 '2019년 5월 17일'까지 약 1년간 456권의 책이 반입되었다. 그중 월간조선, 월간신동아, 주간 미래한국, 월간 산, 월간 낚시 등 잡지를 제외하면 350여권 정도 될 것이다. 내가 직접 요청한 책이 250여권, 나머지 100여권은 독자나 지인들이 넣어준 책이다. 거의 다 읽었다.

윈스턴 처칠의 『제2차 세계대전 회고록』, 알렉상드르 뒤마의 『몬테크리스토 백작』, 파트리크 지라르의 『명장 한니발 이야기』, 시오노 나나미의 『로마인 이야기』와 『그리스인 이야기』, 구종서의 『대칭기스칸』, 헨리크 시엔키에비치의 『쿠오바디스』, 시바 료타로의 『료마가 간다』, 이문열의 『삼국지』, 월터 아이작슨 『벤자민 프랭클린 인생의 발견』, 최인호의

『상도』, 손세일의『이승만과 김구』같은 장편 대작들은 구치소가 아니면 읽을 엄두도 낼 수 없는 분량의 책들이었다. 이런 대작들을 손에 잡았을 때는 밤에 희미한 경고등만 켜 있는 상태로도 도저히 덮을 수가 없어 밤을 새가면서 읽기도 했다. 그 바람에 출소한 이후 눈이 매우 나빠져 있었다.

칭기즈칸 관련 책들을 많이 읽은 건 그야말로 인생의 모든 역경을 딛고 극복한 인물이었기 때문이다. 위인들치고 안 그런 인물은 없으나 고난의 정도가 칭기즈칸은 최강이었다. 어릴 때 부친이 독살당하고, 부인이 노예로 끌려가고, 정적을 피해 야산에서 숨어 사는 등 칭기즈칸은 그런 고난을 극복한 후 부족을 통합하여 거대한 제국을 세우게 된 것이다. 옥중에서 접한 위인들의 고난을 극복하는 이야기들은 그 자체로 큰 위로가 됐다.

그 점에서 빅터 프랭클 박사의『죽음의 수용소에서』는 투옥 초기부터 강렬한 충격을 주었다. 의학도였던 프랭클 박사가 나치군에 의해 아우슈비츠 수용소에 끌려가고 그 고통의 시간 속에서 어떻게 희망을 갖고 견뎌내고 살아남았는지, 체험담이자 전문가의 조언이 담긴 책이다. 프랭클 박사는 "왜 살아야 하는지를 아는 사람이라면 어떠한 상황도 견뎌낼 수 있다"는 니체의 격언을 인용한다. 또한 "정신적으로 성숙한 사람은 고통의 현실에서도 아름다운 미래를 그려낼 수 있다"고 말한다. 이러한 교훈보다도 서울구치소가 아우슈비츠와 비교했을 때 환경적으로 얼마나 좋은 곳인지, 그것 하나만으로도 수감 생활에 큰 힘이 될 수 있었다.

3
장

길을
찾아서

책 속에 지어 올린 세상

서울구치소에 처음 들어왔을 때, 가장 힘든 것은 "대체 언제 어떤 방식으로 나가게 되는 것일까, 아니면 문재인 정권의 보복으로 다른 추가 기소가 이어질 것인가"하는 불안감이었다. 그것은 아우슈비츠에 끌려갔던 프랭클 박사와 그의 동료들도 마찬가지였다. 인신구속보다 앞이 안 보이는 미래가 가장 큰 고통이었던 것이다.

실제로 구속되었을 당시만 해도 나는 태블릿이 최서원 것이 아니고 조작되었다는 결정적 증거는 잡지 못했던 상황이었다. 검찰은 그런 나에게서 태블릿 진실을 밝힐 시간과 기회를 빼앗기 위해 바로 구속시켰던 것이다. 이런 상황에서는 역시나 문재인이 장악한 법원이 몇 년 형을 선고할지 예측 불허였다. 검찰이 다른 별건 사건으로 추가 기소할지도 모르는 상황이었다.

막연한 불안감에 대해서는 시엔키에비치의 소설 『쿠오바디스』가 큰 도움이 되었다. 『쿠오바디스』는 초등학교 시절 교회에서 아동용 책으로 추천받아 읽은 바 있다. 당시에는 로마 네로 황제 시절, 초기 기독교인들의 종교와 투쟁 이야기로만 기억되었다. 이번에 완역본을 읽으면서 이 소설이 러시아에 핍박받던 폴란드 민족에 희망을 주기 위해 집필된 소설이란 점을 알게 되었다. 네로에 의해 그렇게 고통 받던 기독교인들이 궁극적으론 기독교를 로마제국의 공식 종교로 위상을 올려놓았듯이 폴란드인들도 언젠가는 자유와 해방의 길로 들어설 것이란 희망의 메시지를 준 것이다.

이 소설의 또 다른 가치는 로마시대에 대한 완벽한 재현이다. 마침

『쿠오바디스』를 읽을 때 시오노 나나미의 『로마인 이야기』도 함께 읽었다. 『쿠오바디스』에서 재현된 로마시대와 『로마인 이야기』에서 묘사된 로마시대의 삶을 비교하며 읽을 수 있었던 것이다. 물론 저자가 로마시대를 연구할 때 네로 등 로마 황제들을 크게 부정적으로 묘사한 타키투스의 『타키투스의 연대기』에 의존했다는 비판도 있다. 그러나 로마시대의 일상, 거리, 의상 등을 마치 다큐로 찍어 가져 온 것처럼 정밀하게 묘사한 이 소설로 저자는 1905년 노벨문학상을 받게 되었다. 이렇듯 친절한 묘사는 훗날 이 소설이 미국과 폴란드에서 반복적으로 영화로 제작할 수 있는 기반이 되었다.

폴란드 민족이 러시아의 핍박을 받아 온 것과 비슷하게 우리나라 조선은 비슷한 시기에 일본에 의해 합병되는 수모를 겪었다. 조선 말기를 제외하곤 그 이전 시기나, 혹은 지금 시기나 대한민국은 일본과 그렇게 크게 국력적으로 차이가 나지 않는다. 그런데 대체 왜 조선 말기 일본에 의해 총 한 번 제대로 쏴보지 못하고 나라를 빼앗겼는지, 당시 조선과 일본은 어떻게 다른 길을 가게 되었는지 늘 궁금했다. 투옥된 김에 일본의 메이지 유신을 다룬 책들을 찾아 읽었다.

일본이 조선과의 가장 큰 차이는 지방분권으로 인한 상업의 번성, 그리고 지방 자체의 군사력이었다. 그리고 이러한 일본 메이지 유신 혁명의 동력을 상징하는 인물이 바로 사카모토 료마였다. 료마는 하급 사무라이 계층으로서 일본 계급 사회의 모순을 체감하며 서양과의 교류를 통해 상업과 군사력의 상관관계를 꿰뚫어 봤다.

메이지 유신의 두 축이 되는 사쓰마와 조슈를 오가면서 사쓰마의 돈으로 영국의 무기를 사다가 조슈 쪽을 지원해 주며 이른 '조슈동맹'을 이끌어 낸 것이다. 사카모토 료마는 메이지 혁명 이후에도 관직을 차지할 생각은 없었다. 그는 배를 이용한 상업의 가치에 눈을 떴기 때문이다. 료마는 오히려 미쓰비시 같은 무역회사를 만들 꿈을 꾸다 불과 33세의 나이에 암살당한다. 그가 꿈꿨던 미쓰비시 회사는 그의 후배 이와사키 야타로가 현실화시킨다.

중앙집권 국가 조선과 달리 일본은 사쓰마번, 조슈번, 사카모토 료마의 도사번 등 지역분권 국가였다. 이미 타락한 막부가 서양의 군사력에 속수무책으로 당할 때 지역의 번의 사무라이 계급이 상업을 키워나갔고 그 돈으로 서양의 전함과 소총 등의 신식무기들을 구매했다. 그리고 사쓰마와 조슈가 연합하여 막부를 무너뜨리며 마침내 메이지 유신을 이뤄낸 것이다. 이런 국가 구조 속에서 사카모토 료마의 자유로운 상상력이 빛을 발휘할 수 있었다. 무턱대고 이 씨 왕조만 수호하려 했던 당시 조선의 사대부들과는 차원이 다른 발상들을 했던 것이다.

대만과의 관계

일본 현대사 관련 책을 읽어 나가면서 문득 대만이 떠올랐다. 당시 각종 외신에서는 미국의 트럼프 행정부가 일본과의 동맹을 강화하면서 대만에 대한 정치적·군사적 지원도 확대한다는 소식이 들렸다. 중국 견제용으로 일본과 대만을 군사·정치 동맹으로 묶으려는 움직임이었다. 문제는 여기서 대한민국의 문재인 정부는 제외된다는 점이다. 한국이 만약 미국, 일본, 대만 동맹에서 제외되게 되면 바로 100여 년 전 국제적으로 고립되어 나라를 빼앗겼던 시대와 같은 사태가 벌어질 수도 있을것이다. 한국과 일본은 워낙 국민 정서적으로 깊은 앙금이 있어 일단 대만 쪽을 바라보게 되었다.

타이베이 국립정치대학원 출신의 최창근 씨가 쓴 입문서 『대만, 거대한 역사를 품은 작은 행복의 나라』를 시작으로 10여권의 책을 읽어나갔다. 대만 역시 일본에 점령당했다는 점, 그리고 장제스 총통과 이승만 대통령이 제2차 세계대전 이후 아시아반공연맹을 통해 굳건한 동맹을 맺었다는 점에서 매우 가까운 나라였다. 장 총통은 임시정부에도 자금과 무기를 지원했고, 6·25 당시 후방에서 막대한 군수물자를 대주기도 했다. 그러나 우리는 이런 대만에 대해 중국과 수교한다며 벼락치기 하듯 대만 대사관 인사들을 내쫓아 버렸다. 은혜를 원수로 갚은 격이었다.

대만과 무슨 일을 시작하기 위해선 이 잘못된 역사부터 바로잡아야 한다는 생각이 간절했다. 나는 출소한 후 3개월이 지난 2019년 8월 23일, 광화문 타이베이 대표부 앞에서 미디어워치 독자 100여 명과 함께 '한국·대만 국교 정상화 선언식'을 했다. 이 자리에서 나는 다음과 같은 선언문을 낭독했다.

1992년 8월 24일 중화민국 국민들은 대사관 앞에서 국기를 내리며 가슴 속에 국기를 걸어두었습니다. 2019년 대한민국 국민들은 중화민국 국민들 가슴 속에 걸어둔 국기를 꺼내 함께 내걸어야 합니다. 어차피 외교도 사람이 하는 것, 사람으로서의 도리부터 다해야 외교도 풀어 나갈 수 있고, 대한민국이 생존할 수 있는 것입니다.

옥중 구상을 현실로

이 행사는 대만중앙통신사를 통해 대만 전역의 언론 NTD 등 세계 중화 언론에 크게 보도되었다. 작은 민간 언론사와 독자들이 주최한 행사에 대만인들의 관심을 끌어 낸 것이다. 이에 이 행사를 대만 건국절인 쌍십절 10월 10일에 대만 4대 일간지 중 하나인 『중국시보』에 의견 광고로 게재했다.

이 과정에서 행사를 접한 대만 뤼슈렌 전 부총통은 대만 측 뉴스에 '감사'의 뜻을 전하기도 했다. 이왕 내친 김에 더해 보자는 생각으로 뤼슈렌 전 부총통을 초청해 대한민국 국회에서 한국과 대만 국교 정상화를 위한 포럼을 개최하기까지에 이르렀다.

투옥 중에 단지 책으로 공부한 한국과 대만의 국교 정상화 관련해 실제 행사를 하고 대만 언론에 광고를 하며, 대만 부총통 초청 포럼으로까지 숨 가쁘게 이어나갈 수 있었던 것은 이슈를 정확히 잡았다는 뜻이다.

2020년에는 코로나19 때문에 온라인으로 할 수밖에 없었지만 일본을 더해 한국·대만·일본 국교 정상화 기념식을 열어 뤼슈렌 부총통 이외에 일본의 사쿠라이 요시코, 니시오카 쓰토무 등의 지식인도 참여했다. 대만을 통해 일본, 미국과의 동맹을 더 굳건히 해보겠다는 옥중 구상을 점차 현실화시켜가고 있는 것이다.

탈옥과 여행은 한 끗 차이

『몬테크리스토 백작』과 『빠삐용』은 억울하게 수감된 주인공이 감옥을 탈출하는 스토리로 흥미진진할 수밖에 없었다. 초등학교 시절 동화나 영화 등으로 접한 이야기지만 완역본을 읽을 기회는 처음이었다. 『몬테 크리스토 백작』은 자신을 억울하게 감옥에 가둔 검사와 공범들에게 복수하는 내용으로 조윤선 전 문광부 장관도 옥중에서 읽어 화제가 되었다. 그러나 실제 주 메시지는 '복수는 헛된 것'이다. 주인공 당테스가 모조리 복수를 하지만 본인 스스로는 얻은 게 아무것도 없다.

나 역시도 수감 생활을 해 가며 초기의 복수욕을 점차 줄여 나갔다. 복수욕도 하나의 욕심이다. 욕심이 가득 차서는 진실에 다가설 수도 없다. 평온하고 유쾌한 수감 생활에 방해만 될 뿐이다. 복수욕과는 조금 다른 구상을 했다. 출소한 뒤 어떻게 진실을 밝혀나갈 것인가. 또 그 기반 위에 미디어워치는 어떻게 발전시킬 것이며 대한민국은 어떻게 바로잡아 갈 것인지.

『빠삐용』 역시 수시로 탈옥을 반복하는 내용이다. 내가 이 책을 읽으며 신기해 한 것은 수시로 탈옥을 감행할 수 있는 시스템이었다. 예를 들면 서울구치소라면 탈옥은 상식적으로 불가능하다. 『빠삐용』을 읽을 때는 아주 잠시 운동장에서 탈옥이 가능한지를 상상해 보기도 했다. 역시 원천적으로 불가능하다는 답을 얻고 피식, 웃곤 했다. 물론 진실의 칼을 쥐고 재판에서 거짓을 밝혀낼 자신이 있는 입장에선 그럴 이유도 없었다.

탈옥을 꿈꾸는 대신에 여행기들을 읽곤 했다. 대학 시절부터 나는 인터넷신문을 창간하면서 무려 20년간 같은 일을 해 왔다. 공식 출장 이외에 여행을 별로 다녀본 적이 없다는 점은 몹시 아쉽다. 그러다 보니 옥중에서 공간적 상상력에 제약을 받는다는 느낌을 떨쳐낼 수가 없었다. 그래서 시작한 것이 일본, 대만을 시작으로 라오스, 캄보디아, 인도, 우즈베키스탄, 카자흐스탄, 몽골 여행기를 읽는 일이었다.

끝나지 않은 독립운동

이것이 트럼프 정권의 인도태평양 구상을 했던 중심 국가들로 이른바 반중국 벨트이기도 하다. 이들 국가에 대해선 여행기를 읽은 뒤 해당 국가의 체제와 현황을 소개하는 책도 따로 읽었다. 내친 김에 만주 땅과 만주국에 대한 책도 읽었다. 조만간 북한을 자유통일한 뒤 곧바로 접해야 할 땅이 만주이기 때문이다.

옥중에서 마지막으로 읽던 책은 손세일 선생의 『이승만과 김구』였다. 동아일보 기자 출신이자 국회의원을 역임한 손세일 선생이 2001년도부터 2013년까지 월간조선에 12년간 연재한 2만 쪽 분량의 원고를 7권으로 나눠 출판한 것이다. 나는 이 7권 전체를 구입했다. 이승만 대통령이 미국에서의 독립운동을 하는 내용이 수록된 4권을 읽다가 보석 석방 결정문을 받았다. 보석 조건 문제로 나가니 안 나가니 실랑이를 벌이다 검찰의 명령으로 사실상 구치소를 쫓겨나면서 마지막으로 지켜본 책이 『이승만과 김구』였다. '이번 기회에 완독을 못하고 나가게 되면 다시 읽지 못할 텐데' 하는 아쉬운 생각이 들었다. 아닌 게 아니라 실제로 석방된 지 1년이 지났지만 여전히 이 책을 완독하지 못하고 있다.

그림의 떡

TV시청은 대다수 수용자들에게 가장 중요한 일과나 다름없다. 수감 생활 중 책을 읽는 수용자는 그리 많지 않다. 실제 자신의 방에 보관할 수 있는 책은 30권으로 제한되어 있다. 그래서 새로운 책을 받으려면 기존 책을 내보내야 한다. 이렇게 책을 받고 내보내는 작업을 하는 수용자는 10명 중 1명도 안 된다는 이야기를 들었다.

서울구치소 측은 책을 받고 내보내는 수가 가장 많은 수용자가 바로 나였다고 했다. 내가 심각한 수준의 악필이라 책 관련 정보를 기록하는 데 교도관들이 매우 애를 먹었다고 한다.

반면 TV는 아주 특별하게 시청을 외면하는 수용자를 제외하곤 전체가 다 시청하고 있다 해도 과언이 아니다. 경험 많은 교도관들은 "2000년 이후 전체 방에 TV를 놓게 되었는데 교도 행정에 아주 큰 도움이 된다. TV만 틀어주면 열심히들 시청하며 큰 사고를 치지 않더라"고 설명하기도 했다.

TV는 크게 실시간으로 시청할 수 있는 KBS 뉴스, 지상파와 종편의 각종 다큐, 예능, 영화, 드라마를 방영하는 재편성본으로 나눌 수 있다. 나도 마찬가지이지만 대다수 수용자들은 골치 아픈 뉴스보다는 당연히 재편성본 그것도 예능과 드라마를 좋아한다. 일단 나와 같이 정권 탄압으로 감옥에 온 정치범들은 뉴스에서 '문재인' 얼굴만 나와도 속이 울렁거리는 것은 어쩔 수 없는 일이었다.

평일에 주로 틀어주는 다큐의 경우 맛집 소개와 먹방이 너무 많았다. 최불암의 '한국인의 밥상'과 MBN의 '나는 자연인이다'가 매주 정규 편성되어 있다. 이런 프로그램은 먹방이나 다름없다. 본격 맛집과 먹방 프로가 아닌 SBS '생활의 달인'에서도 절반은 맛집 요리사들이 나온다. 특히 EBS의 '백성의 물고기' 멸치, 고등어, 명태, 조기 등도 사실상 요리가 주제였다. 심지어 SBS 드라마 '기름진 멜로'조차도 온갖 중화요리 전시물이었다.

만나는 교도관마다 "사람 데리고 장난하는 것도 아니고 방송의 먹방과 맛집은 시청한 뒤 가보라고 권하는 건데, 우리가 밖에 나가서 저런 거 사먹을 수나 있나. 왜 이렇게 먹방을 많이 보여 주나"라며 항의를 한 적도 있다.

삼겹살과 소주 한잔의 악몽

앞에서도 언급했듯 투옥되기 전 내 걱정의 하나는 담배였다. 박 대통령 석방 집회를 이어가며 늘어난 담배 탓에 금단현상이 가장 큰 걱정이었다. 그러나 박성현 주필의 말마따나 서울구치소 내부에서 그 누구도 담배를 피우지 않기 때문에 투옥 즉시 담배는 잊어버렸다. 문제는 매일같이 먹방을 틀어주며 맛집을 소개하는 것에 있었다. 소주 한잔이 그리울 때가 많았다. 먹방 대부분의 음식이 소주 한잔하기에 좋은 안주거리들이었기 때문이었다.

서울구치소 생활 내내 하루하루 좋은 책을 읽으며 지내서인지 나는 악몽 같은 것은 꾼 적이 없다. 대신 순대나 삼겹살에 소주 한잔하는 꿈을 꾸다가 깬 적은 여러 차례 있었다. 낮에 한창 독서삼매경에 빠져 있다 보면 감옥에 갇혀 있다는 사실조차 잊어버리기 일쑤였다. 깊은 밤 어쩔 수 없이 책을 놓고 잠을 잘 때도 다음 날 아침 다시 책을 잡을 생각만 하면 늘 즐거웠다. 그렇게 자다가 가끔 삼겹살 안주에 소주 한잔 들이키는 꿈을 꾸다가 깼을 때, 비로소 나는 '아, 내가 감옥에 있구나'하는 현실을 절감하게 되었다. 이게 나름 투옥 생활 중 유일한 악몽이라면 악몽이었다.

보석 조건으로 서울구치소 측과 나가니 안 나가니 실랑이를 벌이다 결국 쫓겨났을 때도 "에라, 이렇게 된 이상 나가서 삼겹살에 소주나 한잔 하러 가자"하는 마음으로 출소했다. 실제로 그날 바로 삼겹살집으로 달려갔다.

만드는 자와 보는 자

30대 중반까지 대중문화 평론가로 활동한 이후 내가 처음으로 마음 놓고 즐겨볼 수 있었던 프로그램은 예능·드라마·영화였다. 서울구치소에서는 남자 동과 여자 동에 각기 다른 버전의 방송을 송출했다. 그러나 유일하게 내 방에서는 남녀 두 가지 버전을 모두 볼 수 있었다. 남녀 간 가장 큰 차이는 드라마와 예능이었다. 아무래도 여성 쪽 버전에 멜로물, 남성 쪽 버전에 액션물이 많이 포함되어 있었다.

예능에서 여성방에만 송출된 대표적인 프로그램이 '미운 우리 새끼' 즉, '미우새'이다. '미우새'는 서울구치소에 수감된 약 2천여 명의 남성 수감자 중에 오직 나만 볼 수 있던 프로그램이었다. 이 '미우새'를 통해 김건모, 홍진영 자매, 김종국 등 연예인들의 삶에 대한 진술하고 진지한 태도를 보게 되었고, 때론 감동받고 교훈을 얻기도 했다. 특히 초특

급 농구선수로만 기억하던 서장훈의 예능적 감각과 언어 구사 능력에 감탄하기도 했다.

그런데 출소 이후 '미우새'의 스타들이었던 승리, 김건모 등이 여러 좋지 않은 소식으로 하차하는 것을 보면서 방송에서의 모습이 실제 삶과 많이 다르다는 의혹들이 제기되기도 했다. 그렇다 하더라도 '미우새'나 '나 혼자 산다' 등 각종 리얼리티 프로그램에 등장하는 연예인들이 대중들에게 좋은 모습을 보여 주기 위해 무한히 노력하고 있다는 사실엔 결코 변함이 없을 것이다. 옥중에서 예능프로 연예인들의 노력하는 모습을 보면서 내 스스로를 부단히 채찍질 했고 그 점에서 예능프로는 교도소 교화 정책에 큰 도움이 될 수 있다고 본다.

역사는 옳은 편으로

드라마는 예능보다 더 강렬한 흡입력이 있다. 완전히 몰입하여 볼 수 있는 드라마 방영 기간에는 그 전날부터 설레기도 한다. 그 수준의 드라마로는 '미생', '알함브라 궁전의 추억', '김 비서가 왜 그럴까' 정도가 있었다. 여성 채널 버전으로 '김 비서가 왜 그럴까'의 경우 평일 수·목에 방영해 주었던 걸로 기억난다. 좀 모자라 보이는 재벌 후계자와 똑 부러지는 여비서 간의 로맨스가 진부한 스토리이긴 했어도 나름 참신했다. 이런 스토리의 경우 흔히 재벌가에서 결혼을 반대하며 울고불고 판을 짜는 반면 이 드라마에서는 재벌가에서 강력히 혼인을 원하고 김 비서 본인이 주저하는 구도였다.

2019년 10월 말경, JTBC 손용석 취재팀장 심문 공판이 저녁까지 이어진 적이 있었다. 재판이 늦어지면서 '김 비서가 왜 그럴까' 방영 시간이 신경 쓰여 부리나케 달려갔지만 결국 마지막 장면밖에 볼 수 없었던 적도 있었다.

'알함브라 궁전의 추억'은 가까운 미래에 충분히 가능한 '현실과 게임'이 뒤섞인 내용이었다. '한국 드라마가 이런 수준의 작품까지 만들 수 있구나'라고 놀라면서 시청했다. '미생'은 2014년 작품임에도 일요일 남녀 공통으로 방영해 주었다. 불확실한 비정규직 청년이 현실의 벽을 하나하나 돌파해 나가는 과정이 수감자들 교화에 도움이 될 거라 판단해서 정기적으로 재방영을 해 주는 듯했다.

'미생'은 비정규직 소재를 다뤘다는 점에서 좌익적 관점이라 볼 수도 있지만 개인 스스로의 치열한 노력으로 열악한 현실을 넘어 선다는 점에서 청년들 도전의 관점이라 볼 수도 있다. 보수 진영에서 보수나 우익 영화, 드라마 기획을 한다 하면 이승만, 박정희, 6·25 등 역사적 소재만 찾는 경향이 있다. 그러나 '미생' 같이 일상 하나하나에서 부딪치고 도전하며 바꾸고, 개선하고, 성취하는 스토리야말로 진정한 보수나 우익 작품이 될 수 있다. 이런 작품들은 현실을 치열하게 탐구하는 자세가 있어야 완성될 수 있다. '보수', '우익' 구호만 외친다고 될 일이 아니다.

반면 도저히 봐 줄 수 없는 역겨운 드라마가 방영되는 기간에는 생활 자체가 우울해 지는 수도 있다. 주말에 방영해 준 '미스터 선샤인'과 '남자 친구'가 그랬다.

송혜교, 박보검 주연의 '남자 친구'는 중년 여성이 재벌가와 결혼해 이혼한 대가로 받은 호텔 경영권을 두고 암투가 벌어지는 가운데 호텔의 젊은 평직원과 연애하는 이야기이다. 호텔 시장은 국내뿐 아니라 국제 경쟁이 가장 치열하여 전문성을 갖춘 뒤 목숨 걸고 덤벼드는 자들만이 살아남는다. 호텔 신라의 이부진 사장을 떠올려 보면 될 것이다. 이런 호텔의 CEO가 경영권 다툼 와중에 젊은 평사원과 연애에 빠져 놀아난다? 상식적으로 있을 수가 없는 일이다.

드라마 '미생'에 열광하는 건 대한민국 경제를 이끌어 온 종합무역상사 내의 시장에서 생존 투쟁과 같은 업무를 그대로 재현했기 때문이다. 드라마나 영화라 해서 아무 거나 지어 내는 것은 아니다. 현실에서 있을 수 있다는 개연성이 핵심적 요소이다. 사람을 그렸는데 마치 곰처럼 보이면 이상하고 역겨운 것처럼 현실이 아닌 걸 그려 놓고 현실인 양 위장하고 있으면 마찬가지로 역겨운 것이다.

'미스터 선샤인'도 저 먼 과거의 고조선이나 고구려 시대가 아닌 1900년대의 근현대사를 다뤘다는 점에서 역사 왜곡 날조의 비판을 피해갈 수 없다. 이 드라마는 마치 고종이 끝까지 일본으로부터 나라를 지키려 했고 이완용 등 대신들이 나라를 팔아먹었다는 왜곡된 역사관으로 드라마를 제작했다.

당시 그나마 나라를 지켜보려던 최후의 세력은 이승만 등 공화파 지식인들이었다. 일본은 언제든지 고종을 협박해 나라를 빼앗을 수 있기 때문에 공화파들은 왕조 국가 조선을 공화정 체제로 바꾸기 위해 만민공동회 등을 통한 투쟁에 나섰다. 실제 이토 히로부미는 외교권을 일본이 가져간 을사조약에 앞서 고종과의 면담에서 고종이 "백성들에게 물어 보겠다"고 하니, 이를 비웃으며 "왕조 국가에서 왕이 결정하면 되지, 백성에게 뭘 물어 보냐"며 핀잔을 주었다. 20대 시절 젊은 이승만의 통찰 그대로, 공화체제로 바꾸었다면 최소한 논리적으로는 버텨낼 수 있

었을 것이다. 역사적 전제를 무시하니 조선왕조 몰락의 공동정범共同正犯
인 양반집 규수가 총을 들고 전문 스나이퍼로 의병활동에 나선다는 황
당무계한 스토리가 나오게 되는 것이다.

　기록상으로 조선 패망기에 여성 의병활동가로 알려진 인물은 윤희순
정도이다. 그런데 윤희순은 1860년생으로 한일합방 때는 나이 50에 이
르렀다. 그것도 전문 스나이퍼나 킬러로 활동한 것도 아니다. '미스터
선샤인'에서는 양반집 10대 소녀가 마틸다도 아닌 '레옹'과 같은 킬러로
등장한 것이다.

　근현대사를 다룬 드라마나 영화는 가급적 실존 인물의 실화를 소재
로 해야 한다. 한국 연예영화계 전반에서 왜곡된 근현대사에 맞춰 줄
실존 인물이 없다 보니 마구잡이로 그려내는 것일까. '화려한 휴가'부터
'변호인'까지 현대사조차도 마구잡이로 조작·날조해 던져 놓고 "이건 영
화일 뿐이다" 이런 식으로 빠져 나가는 방식을 더 이상 인정해 줘선 안
될 것이다.

　일본의 메이지 혁명의 상징적 인물 사카모토 료마를 다룬 NHK의 '료
마전', 미국 건국의 주역 존 애덤스를 다룬 HBO의 '존 애덤스' 같은 드
라마는 그럴 만한 인물이 없어서 못 만드는 것일까. 역사의 진실을 바
로 보지 않으려는 그릇된 역사관 탓일 것이다. 예를 들면 '건국전쟁'이
란 책에서 소개된 해방 정국의 반공투사 염동진 관련 드라마나 영화는
왜 만들면 안 되느냐는 것이다. 바른 쪽으로 역사를 들여다보면, 예술
로 승화할 만한 근현대사 인물들은 수두룩하다. 지금은 일본 뿐 아니라
전 세계에 알려졌지만 사카모토 료마 역시 일본의 대문호 '시바 료타로'
가 예술가의 눈으로 발굴한 인물이다.

선택할 수 없어도

영화는 토요일과 일요일 저녁에 틀어준다. 드라마와 달리 영화는 남녀 공통으로 틀어주기 때문에 여성들만을 위한 멜로 영화를 틀어줄 때 남성방에서는 불만이 많았다. 할머니의 50년 전 사랑 찾기가 주제인 '레터스 투 줄리엣'을 방영한 다음 날, 드루킹은 "요즘 영화는 늘 여자들 멜로만 틀어 줘 짜증난다"며 투덜댄 적도 있었다.

영화에 대한 나의 불만은 다른 데 있었다. 영화는 주로 최신작 위주로 편성한다. 그러다 보니 관람할 가치가 없는 영화들이 절반 이상이다. 과연 이런 수준 이하의 최신 영화를 보여 주는 게 교화에 무슨 도움이 되냐는 것이다.

감옥에 들어온 김에 내가 평소에 펼칠 엄두도 못 냈던 대작들을 독서하듯이, 영화 역시 고전 대작들을 틀어줘야 한다고 생각했다. 예를 들면 '바람과 함께 사라지다', '벤허', 한국 영화로는 '서편제' 등. 토요일이나 일요일 중 하루를 택해 교화에 도움이 되는 엄선된 고전 100선을 뽑아, 반복적으로 틀어주면 되는 것이다. 장기수의 경우라도 고전은 보면 볼수록 더 그 가치를 더해 간다.

물론 한 달에 한 번 정도 교화용 영화를 골라 소개해 주기도 하는데 잘 알려지지 않은 최신작 영화를 선정하다 보니, 영화 선정의 폭이 좁을 수밖에 없다. 그렇게 교화 영화로 선택된 것들이 류해진 주연의 '럭키', 조정석 주연의 '형'이다. 영화 선정의 폭을 과거로 더 넓히라는 것이다. 그리고 교화 영화라고 해서 인간이 교화되는 스토리만이 아니다. 탄탄한 완성도 높은 영화를 보면 그 자체로 인간이 교화될 수 있다.

이 내용에 대해 나는 교도관을 만날 때마다 이야기했다. 면담 때도 반복적으로 설명했다. 그러나 교도관들은 "모든 방송 편성은 법무부에서 알아서 한다"며 적극적으로 나서 주지 않았다. 출소하면 법무부에 진정서를 제대로 넣겠다고 작심했는데 막상 출소하니 남의 일이라 그런지 아직도 못 넣고 있다.

그러나 출소하기 직전 나는 1998년 로베르토 베니니 감독의 칸 영화제 심사위원 대상작 '인생은 아름다워'가 방영되어 놀란 적이 있다. 이 영화는 제2차 세계대전 당시 유대인 수용소를 코믹하게 풍자했던 독특한 고전 명작이다. 어쨌든 고전 명작을 법무부에서 한 번은 틀어주긴 한 것이다.

영화 '쇼생크 탈출'에선 주인공 팀 로빈스가 교도소에서, 운동장에 모인 제소자들을 위해 오페라 '피가로의 결혼 편지의 2중창'을 틀어주는 장면이 나온다. 제소자들은 운동을 멈춘 뒤 이 음악에 빠져든다.

서울구치소에서는 이런 일이 필요 없다. 오전 7시부터 8시까지 KBS FM을 틀어주고, 낮 12시부터 오후 1시까지, 법무부 자체 교화 음악프로그램을 틀어주기 때문이다. 각자의 방에서 혹은 복도에서 편안히 청취할 수 있다.

교화 음악 프로에서 틀어준 음악 중 드라마 '야인시대'의 '어깨동무'가 기억에 남았다. 주먹들의 의리를 주제로 한 음악이 무슨 교화에 도움이 된다고 틀어주었을 거라는 생각이 언뜻 들었다. 사실 말이 교화 음악 방송이지 일반 대중가요 방송과 별 차이가 없고, 때론 제소자들의 편지를 읽어 주기도 한다.

이 뿐이 아니다. TV에서도 '불후의 명곡', '콘서트 7080', '열린음악회', '전국노래자랑' 등 음악프로가 차고 넘친다. 밖에서 생활할 때보다 훨씬 더 다양한 음악프로를 시청할 수 있었다. 이중 가장 기억에 남았던 건 '콘서트 7080'에 출연했던 잔나비였다. 잔나비 출연 때는 평소와 달리 10대와 20대 팬층이 무대에 가득했고, 반면 그들의 음악은 전형적인 7080세대의 것이었다. 마치 리버풀에서 활동할 때의 초기 시절 비틀스와 비슷했다.

그들의 대표곡 '주저하는 연인들을 위해'는 출소 이후 찾아 들을 수 있었다. 가사가 한 편의 시였다. 저런 경우는 가사부터 먼저 쓰고 곡을 붙여야 가능한 일이다. 2020년 가을에 발표한 '가을밤에 든 생각'도 마찬가지였다. 싱어 최정훈이 작사를 먼저 하고 작곡을 한 곡들이다. 역시 콘서트 7080에 출연한 최성수의 '달이 떴다고 전화를 주시다니요'도 좋은 가사로 기억에 남았다. 출소 이후 찾아보니 김용택 시인의 시에 곡을 붙인 것이었다.

서울구치소에서 음악은 바깥에 있을 때보다 더 많이 듣기는 하는데 음악에 대한 정보를 찾을 수 없다는 문제점이 있다. 좋은 음악들을 기억해 났다가 출소 이후 정보를 검색해 볼 수밖에 없었다. 그러나 그건 영화나 드라마의 경우도 마찬가지였다. 출소 이후 서울구치소 내에서 접했던 각종 영화, 드라마, 음악에 대한 정보를 찾느라 꽤 많은 시간을 썼다. 그 정도로 나는 서울구치소 내에서 마음껏 문화생활을 즐겼던 셈이다.

4
장

사람, 품위, 그리고 석방

어디서든 긍정적 영향을 끼치는 사람들

　서울구치소에는 박근혜 대통령을 비롯해 이병기·남재준·이병호 전 국정원장, 최경환 전 경제부총리, 현기환 전 정무수석, 우병우 전 민정수석 등이 수감되어 있었다. 나중에는 양승태 전 대법원장, 임종헌 전 법원행정처 차장, 조현오 전 경찰청장까지 들어왔다. 국가기관 수장首長 전체가 들어와 있다 해도 과언이 아니다. 국정원 직원만 30여 명, 정치범 모두 합쳐서 60여 명 정도 수감되어 있는 것으로 파악된다. 국정원 직원끼리는 거의 '사우회社友會' 수준이었다.

　이들 모두는 여유 있고 의연한 태도를 잃지 않으려 노력하고 있었다. 남재준 전 국정원장의 경우는 구치소에서 걸어 다닐 때조차 꼿꼿한 자세 그대로 유지한다. 이병기 전 대통령비서실장은 먼저 교도관이나 동료 수용자에게 말을 걸며 큰 어른 역할을 하고 있었다.

　한여름에 수분 부족으로 급성 통풍성痛風性 발목 통증이 와 3일 정도 휠체어 신세를 진 적이 있다. 젊은 친구가 입소入所 후에 휠체어를 타고 나타나자 이병기 전 실장이 10미터 밖에서 달려와 나의 손을 잡고 상태를 살펴봐 주었다. 다음 날은 이병호 전 국정원장의 눈에 띄었다. 이 전 원장도 놀라서 달려와 보살펴 주었다. 칠십이 훨씬 넘으신 어르신들께서 젊은 내게 그러시니 부끄럽고 죄송해 말을 이을 수가 없었다. 이후로도 이병기·이병호 전 원장은 나를 만날 때마다 늘 격려해 주었다.

　반면 남재준 전 원장, 우병우 전 민정수석 등은 먼저 인사하거나 말을 거는 편은 아니었다. 우병우 전 민정수석이 구속 기간 만료로 석방되기 전 나의 재판과 관련해 여러 가지 질문을 한 적이 있다. 내가 설명을 했지만 그는 구치소에 들어온 뒤로 귀가 잘 안 들린다며 알아듣는 것을 힘들어 했다.

이헌수 전 국정원 기조실장

옆방에 있던 국정원의 이헌수 전 기조실장은 나는 물론 교도관, 기결수 既決囚로서 구치소 잡무를 돕는 '사소'를 친절하게 챙겼다. 이헌수 전 실장은 옥중에서 관상을 공부하면서 교도관은 물론 사소들의 관상까지 봐주었다. 때로는 법률 상담도 해 주었다. 각종 간식거리도 넉넉히 주문하여 나와 사소들에게 나눠주곤 했다. 그러다 보니 교도관, 사소 모두 이헌수 전 실장을 좋아했다. 이런 좋은 관계가 나의 구치소 생활에 긍정적 영향을 끼쳤다. 별다른 노력 없이도 이 전 실장 덕분에 교도관과 사소들의 도움을 받을 수 있었기 때문이다.

이헌수 전 국정원 기조실장과는 1년 내내 이웃 방에 있었지만 대화 시간은 운동하러 나가는 2~3분에 불과했다. 나중에 연배가 있는 교도관이 들어왔는데 이헌수 전 실장에게 관상을 배우겠다면서 나를 불러내 함께했다. 덕분에 각종 정치·사회 현안과 관련하여 10~20분 정도 대화 시간을 가질 수 있었다.

이헌수 전 실장은 나에게 "골프장 하나 부킹해서 변 대표와 하루 종일 다양한 이야기를 나누면 좋겠다"고 여러 차례 이야기했다. 나는 보석保釋이 아니었다면 2019년 6월 14일이 구속 만기일이었다. 이 전 실장은 2019년 6월 12일이었다. 어차피 거의 동시에 석방이 예정되어 있었던 것이다. 나는 보석 석방 직후에 이 전 실장과의 약속대로 골프장을 함께 가기 위해 연습장에서 골프 스윙을 하다 허리 통증이 도져 병원에 가야 했다. 운동량 부족으로 몸이 전반적으로 굳어 있었던 것이다. 그래도 약속대로 이헌수 전 실장과는 골프장에서 하루 종일, 서울구치소에서 다하지 못했던 이야기를 나눌 수 있었다.

현기환 전 청와대 정무수석

운동 나갈 때의 같은 조는 아니지만 주말 접견 때 서너 차례 함께 나갔던 현기환 전 정무수석도 기억에 남는다. 항상 여유 있고 늠름한 모습으로 교도관들과 편안하게 대화했다. 현 전 수석은 "박근혜 전 대통령이 미디어워치와 변 대표 글과 방송을 좋아했는데, 제대로 못 챙겨서 미안하다"고 말했다. 나는 "화이트 리스트(white list)에 올라가지 않아 천만다행"이라고 답했다.

허현준 전 청와대 행정관

허현준 전 청와대 행정관은 바로 그 '화이트 리스트'로 서울구치소를 들락날락했다. 그는 사전 구속된 뒤 6개월 만기滿期로 석방되었다. 석방되자마자 나와 전화 통화를 하고 만나기로 약속했다. 그 직후 이번에는 내가 구속되었다. 허현준 전 행정관은 몸소 서울구치소까지 와서 서신과 간식거리를 전해 주었다. 그러더니 허 전 행정관이 1심에서 징역 1년 6개월을 선고받고 또 구치소에 들어왔다. 우리는 변호인 접견실에서 반갑게 해후邂逅했다. 나는 "태블릿 조작 다 잡았으니까 염려하지 마!"라고 말했고, 허현준 전 행정관은 "파이팅!"을 외치기도 했다. 나는 석방된 뒤 곧바로 허현준 전 행정관 면회를 갔다.

임종헌 전 법원행정처 차장

서울구치소에서 교도관들이 가장 긴장했을 때는 역시 임종헌 전 법원행정처 차장, 그리고 양승태 전 대법원장이 구속될 때였다. 법원 최고위층이 구속된 전례前例가 없으므로 혹시 사고라도 터질까봐 교도관들은 전전긍긍했다.

임종헌 전 차장이 구속된 다음 날, 나는 일반인 접견 대기실에서 그를 만났다. 놀라울 정도로 차분하고 침착한 모습이었다. 습관적으로 그가 먼저 인사를 건넸다. 임 전 실장은 나를 못 알아봤다. 태블릿 사건이라 알려주자 그제야 알아봤다. 임 전 실장은 최소 6개월 이상 구치소 생활을 한 사람처럼 느껴졌다. 그를 관리하던 교도관은 "임종헌 씨는 사전에 수감 훈련을 받고 들어온 분 같다"고 말할 정도로 매우 침착했다.

양승태 전 대법원장

양승태 전 대법원장은 내가 석방되기 직전에야 운동장 입구에서 잠시 마주쳤다. 나는 통합진보당 이정희 대표의 '종북從北' 관련 소송 1심·2심 모두를 양승태 대법원장 체제하에서 패소敗訴했다. 그러다 옥중獄中에서 김명수 대법원장 체제하에서 상고심上告審을 승소勝訴했다. 양승태 대법원장 체제에서 '종북'으로 보수 인사들이 무더기 패소하면서 보수 운동이 큰 타격을 받았다. 양승태 전 대법원장에 대한 감정이 좋을 리 없었다.

운동장으로 안내하는 교도관들에게 "양 대법원장 들어오면 신고식 좀할 테니 10분만 내달라"고 농담조로 이야기할 정도였다. 그러나 정작 양승태 전 대법원장과 마주쳐 보니 워낙 예의 바르고 점잖은 태도여서 "대법원장님, 건강히 운동하십시오"라고 깍듯이 인사할 수밖에 없었다.

조현오 전 경찰청장

조현오 전 경찰청장은 구속될 때 논란이 많아서 그랬는지 구치소에서 마주칠 때마다 재판 상황을 설명해 주며 억울함을 호소했다. 그는 일관되게 "경찰이 댓글로 정치에 개입한 게 아니라 경찰의 불법시위 진압을 허위로 공격하는 댓글에 반박하라고 지시했다"고 주장했다. 실제로 그는 증인 심문 때마다 자신에게 유리했다고 평가하며 자신감을 보였다. 그는 곧 보석으로 석방되었다. 그러나 1심 선고 후 또다시 서울구치소로 들어갔다가 2심에서 보석으로 출소했다.

그밖에

이렇게 독방을 쓰는 사람들끼리 운동장에 나가며 2~3분을 이야기하면서 인사를 나누게 된다. 수감 전에 안면이 없더라도 신문 등을 통해 아는 사람들이 태반이었다. 잘 모르는 인물이지만 시국時局 관련 대화에 익숙하게 동참하면 대개 국정원 출신이었다. 반면 잘 모르는 인물인데 국정원 출신이 아닌 경우는 대부분 조직폭력배·살인 등 흉악범들이었다.

"어이, 7년!"이라고 불리는 남자의 말

서울구치소에서 가장 큰 명물은 역시 드루킹이었다. 그는 자신의 방에서만 벗어나면 그 누구를 상대로 해서라도 쉴 새 없이 떠들었다.

내가 명예훼손으로서는 건국 이후 최고 중형重刑인 5년 구형求刑을 받았을 때 드루킹은 화들짝 놀랐다. 그러다가 드루킹이 업무방해죄로 역시 건국 이후 최고형인 7년을 구형받자 이번엔 내가 놀랐다. 그때부터 나는 드루킹을 보면 "어이, 7년!"이라고 부르곤 했다. 나와 드루킹은 각각 명예훼손과 업무 방해 분야에서 구형과 선고까지 한국 신기록 2관왕에 올랐던 것이다. 그러나 드루킹은 구속 기간이 연장이 되든, 7년 구형을 받든 3년 6개월 선고를 받든 늘 유쾌한 태도를 잃지 않았다. 그런 그가 나는 물론 국정원 출신들에게 수시로 이런 주장을 했다.

"나는 노회찬에게 돈 준 적 없다."

그의 말에 나는 기다렸다는 듯이 물었다.

"그럼 돈도 안 받은 인물이, 돈 받았다고 유서 쓰고 왜 죽어?"

드루킹은 재판에서도 역시 노회찬의 자살에 대해 의혹을 제기했다. 나는 드루킹에게 "나한테만 솔직히 이야기해 봐. 돈 준 거 맞으니까 유서 쓰고 자살했겠지?"라고 여러 차례 물어 봤다. 그때마다 드루킹은 "어차피 그 건은 집행유예 나왔잖아. 까짓 꺼 줬으면 줬다고 법정에서도 이야기한다"며 끝까지 부정했다.

어느 날 드루킹은 "변 사장, 보수라고 자칭하는 사람들이라면 반드시 읽어야 될 책이 나왔다"며 피터 자이한의『21세기 미국의 패권과 지정학』을 소개해 주었다. 미국이 절대적 패권국霸權國이 되면서 중국 등이 흔들리며 세계 질서가 급변한다는 내용이었다. 평소 나의 생각과도 비슷했다. 이 책을 열독熱讀한 후 나는 이 책을 다른 수감자들에게도 수시로 추천해 주었다. 나중에 이 책을 번역한 홍지수 선생이 후속편인『셰

일혁명과 미국 없는 세계』까지 직접 넣어주었다. 이번에는 내가 드루킹에게 속편을 추천해 주었다. 드루킹은 바로 이 책을 주문해서 읽었다. 이 책은 서울구치소의 정치범들에게 최고의 화제가 되었다.

얼마 전 TV조선 기자로부터 드루킹을 취재하고 싶다며 내게 연락해 온 적이 있다. 드루킹에게 편지를 넣어도 답변이 없으니 내가 편지를 넣어 연락해 주면 어떻겠느냐는 취지였다.

확정판결을 받은 드루킹은 교도소로 옮겨갔을 것이다. 그렇지만 나는 석방된 상태이기도 하지만 정치적 동지도 아닌 인물이 편지를 넣는 건 예의에 어긋난다고 판단했다. 다만 그가 석방되면 함께 유튜브 방송 특집을 하고 소주 한잔은 하자면서 약속했다.

노란색과 하얀색의 차이

나, 드루킹, 이헌수 전 실장과 함께 자주 만나던 70대 어르신 한 분이 있었다. 이 분은 나름 시사에 밝았고 자신은 '애국 우파'라고 주장했다. 그는 매우 친절하고 온화했다. 체격도 그리 크지 않았다. 그는 우리와 달리 노란색 수감번호를 달고 있었다. 우리는 모두 하얀색이었다. 나는 노란색 수인번호가 모범수模範囚를 의미한다고 판단했다.

그러나 친한 교도관에게 물어보니 "노란색은 흉악범, 아주 질 안 좋은 걸로 유명한 사람들에게 붙이는 색깔"이라고 답했다. 나중에 알고 보니 최서원도 노란색 수감번호를 달고 있었다고 한다. 그러니 꼭 범죄의 질이 안 좋다기보다는 구치소 내에서 집중적인 관리가 필요한 사람들에게 붙여 주는 색깔 같았다.

어느 날 온몸에 문신을 한 덩치 큰 청년들이 독방으로 대거 수감되었다. 이들은 그 어르신에게 90도로 인사를 했다. 나는 교도관에게 "저 분은 조직폭력배인데 어떻게 저렇게 예의가 바르고 친절하고 온화할 수 있지?"라고 물었다. 교도관은 "조직폭력배의 장長은 쉽게 말하면 조직의 장이다. 나름 좋은 형, 착한 동생 했던 사람들이 하는 거지. 당연히 깍듯이 예의가 바를 수밖에 없지"라고 설명해 주었다.

그 어르신은 수시로 "보수 인사들은 여기 들어와서도 너무 조용해. 예전에 내가 임종석이 대학생 때 함께 수감 생활했는데 밥그릇을 던져 대고 난리였어"라고 말했다. 실제 국정농단 사건으로 투옥된 인사들이 기가 죽어 있거나 이런 건 아니지만 드루킹과 비교해 봐도 조용한 것은 사실이었다.

반면 유독 강용석 변호사는 드루킹을 능가하는 유쾌함으로 주목을 끌었다. 강 변호사는 구속영장심사와 1심 준비까지 나의 변호인이었다. 어느 날 강 변호사의 팬이었던 교도관이 내게 다가와 "오늘 강용석 변호사 들어왔습니다"라고 말했다. 나는 "오늘 변호인 접견 들어올 일이 없을 텐데…"라고 말하는 찰나, 저만치 복도 끝에서 강 변호사가 수용자복을 입고 걸어오는 것이었다. 어제만 해도 정장 차림의 변호사가 갑자기 나와 똑같은 수용자복을 입고 나타나다니. 이때까지만 해도 나는 강 변호사가 크게 걱정이 되었다. 변호사 신분에서 하루아침에 수용자 신분으로 전락한 상황을 받아들일 수 있겠느냐는 것이다.

기우杞憂였다. 교도관들 사이에서 강 변호사는 투옥 첫날부터 드루킹과 똑같이 늘 웃고, 교도관이나 수용자들과 농담을 주고받으며 하루 만에 적응력을 보여 준 것으로 널리 알려졌다. 특히 강 변호사는 시국사건이 아니라 도도맘에게 사문서 위조를 교사한 혐의로 법정 구속되어 혼방에 수감되면서 어찌 보면 잡범雜犯들과도 잘 어울렸다. 교도관들조차 혀를 내둘렀다고 한다.

실제 강 변호사와 나는 서너 번 정도 마주쳤다. 특히 변호인 접견실에서는 저 멀리서부터 뛰어와서는 "손석희 사장, 뺑소니랑 여자 문제로 크게 걸렸으니 기다려 봐"라고 신이 나서 알려준 일도 기억에 남는다.

수상한 관계

강 변호사는 2019년 4월 5일, 나보다 약 두 달 먼저 석방되었다. 나는 석방된 뒤 가장 먼저 강 변호사의 유튜브 방송인 '가로세로연구소'에 출연하며 우정을 나누었다. 그리고 강 변호사는 내가 곧바로 주최한 태블릿 조작 특검 수사를 위한 기자회견에도 취재를 지원해 주었다. 그러면서 나는 가로세로연구소에 고정 출연을 하게 되었다.

그러나 미디어워치에서 태블릿 실사용자 김한수의 사용 증거를 밝혀내자 강 변호사는 180도로 돌변했다. 강 변호사는 유영하 변호사를 통해 김한수와 일찌감치 연결되어 있었던 것이다. 강용석 변호사는 태블릿의 김한수 실사용자 증거를 무턱대고 부인했고, 가로세로연구소와 연결된 채널들은 일제히 나를 음해비방하고 나섰다.

나는 어느 날 갑자기 김한수의 태블릿 사용 증거를 발견하고 주장한 게 아니다. 내가 태블릿을 조사하면서 처음 쓴 공개 글은 국회의 박근혜 대통령 탄핵소추안 표결 전날인 2016년 12월 8일 '태블릿PC 최순실 아닌 김한수 행정관 것이 확실, 국회는 탄핵을 멈춰라'는 제목의 글이었다. 나는 이 글을 다음과 같이 마무리 지었다.

만약 태블릿이 최서원의 것이 아니라 김한수 행정관의 것이라면, JTBC와 검찰도 이를 충분히 알았을 것이다. 이런 상황에 양자 간 협의를 했다면 조작의 공범이라 볼 수밖에 없다.

태블릿은 탄핵안에 포함된 박근혜 대통령의 공무상 비밀 누설죄의 핵심 증거이다. 이 태블릿이 조작되었다면 탄핵안을 전면 수정해야 한다. 더 나아가 JTBC와 검찰이 유착하여 조작을 했다면 처음부터 검찰의 수사와 공소장 전체가 신뢰를 잃는다. 특검은 오히려 JTBC와 검찰을 수사해야 할 판이다.

새누리당은 즉각 탄핵안 상정을 무기 연기시키고, JTBC 손석희 사장, 이영렬 서울중앙지검장, 김한수 행정관을 국정조사 증인으로 출석시켜라. 이들 3자만 대질을 하면, 1시간 안에 태블릿의 실제 소유자, 진위 여부를 밝힐 수 있다. 탄핵안은 그 이후에 논의해야 한다.

즉, 나의 태블릿 조작론의 핵심은 태블릿 실사용자가 최서원이 아닌 김한수 전 행정관의 것이라는 점이었다. 당연히 강 변호사가 참여한 구속영장 실질심사와 1심 재판 준비 때도 김한수 행정관이 태블릿 실사용자라는 정황들을 항변하는 것이었다. 이 준비를 함께한 변호사가 막상 김한수가 사용한 결정적 증거를 밝혀내자 돌변하여 과거의 의뢰인을 음해한다?

실제 나는 김한수 실사용자 증거를 공개하기 직전인 2018년 12월경, 강용석 변호사에게 "조만간 김한수 실사용자 증거가 밝혀질 것"이라고 알려줬다. 그러자 강 변호사는 유영하 변호사와 만날 것을 제안해 함께 만난 바 있다. 그 자리에서 유영하 변호사는 "이제 김한수와는 술 한 잔 마시고 서로 풀자"는 제안을 했다. 나는 "김한수에게 따져 물을 게 많다"고 했다. 그러자 유 변호사는 "김한수 말고 나한테 다 물어봐라"고 하며 김한수를 비호했다. 유영하, 강용석, 김한수는 사실상 한패였던 것이다.

이쯤 되면 강용석 변호사가 왜 나의 구속영장 실질심사 때 내가 도움을 요청하지도 않았는데 먼저 연락해 와서 무료로 변호사로 참여했는지를 의심할 수밖에 없다. 실제로 구속 이후 1심 재판 준비하는 과정에서 강 변호사는 변론 준비를 거의 하지 않고 도태우 변호사와도 일체 협의를 하지 않아 직원들이 반발하여 1심 첫 공판 전날 해임할 수밖에 없었다.

강 변호사는 처음부터 유영하, 김한수와 연결되어 태블릿의 진실을 파묻기 위해 내게 접근해 온 것일까? 강 변호사가 갖가지 실언 등으로 정치계에서 퇴출된 뒤 재기의 발판을 만들어 준 방송사가 바로 JTBC였다. JTBC는 정치인으로 가치를 상실한 인물을 정치사회는 물론 예능프로그램까지 동원하여 띄워 준 바 있다. 태블릿 조작 관련 특검 수사가 시작되면 이 문제도 수사 대상에 포함시켜야 할 것이다.

무너진 정의, 심판할 자격이 있나

전체적으로 수감 생활을 즐겁고 보람차게 보내려 노력했다. 충분히 성과를 얻었다고 자신한다. 그러나 처음부터 편했던 것은 아니다. 구속 당시에는 태블릿 조작 관련 정황 증거만 있었지 확실한 물증은 없었다. 그 물증을 찾지 못하면 정치적인 상황 상 중형이 불가피했다.

그러다 JTBC 김필준 증인 심문 당시, 김한수와의 유착 혐의 핵심인 개통자를 어떻게 검찰보다 먼저 알았느냐와 관련해 김필준은 "SKT 대리점에서 알아냈으나 취재원 보호 문제로 해당 대리점에 대해 구체적인 것은 진술할 수 없다"고 답변했다. 통신비밀보호법상 그 누구도 이동통신사 대리점에서 본인이 아닌 다른 개통자의 개인정보를 알아내는 것은 불가능하다. 실제 SKT도 재판부에 그렇게 답변서를 보냈다. 만약 개인정보를 제3자에게 알려 주게 되면 이동통신사가 중형으로 처벌받는다.

나는 애초에 김필준의 진술을 믿지 않았다. 그렇게 되면 JTBC는 김한수를 통해 태블릿을 받아 개통자를 알아냈고 '더블루K'에서 우연히 태블릿을 습득했다는 알리바이는 무너진다. 김필준이 증언을 거부했기에 김한수와 유착하여 태블릿 정보를 습득했다는 나의 주장 부분은 내게 유리하게 판결날 수밖에 없었다.

이를 근거로 이동환 변호사는 2018년 10월 5일 보석 석방을 신청했다. 핵심적인 사안에서 무죄의 확실한 증거가 나왔기 때문에 법리적으로는 석방이 확실하다고 믿는 쪽이었다. 그러나 역시 우리법연구회 출신인 1심 박주영 판사는 단 3일 만에 보석 요구를 기각했다. 이미 구속영장 실질심사 때부터 재판부는 JTBC와 검찰 쪽에 확연히 기울어져 있었던 것이다.

이후로도 나에게 유리한 증거가 쏟아져 나왔다. 2018년 10월 24일 노승권 전 서울중앙지검 1차장의 과거 태블릿 관련 거짓 브리핑이 확인됐고, 10월 28일 윤석열 당시 서울중앙지검장의 과거 국감에서의 위증도 적발됐다.

이후 나를 돕던 컴퓨터 전문가들은 국과수의 포렌식 자료를 면밀히 검토해 연락처와 통화내역 등 태블릿 기기에 대한 조작을 발견했다. 2018년 11월 7일 도태우 변호사, 오영국 대표 등이 서울역 대회의실에서 공개 기자회견을 열고 노승권 검사와 JTBC 기자 등을 고발하겠다고 선언했다. 이어서 나는 11월 16일에 최서원, 김한수, 노승권, 고영태 등을 증인으로 신청했고, 11월 20일에는 태블릿 조작 여부를 확인하겠다는 취지의 감정신청서를 제출했다.

당시 사전구속 되어 재판받던 나의 구속 기간이 5개월을 넘기고 있었다. 만약 이런 사실조회신청과 감정신청, 증인신청 중 하나라도 재판부가 받아들인다면 6개월 구속 만기로 2019년 5월 초 바로 석방되는 상황이었다.

그러나 나중에 법무부를 통해 확인되었지만 2018년 11월 20일 당시 윤석열 서울중앙지검장과 홍석현 JTBC 대주주가 인사동의 한 술집에서 오후 11시에 비밀리에 만난다. 추미애 법무부 장관은 2020년 11월 24일 검찰총장이 된 윤석열 징계안 관련해 "중앙일보 사주와의 부적절한 만남으로 검사윤리강령을 위반했다"며 "2018년 11월경 서울중앙지검장 재직 중 서울 종로구 소재 주점에서 사건 관계자인 JTBC의 실질 사주 홍석현을 만나 공정성을 훼손할 우려가 있는 부적절한 교류를 해 검사윤리강령을 위반했다"고 징계 사유의 첫 번째로 꼽았다. 법무부 검찰징계위는 최종적으로 "징계 사유가 된다"고 확정했다.

홍석현은 태블릿 재판의 고소인 JTBC 법인의 대주주일 뿐 아니라 월간조선 우종창 전 기자로부터 태블릿을 실제 입수한 인물로 지목받고 있는 사건 당사자다. 실제로 검찰의 기소장에도 홍석현 회장은 사건 피해자로 기록돼 있다.

이 둘의 부적절한 만남 이후 직관검사 홍성준은 내가 신청한 모든 증인과 증거를 무작정 반대했다. 공판에서 피해자 JTBC 측 변호사로 참여한 인물의 발언권은 무제한으로 확장되었다. JTBC 측 변호사는 2심에서는 아예 홍성준 검사 옆에 착석하며 둘 간의 유착 관계를 보여 주기도 했다.

그러면서 태블릿 재판 1심은 태블릿 감정도 없고 핵심 증인인 최서원과 김한수의 증인신문도 없이 졸속으로 마무리되고 2018년 12월 5일 결심공판이 열렸다. 결심공판에서 JTBC 측 변호사는 마치 검사의 태도와 같이 나와 미디어워치 기자들을 꾸짖으며 중형을 요구했다. 이어 홍성준 검사는 명예훼손 사건으로는 사상 최고인 징역 5년형을 나에게 구형했다. 단순히 기사 편집만 했던 미디어워치 황의원 대표(당시 편집국장 겸임)에겐 3년형, 이우희 기자에겐 2년형, 오문영 기자에겐 1년형, 즉 미디어워치라는 작은 벤처 언론사 기자 전원에게 실형을 구형하기에 이르렀다.

결심공판 이후 이례적으로 불과 닷새만인 2018년 12월 10일에 선고공판이 열리는 믿기 힘든 광경이 벌어졌다. 내가 재판부에 제출한 최종변론서는 새롭게 발견된 태블릿 기기 조작 등을 포함 200여 쪽 분량이다. 박주영 판사는 과연 이를 5일 만에 모두 검토하고 곧바로 판결문을 썼단 말인가?

실제로 박주영 판사의 판결문에는 내가 항변한 내용에 대한 검찰 측의 반박이 전혀 실리지 않았다. 검찰 자체가 반박을 하지 못했기 때문이다. 나중에 판결문을 받아 보니 아예 검찰의 기소장을 베낀 듯 똑같았다. 그리고 검찰의 기소장은 JTBC의 고소장을 베낀 듯 똑같았다. 이 사건은 그냥 언론사 JTBC와 검찰, 법원이 마치 한 팀처럼 움직였다.

나는 최후 진술에서 "설사 내가 구속이 되더라도 공판을 거쳐 그간 의혹 투성이었던 태블릿 진실이 밝혀지면 좋다고 생각했다. 그러나 손석희가 보도한 최서원의 태블릿 사건에 대한 재판임에도 손석희도 증인신청 기각, 최서원도 증인신청 기각, 태블릿도 감정신청 기각해 버리며 단 하나의 진실도 밝혀진 게 없다"고 재판부를 비판했다. 결국 재판부는 나에게 명예훼손 사상 최고인 징역 2년을 선고했다. 더구나 황의원 대표도 징역 1년을 선고받고 법정 구속되었다.

검찰 최고위층인 노승권, 윤석열의 위증과 거짓말이 적발되고 태블릿 기기 내 조작이 발견되면서 위기에 몰렸던 검찰은 윤석열과 홍석현의 심야 회동 이후, 이처럼 상식을 뛰어넘는 졸속재판을 이끌어 내며 언론인 2명을 한꺼번에 구속시키는 우리 사법사와 언론사에 전무후무한 대 참사를 만들어 냈다.

현장에서 이런 미션을 수행한 서울중앙지검 평검사 홍성준은 채 2년도 안 되는 사이 천안지검 부부장 검사, 대검찰청 검찰연구관을 거쳐 현재 대구지검 부장검사로 초고속 승진하기에 이르렀다. 나는 최근 윤석열과 홍석현의 만남부터 홍성준 검사의 이례적 초고속 승진 관련 불순한 유착이 있는지 여부를 조사해 달라며 법무부에 감찰 진정서를 제출했다.

5개월이나 재판을 열지 않으면서 구속부터 시킨 속내

가족들과 지인들, 미디어워치 독자들의 기대와 달리 나는 2018년 12월 10일 석방되지 못하고 2년형을 선고받았지만, 마음은 그리 불편하지 않았다. 애초에 1심 재판부의 행태로 볼 때 내가 무슨 증거를 갖다 대도 재판부는 이를 모른 체 하고 징역형을 선고할 게 뻔했다.

이 재판은 JTBC의 고소장, 검찰의 기소장, 판사의 판결문이 똑같아 반론이 보장되지 못한 채 법치주의와 민주주의를 파괴하며 진행되고 있었다. 2년형 선고 결과는 개중 일부였을 뿐이다. 구속영장 발부 판사, 1심 판사는 물론 2심 판사 세 명 중 한 명이 모두 친 문재인 성향 우리법연구회 회원이었다.

분명한 것은 나는 이미 법정에서 항변할 수 있는 수준의 태블릿 조작 증거를 확보했다는 것이다. 2심에서는 그간 나와 보수 운동을 함께해 온 차기환 변호사를 추가로 영입했다. 차 변호사는 곧바로 증거들을 파악해 변론서를 제출했다. 1심 판결문 자체가 무작정 JTBC 고소장을 베낀 수준이라 차 변호사의 변론서만 보면 무리한 징역형이었다는 것을 단번에 파악할 수 있는 수준이었다.

그러다 보니 2심 공판기일이 잡히지 않는 문제가 생겼다. 2018년 12월 10일 선고가 되었으므로 2019년 1월 말 정도에는 공판이 잡혀야 했다. 그래야 보석 석방도 신청할 수 있었다. 그런데 무려 2019년 3월까지 공판이 잡히지 않았다. 아니, 잡지를 않았다. 결국 차기환 변호사는 일단 보석 석방 신청서를 제출할 수밖에 없었다. 피고인의 방어권을 빼앗으며 구속시키는 이유는 사안이 중대하여 6개월 안에 재판을 끝내겠다는 취지이다. 그런데 무려 5개월째 재판을 열지 않았다. 대체 무엇 때문에 구속시켰단 말인가.

재판이 열리지 않으니 서울구치소 내에서 재판 관련 자료 조사할 게 없었다. 마음껏 책을 읽고 영화와 드라마를 보면서 마치 휴가처럼 지낼 수 있었다. 또한 재판만 열리면 언제든지 판을 엎어버릴 자신도 있었다. 삶을 살면서 그때처럼 여유 있게 지냈던 적이 없었다.

김경수만 수갑을 차지 않은 이유

김경수 경남지사가 수갑 착용을 면제받으며 법정에 출두한 사건이 터졌다. 바깥에서가 아니다. 구치소 안에서 터졌다. 함께 운동을 나가는 정치범·흉악범 그 누구도 법원 출정을 갈 때 수갑을 면제받지 않았다. 나는 수갑을 채우는 사무실에 쓰여 있던 '70대 이상 노인 혹은 여성의 경우 수갑을 면제할 수 있다'는 문구를 분명히 기억했다. 국정원 출신들은 "이병기·이병호·남재준 원장 등 70대 이상 어르신들도 포승줄만 면제받았지, 수갑은 그대로 찼다"고 알려 주었다. 50대의 사지 멀쩡한 문재인 최측근 김경수만 유독 수갑을 면제받을 수 있었던 것이다.

나는 드루킹에게 "나도 김경수와 똑같이 수갑 면제를 요구했고, 서울구치소에서 적당한 해명이 없다면 재판 출정 거부하겠다"는 입장을 알렸다. 드루킹은 "그러다 구치소에서 밥도 안 주겠다"며 웃었다. 함께 운동을 다니던 조폭 어르신은 "보수도 그렇게 좀 질러봐라"며 격려했다.

나는 무려 5개월 만에 잡힌 2심 첫 공판일인 2019년 4월 9일 하루 전날, 이동환 변호사에게 재판 불출석 사유서를 전달하고 공개했다.

지난 3월 말 대한애국당(현 우리공화당) 이지나 당원이 넣어준 서신에 들어 있던, 수갑을 차지 않고 법정으로 향하는 김경수 경남지사의 사진을 보고 깜짝 놀랐습니다. 서울구치소 출정소의 안내문에는 "70세 이상 노인 혹은 여성의 경우 수갑을 채우지 않을 수 있다"고 적혀 있기 때문입니다.

바로 그날, 함께 운동을 나갔던 국정원 출신 수용자들과 아는 교도관들에게도 이 같은 사실을 확인했습니다. 저를 비롯해 이들 모두 70세 이하였기 때문에 '수갑'은 당연히 차야 한다고 알고 있었고, 다들 이 규정을 받아들였습니다.

심지어 70세 이상인 이병기, 남재준, 이병호 등 국정원장들도 수갑을 찼고 포승줄만 면제받은 사실을 확인했습니다. 최소한 본인이 확인한 바로는 문재인의 최측근 김경수만이 특별히 수갑을 차지 않았던 것입니다.

이에 2019년 3월 29일, 저는 구치소 측에 "수갑을 차지 않을 기준과 방법을 알려 달라"는 보고전을 올렸습니다. 아무 답이 없었습니다. 이에 2019년 4월 1일 다시 같은 내용의 보고전을 올렸으나 역시 답이 없었습니다.

이 와중에 시사저널의 기사를 확인하니 서울구치소 측에서 "박근혜 대통령 구속 이후 규정이 바뀌어 도주 우려가 없는 자는 구치소장 재량으로 수갑을 채우지 않을 수 있다"는 해명을 했더군요. 말이 안 되는 변명입니다. 서울 구치소 수용자 모두는 김경수가 수갑을 차지 않기 전까지, 안내문에 따라 70세 이하의 남성은 모두 수갑을 차는 것으로 알고 있었고, 이외 다른 공지는 받은 바 없습니다.

결국, 저의 재판 하루 전인 2019년 4월 8일 "부당하게 수갑을 채운다면 재판에 나가지 않겠다"는 보고전을 올리자 구치소 측의 답변을 받았습니다. "일단 재판에 다녀온 후에 심사를 통해 수갑 착용 여부를 결정하자"는 것이었습니다.

이것도 말이 안 됩니다. 수갑을 차지 않을 수 있는 심사 절차가 있었다면,

제가 1심 재판 때부터 공지를 받았어야 했습니다. 복잡할 것 없습니다. 원래 서울구치소의 내부 규정은 안내문 그대로 모두가 알고 있듯이 "70세 이상 노인"에 한해서 수갑을 차지 않을 수 있는 게 맞습니다.

이걸 문재인의 최측근이라는 위세로 규정을 어기고 수갑을 차지 않은 김경수 측이 질서를 무너뜨린 것입니다. 김경수나 저나 모두 보석 심리 재판입니다. 보석은 도주 우려가 없고, 증거인멸 우려가 없으면 원칙적으로 허용하여 불구속 재판을 받도록 해 주는 것입니다.

서울구치소 측은 오직 문재인의 최측근에만 일방적으로 "도주의 우려가 없다"는 보증으로 수갑을 채우지 않은 셈이 되고, 만약 이런 상황에서 제가 부당하게 수갑을 차고 보석 심리를 받게 되면, 저는 시작부터 "도주의 우려가 있는 자"로 찍히게 되는 것입니다. 이에 저는 서울구치소 측이 혼란을 정리해 주기 전까지는 수갑을 찬 채로 보석심리 재판에 출정할 수 없습니다. 정답은 이미 나와 있습니다. 문재인의 최측근이 누린 반칙과 특권을 거두어들여 원래 규정대로 하면 됩니다.

김경수가 문제가 되니 이제 역시 70세가 안 된 조현오 전 경찰청장, 임종헌 전 처장 등도 수갑을 차지 않았다는 말이 들립니다. 그럼 앞으로 서울구치소에 수용되는 모든 70세 이하 남성들에 대해 구치소 측에서 직접 도주 우려를 심사해서 수갑 착용 여부로 이를 공표할 것인지 답을 해 주기 바랍니다.

나의 재판 출석 거부문은 전 언론에서 화제가 되었다. 이슈가 커지자 서울구치소 출정 담당 교도관과 면담을 하게 되었다. 쟁점 사안은 출정 사무실의 안내문에 '70대 이상 노인 혹은 여성의 경우 수갑을 면제할 수 있다' 이외에 '도주의 우려가 현저히 낮은 자'라는 문구가 있느냐는 것이었다. 교도관은 "그런 문구가 있다"고 주장했다. 나는 "바로 확인하자"고 했다. 그는 문이 잠겨 있다는 이유로 거부했다.

나중에 내가 다른 재판 출정을 갈 때 확인해 보니 김경수 수갑 면제 조항이라며 법무부와 서울구치소가 주장한 '도주의 우려가 현저히 낮은 자'라는 문구가 스티커 형태로 급조되어 안내판에 조악하게 붙어 있었다. 법무부와 서울구치소에서 문재인의 최측근 김경수에게 수갑을 면제해 주기 위해 원래 없던 조항을 언론에 공개하고 수용자들을 속이기 위해 스티커를 시급히 붙인 것으로 판단된다. 이 사안에 대해 나는 출소한 뒤 서울구치소를 상대로 1억 원대 민사소송을 제기했다.

서울구치소 수갑 담당 교도관들이 증인으로 불려 나왔다. 그들은 대체 왜 유독 김경수 지사에게만 수갑을 면제시켜 주었고, 나에 대해서는 아무런 심의절차 없이 수갑을 채웠는지에 대해 제대로 답변하지 못하고 있다. 만약 이 사건에서 내가 승소하게 된다면 3천여 명을 수용하는 서울구치소 수갑 행정이 크게 바뀔 수밖에 없다. 권력자에게만 슬쩍슬쩍 면제해 주던 수갑 착용을, 이제 원하는 사람 모두에 대해 공정한 심의절차를 통해 결정해야 하기 때문이다.

1년보다 더 긴 20일

한 차례의 출석 거부로 다음 공판일은 2019년 4월 30일로 지정되었다. 당시는 수갑을 차고 나가는 것 자체에 동의할 수는 없지만 보석 석방 심사를 더 미룰 수 없으므로 일단 그냥 출정하는 수밖에 없었다. 나는 2심 재판부 앞에서 다음과 같이 진술했다.

저는 옥중에서 100년 전 김구 선생의 안악사건(1910년 11월 안중근 의사 동생 안명근이 무관학교 설립자금을 모으다 황해도 신천 지방에서 관련 인사 160명과 함께 검거) 재판 책을 읽었습니다. 김구 선생은 모의현장에 자신이 없었다는 증거와 증인을 신청했으나 일제의 검찰과 법원은 모두 기각했고, 단 두 차례의 공판 끝에 15년형을 선고했습니다.

100년이 지난 피고인의 재판에서도 태블릿, 손석희 등 핵심 증거와 증인 채택을 요구할 때마다 대한민국 검찰은 100년 전 일제의 검찰과 똑같이 '아직도 반성하지 않는다'며 중형 구형의 근거로 악용했습니다. 거창하게 들리겠지만 제가 항소심에서 요구하는 것은 소박합니다. '최서원의 태블릿' 재판에 최서원도, 태블릿도 없는 일제, 북한, 미얀마 같은 재판이 되지 않았으면 좋겠습니다.

이미 2심 구속 기간도 5개월이 넘어 2019년 6월 초 안에 석방될 수밖에 없었다. 즉, 4월 30일 보석 심리 공판으로 석방이 사실상 결정 난 것이나 마찬가지였다. 그래서였을까. 접견과 책, 그리고 영화와 드라마 등으로 그렇게 빨리 가던 시간이 갑자기 멈춰 선 듯했다. 석방에 대한 설렘 때문이라기보다는 석방 이후 곧바로 태블릿 진실투쟁 구상을 하느라 다른 일에 집중을 못했기 때문이었다. 보석 심리 후 석방 때까지의 약 20일이 지난 1년보다 더 길게 느껴질 정도였다.

차라리 구속 만기 석방이라면 날짜가 지정되어 있어 스케줄을 짤 수가 있다. 그러나 보석은 언제 몇 시에 석방될지 알 수 없어 난감한 부분이 있었다. 나는 보석 석방 시 곧바로 "가짜 태블릿은 가짜 대통령 문재인에게 책임을 묻겠다"는 내용의 기자회견문을 준비하고 있었다. 수시로 기자회견문을 고치면서 칼을 갈고 있었던 것이다.

2019년 5월 17일 오후 3시경, 드디어 교도관이 보석 석방 결정문을 들고 내 방문을 열었다. 수감 첫날 나에게 미디어워치 애독자라며 "기죽지 말고 당당히 수감 생활을 해 달라"고 주문한 바로 그 교도관이었다. 나는 "교도관님이 주문한 것, 그 약속을 지키기 위해 최선을 다했다"라고 말했다.

보석 결정문에는 주거지 제한과 인물 접촉 금지 등 여러 가지 제한 조건이 쓰여 있었다. 나중에 확인해 보니 보석문에는 의례적으로 써 있는 것도 많았는데 보석문을 처음 받아본 나로서는 가택연금으로 꼼짝달싹 못하는 이명박 전 대통령을 떠올릴 수밖에 없었다.

가장 논란이 된 것은 '재판에 필요한 사실을 알고 있는 인물에 대한 일체의 연락 금지' 조항이었다. 이 보석문을 함께 검토한 담당 교도관, 옆방의 이헌수 전 국정원 기조실장도 "이 문구는 좀 심하네"라는 반응이었다. 이에 대해 상의하기 위해 이동환 변호사와 접견을 하러 나섰다.

보석을 거부하다

이미 서울구치소에는 보석 결정문이 도착했다는 소문이 파다했다. 수갑 문제로 곤욕을 치른 교도관들은 나를 얼싸안고 "축하한다"며 진정으로 기뻐했다. 그 교도관들에게 "보석문이 이상해서 안 나가야 될 것 같다"고 말하자 그들은 문학적 표현 그대로 사색死色이 되었다. 실제 "안 나가는 게 어디 있냐", "일단 보석문 받았으면 나가는 것이지, 나가고 안나가고 수용자가 결정할 수 없다. 빨리 좀 나가라"며 강하게 항의했다.

접견 온 이동환 변호사는 사전에 차기환 변호사와 상의했다며 "재판에 필요한 사실을 알고 있는 인물"이 단순히 최서원·손석희와 같은 핵심 증인이 아니라 컴퓨터 포렌식 전문가, 전문 기자 등 재판에 필요한 자문諮問을 해야 하는 전문가 일체일 수도 있다는 의견을 전했다. 차라리 감옥에 있으면 컴퓨터 전문가들과 서신은 교환할 수 있는데, 보석으로 나가면 서신도 금지한다니. 이게 말이 되는 건가. 나는 더 고민할 것도 없이 "안 나가겠다"는 입장을 정했다. 이동환 변호사는 서울구치소 밖에서 대기 중이던 미디어워치 독자들과 취재 기자들에게 이 입장을 전했다. 당연히 내 입장을 이해한 독자들과 기자들은 서울구치소에서 떠나갔다.

어차피 구속 만기는 약 한 달 뒤인 2019년 6월 14일. 그까짓 한 달 동안 책이나 50권 더 독파하고 나가겠다고 생각하니 홀가분했다. 그러나 방으로 돌아온 뒤 곰곰이 생각해 보니 차기환 변호사 측이 미디어워치와 상의해 이미 보석금을 냈다는 사실이 떠올랐다. 차 변호사는 보석문은 선뜻 받아들일 수 없지만 설마 내가 구치소를 나가지 않겠다는 결정을 하리라고는 상상도 하지 못한 채 덜컥 보석금을 내버린 것이다.

고민하지 않을 수 없었다. 이대로는 출소할 수 없다는 나의 의사를 어떤 방식으로 서울구치소에 전할 수 있을지 난감했다. 담당 교도관과 상의했다. 교도관은 여러 곳에 전화를 걸어 확인한 후 "이미 보석금을 냈으면 검찰은 석방 지휘 명령서를 보내올 것이다. 우리로서는 석방해야 되는 것이지, 그냥 놔둘 수 없다"는 입장이었다. 나는 "다음 주 월요일 변호사가 들어오면 다시 상의해 보겠다"고 했다. 그러자 담당 교도관은 황급히 "안 된다. 우리는 오늘 당장 검찰의 석방 지휘서 명령에 따라야 한다"고 했다. 그 말이 떨어지기 무섭게 "그럼 일단 밖에 나가서 변호사와 상의한 뒤 월요일에 다시 들어오는 것을 고려하겠다"고 했다. 그러자 교도관의 목소리가 조금 높아졌다.

"여기가 무슨 모텔입니까? 일단 밖에 나가면 법원 판단에 의해 들어와야지 그냥 마음대로 들어오는 데가 아닙니다."

쓸쓸하고 씁쓸한 석방

다른 교도관이 검찰의 석방 지휘 명령서를 들고 내 방으로 찾아온 것은 퇴근시간이 지난 오후 6시를 훌쩍 넘어서였다. 보석의 경우 대개 오전에 결정문이 도착하고 오후에 나간다. 구속 만기인 경우는 자정子正에 나간다. 애매한 퇴근시간에 석방되는 경우가 없던 터라 교도관들은 짜증을 냈다. 꼭 필요한 것만 들고 나가고 나머지는 자신들이 알아서 모두 버릴 테니 빨리 나가라고 독촉했다. 나는 남아 있던 책 20권만 박스에 챙겨 들고 나왔다. 보관 중이던 나름 고급 안경을 챙기지 못한 채 떠밀리듯 나왔다. 서울구치소 복도를 걸어 나오며 문득 고개를 들었더니 창문을 통해 저만치의 청계산이 눈에 가득 찼다.

'일단 나가서 꿈에 그리던 삼겹살에 소주 한잔 하고 그렇게 좋아하던 등산이나 맘껏 하자'며 마음을 다잡았다. 오후 7시 무렵이었다.

서울구치소 밖은 허허벌판이었다. 나의 석방을 기다리던 독자들도 모두 떠나고 아무도 없었다. 보석 석방 시 수백 명의 지지자들과 수십 명의 유튜버, 기자들 앞에서 "가짜 태블릿은 가짜 대통령 문재인에게 책임을 묻겠다"는 성명서를 낭독하는 장면을 매일 떠올렸는데…. 그 장면 하나를 그리며 수감 생활을 견뎠다 해도 과언이 아니다. 그러나 현실은 더플백(duffle bag) 하나 메고 터덜터덜 걸어 나온 군대 제대할 때와 같았다. 생각해 보니 서울구치소에서 석방된 거의 모든 정치사범들과 달리 나는 출소 영상은커녕 그 흔한 사진 한 장 남기지 못했다.

1년여의 수감 생활로 몸이 허약해졌는지 책 20권이 담긴 박스 하나도 제대로 들지 못했다. 길거리에 쏟고 말았다. 멀리서 이를 본 서울구치소 주변에서 박근혜 대통령 구명救命운동을 하는 부부가 달려왔다. 부부는 자신들의 차로 영등포에 위치한 미디어워치 사무실까지 나를 태워다 줬다. 미디어워치 사무실에 도착했을 때는 오후 10시경이었다. 1년여 간의 서울구치소 생활에 마침표를 찍는 순간이었다.

나는 직원들과 곧바로 삼겹살집으로 향했다. 소식을 듣고 달려온 독자들과 함께 소주와 복분자도 마셨다. 그러나 수감 생활 중 치과 치료를 받지 못해 치아 통증으로 삼겹살을 제대로 먹지 못했다. 곧이어 나를 도와준 변호인단과 자문단도 합석했다. 소주와 맥주를 섞어 몇 잔을 했다. 역시 1년여 금주를 하다가 갑자기 술을 들이켜니 몸이 버텨내질 못했다. 그날 이후로도 몇 개월간 체력을 회복하지 못한 것은 출소 당일에 들이킨 술 때문일 가능성이 높다. 나중에 경험자들로부터 "감옥에서 출소하면 두부를 먹는 이유가 있다. 부드러운 것부터 조심해서 먹어야지, 바로 술폭탄을 들이켰으니 속이 상하지"라는 말을 들은 바 있다.

꿈에도 그리던 석방 때의 성명서 낭독은 할 수 없었지만 대신 2019년 6월 4일, 나는 한국프레스센터에서 '태블릿 특검 수사'를 촉구하는 기자회견을 열었다. 나의 '구속부터 중형선고까지, 모두 문재인의 정치적 이익을 위해 법원이 진실을 짓밟은 사건이었다. 이런 사건의 특성상 더 많은 진실을 알려야 다시 재수감되는 일이 없을 것'이라고 판단했다. 기자회견을 하면서 나의 석방 관련 탄원서를 제출해 준 타라오 박사, 고든 창 변호사 등 미국의 지식인들에게 언제 또 구속될지 모르니 재판을 감시해 달라는 호소문도 발표했다.

서울구치소에서의 생활과 관련해『월간조선』에 기고를 했고, 기고문은『월간 일본 하나다』에 번역되어 실렸다. 그 뒤부터 나는『월간 하나다』의 필자로도 활동할 수 있게 되었다. 그러면서 자연스럽게 나의 사건은 미국, 일본 등에 알려지게 되었다.

기대감의 함정

나를 포함한 60여 명의 정치범에게는 서울구치소가 '문재인의 요덕수용소'나 다름없었다. '명예훼손'인 나를 포함해 이명박·박근혜 정권에 참여한 정치범들 거의 모두는 개인 비리가 아닌 '직권남용', '직무 유기'라는 정치적 죄목으로 중형을 선고받았다. 이러니 교도관들 역시 "정권 바뀌면 또 문재인·김명수·윤석열 등의 방을 준비해야겠네"라고 푸념할 정도이다.

나는 석방되면서 "이제는 탄핵무효 운동을 함께해 온 보수 동지들과 함께 태블릿 진실을 밝혀내 실질적 탄핵무효를 이뤄낼 수 있겠다"는 기대감이 있었다. 그러나 그 기대감이 산산조각 나는 데는 그리 오랜 시간이 걸리지 않았다. 진실투쟁을 수행할 수 없을 정도로 이미 보수 진영은 정신부터 양심까지 완전히 무너져 있었다.

2
부

조작의 기술,
태블릿
사용 설명서

5
장

태블릿
실사용자
'김한수'

범죄자는 범죄자처럼, 실사용자는 실사용자처럼

2020년 3월 24일, 나는 국회에서 '태블릿의 실사용자는 김한수 당시 청와대 뉴미디어 국장'이라는 내용의 기자회견을 했다. 검찰이 은폐한 2012년의 수수께끼를 드디어 풀었던 것이다. 2012년 이용 정지된 태블릿의 밀린 요금을 납부하고 이용 정지가 풀리자마자 직접 사용한 주인공은 바로 김한수였다. 김한수가 태블릿의 실사용자라는 결정적인 증거였다. 2016년 10월 24일 JTBC가 정체불명의 태블릿을 들고 나와 '비선실세' 최서원이 '국정농단'을 위해 사용한 태블릿이라고 전 국민을 속인 지 4년만이었다.

애초에 태블릿은 개통자가 김한수이므로 김한수의 것으로 추정하는 게 상식이었다. 그러나 JTBC의 김한수 관련 보도 논조와 마찬가지로 검찰과 특검도 태블릿을 수사하면서 철저히 김한수를 배제했다.

JTBC는 2016년 10월 26일 자신들이 입수하여 보도한 '최순실 태블릿PC'의 개통자가 현직 청와대 뉴미디어 국장 김한수라고 보도했다. 최서원의 태블릿에 현직 청와대 행정관까지 연관돼 있으니 그녀는 비선실세가 틀림없다는 논조였다. 이러한 논조는 혹시 태블릿은 김한수가 사용한 건 아닐까 하는 당연한 의혹을 조기 차단하는 효과를 낳았다.

JTBC로부터 바통을 이어받아 검찰이 김한수를 실사용자에서 배제한 근거는 태블릿 요금의 '법인카드 자동이체' 알리바이였다. 김한수는 2013년 청와대에 합류하기 이전까지 대형마트에 문구류를 납품하는 주식회사 마레이컴퍼니의 대표이사를 지냈다. 그는 청와대로 들어가면서 대표이사를 직원 김성태에게 넘겼다.

검찰과 특검은 "마레이컴퍼니가 법인카드로 태블릿PC 요금을 자동 이체 납부했기 때문에 단순히 개통자일 뿐인 김한수는 요금 납부 내용을 모르고 지냈고 태블릿PC는 죽은 이춘상 보좌관을 통해 최서원에게 전달됐다"는 알리바이를 지어냈다.

한마디로 "김한수는 개통자일 뿐 실사용자는 아니다"라는 것이다. 당시 나는 이러한 알리바이에 의문을 제기한 죄로 언론인 최초로 사전 구속되어 1년간 구속재판을 받아야 했다.

그러나 검찰이 태블릿 조작설을 퍼뜨려 JTBC의 명예를 훼손했다며 나와 미디어워치 기자들을 기소한 태블릿 재판에서 거꾸로 검찰과 특검, 김한수의 거짓말은 덜미를 잡히고 말았다. 검찰 측 서류를 보니 김한수를 실사용자에서 배제한 법인카드 자동이체 알리바이의 근거란 단지 김한수의 진술과 SKT 신규계약서뿐이었다.

나는 태블릿 재판 항소심에서 계약서에 기재된 법인카드의 운용사인 하나카드(구 외환카드)에 사실조회를 신청했고 하나카드의 답변은 예상대로였다. 마레이컴퍼니의 법인카드로는 단 1원도 태블릿 요금이 납부된 적이 없었다. 나는 추가적인 사실조회를 통해 태블릿 요금은 처음부터 끝까지 전부 김한수의 개인 신용카드로 납부된 사실을 밝혀냈다. 태블릿 조작 사건은 단순한 언론사의 조작 보도 차원이 아니었다. 조작의 주범은 검찰이었다.

김한수가 밀린 요금 납부한 날에 생긴 일

태블릿은 2012년 6월 22일에 개통한 뒤 한 번도 요금 납부를 하지 않아 같은 해 9월부터 아예 이용 정지가 되었다. 연체 3개월로 이용 정지된 후에도 태블릿은 이용 정지 상태로 3개월 더 방치됐다.

그러다가 2012년 11월 27일 오후 1시경 태블릿의 이용 정지가 해제되었다. 이용 정지를 직접 해제한 사람은 다름 아닌 김한수였다. 그는 이날 태블릿의 전원을 켜고 이용 정지된 것을 확인하고는 ARS를 통해 밀린 요금 375,460원을 자신의 개인 신용카드로 일시불로 납부했다.

태블릿의 요금을 ARS를 이용해 납부하기 위해선 가입자 본인이어야 할 뿐 아니라 가입 전화번호 등 기본 정보를 알고 있어야 한다. 태블릿을 구입하자마자 고 이춘상 보좌관에게 넘겨 줘 자신은 번호조차 모르던 김한수와 검찰, 특검의 주장은 이로써 명백한 거짓이 되고 만 것이다.

김한수가 밀린 요금을 납부하자 SKT는 오후 1시 11분 11초에 '이용 정지가 해제되었다'는 문자 메시지를 태블릿으로 보냈다. 김한수는 문자 메시지 수신 2분만인 오후 1시 13분 42초에 '1일차 대전역 유세.hwp' 파일을 다운로드한다. 오후 1시 15분 23초에는 한글뷰어 앱을 설치했고 오후 1시 15분 50초에 '1일차 대전역 유세.hwp' 파일을 한글뷰어 앱으로 열람했다. 오후 1시 45분 48초에 포털사이트 다음에 접속해 로그인한 후 이메일을 확인한 기록 등이 남아 있다.

참고로 김한수와 최서원은 한 번도 카톡이나 SNS를 통해 연락을 주고받은 적이 없다. 김한수의 일방적 주장으로도 최서원과 처음 전화통화를 한 건 이춘상 보좌관이 사망한 2012년 12월이나 되어서였다. 즉, 김한수가 2012년 11월에 태블릿을 켠 뒤 밀린 요금을 완납하고 이용 정지가 풀리자마자 2분 만에 태블릿을 사용했다는 것은 당시 김한수의 손에 태블릿이 있었다는 의미다. 연락한 적도 없는 최서원에게 태블릿이 있었다면 불가능한 행적이다.

2012년 11월 27일은 제18대 대선 박근혜 선거 캠프의 공식 유세 첫날이다. 대선 캠프 SNS 홍보 팀장이었던 김한수가 방치하던 태블릿을 유세 첫 날 꺼내 밀린 요금을 낸 뒤, 곧바로 업무에 사용했다는 명확한 증거다. 대통령은 이날 대전역 유세로 첫 선거 일정을 시작했다. 김한수가 태블릿으로 '1일차 대전역 유세' 파일을 다운로드한 것은 우연이 아니었던 것이다.

홍보 팀장인 김한수는 이날 뉴스 검색과 동향을 파악하는 데에도 태블릿을 사용했다. 김한수는 오후 1시 45분 23초에는 태블릿으로 포털 사이트 다음에 로그인해 이메일을 확인했다. 오후 3시부터는 후보자와 관련된 뉴스와 블로그를 검색한다. 김한수는 오후 3시 27분 5초 동아닷컴의 뉴스 "'박근혜 눈 촉촉해지면…' TV토론 대본 유출?" 기사를 검색한다. 이외에도 1분 간격으로 뉴스와 블로그를 4건 더 검색한다.

이날 오후 4시 19분에는 최서원의 태블릿이라면 절대 나올 수 없는 김한수의 딸 사진도 3장이 카톡 캐시에 저장됐다. 검찰은 훗날 태블릿에서 방대한 양의 카톡 흔적을 지워버렸지만 김한수가 딸 사진을 카톡 프로필로 사용했던 캐시 기록은 미처 지우지 못했던 것 같다.

모래성은 무너지고

이는 그동안의 JTBC 보도와 검찰·특검의 수사 결과, 박근혜 대통령 1심 판결, 태블릿 재판 1심 판결을 모두 뒤집는 결과다. 태블릿은 개통

직후인 2012년 6월부터 '최서원이 실사용자'라는 것이 지금까지 법원에서 인정됐던 주장이다.

JTBC와 검찰, 특검은 ▶최서원 셀카 사진(2012.6.25) ▶독일 영사콜 문자 메시지 수신(2012.7.15) ▶이병헌(김한수의 고교 동창)에게 보낸 '서둘러서 월, 화에 해라' 카톡 메시지(2012.7.15) ▶김한수에게 보낸 '하이'라는 카톡 메시지(2012.8.3) ▶제주 서귀포 위치정보(2012.8.14) 등을 최서원이 사용한 근거로 제시했다. 모두 2012년도 기록이다.

이를 토대로 2014년 4월까지 2년 가까운 기간 태블릿을 실제 사용한 사람은 최서원이고, 이 기간 태블릿에 저장된 모든 대선 캠프 문서와 청와대 문서, 대통령 연설문 등은 최서원이 미리 건네받은 문건으로 간주됐다. 태블릿에 다운로드 된 드레스덴 연설문을 최서원이 직접 수정했다는 주장도 인정됐다. 이러한 정황들을 근거로 마치 태블릿이 청와대를 조종하는 리모컨처럼 그려졌고 최서원은 '국정농단'을 했다는 것이 JTBC와 검찰의 논리였다.

하지만 최서원이 태블릿을 사용했다는 기간(2012년 6월 ~ 2014년 4월)에 해당하는 2012년 11월 27일, 김한수가 직접 이용 정지를 해제하고 태블릿을 사용한 기록까지 이번에 확인되면서 JTBC와 검찰이 주장했던 논리와 근거들은 모래성처럼 무너지고 말았다.

김한수가 2017년 9월 29일, 박 대통령 1심 법정에서 했던 증언들도 위증僞證으로 결론이 났다. 당시 김한수는 "태블릿PC를 이춘상 보좌관에게 전달한 이후에는 태블릿PC 자체를 아예 인지하지 못하고 선거 기간에 너무 정신이 없었기 때문에 그와 관련된 생각(요금 납부)을 다시 해본 적이 없다"고 주장했다. 또 "개통 이후로 (태블릿을) 만져본 적도 없다.

사용한 사실도 전혀 없다"며 "태블릿PC가 어떻게 사용되었는지 아는 바가 전혀 없다"고도 증언했다.

김한수가 "2012년 가을경 서울 압구정동 중식당에서 최서원이 흰색 태블릿PC를 가방에 넣는 것을 본 사실이 있다"고 증언한 것도 사실상 위증이다. 2012년 가을에 태블릿은 이용 정지(9월 10일~11월 27일) 상태였기 때문에 인터넷도 문자도 전화도 되지 않는 태블릿을 최서원이 집밖에서도 끼고 다니며 사용했다는 말은 거짓말이 된다.

"전 아무것도 몰랐어요"

이처럼 명백한 거짓으로 드러난 '마레이컴퍼니 자동이체 요금 납부' 알리바이는 2016년 10월 29일 김한수의 제1회 검찰 진술조서에서 처음 등장했다.

이날 서울중앙지검 김용제 검사는 김한수 청와대 행정관을 '최순실 국정농단 사건' 관련 참고인으로 처음 불러 7시간 넘게 조사했다. 조사는 오후 1시 55분부터 시작해 오후 9시 15분에 조서 열람이 끝났다. 조서 열람에는 25분(오후 8시 50분~9시 15분) 밖에 걸리지 않았으므로 순수한 질의응답에만 7시간 가까이 걸렸다는 의미다.

오랜 조사 시간에 비해 조서는 단출하다. 조서는 총 19장이지만 검찰과 진술인의 서명 페이지와 수사 과정 확인서를 제외하면 17장이 내용의 전부다. 전체적으로 이날 태블릿 요금과 관련한 검찰과 김한수의 문답은 당시까지 개통자 김한수는 태블릿 요금에 관해선 전혀 모른다는데 초점이 맞춰져 있었다.

김 검사는 태블릿 요금 납부와 관련해 김한수에게 "해당 태블릿PC는 선거가 끝난 후에도 최근까지 계속 개통 상태였고 주식회사 마레이컴퍼니에서는 진술인이 퇴사한 후에도 계속 요금을 부담하였던 것으로 보인다"며 "그 경위가 어떻게 된 것이냐"고 물었다.

질문은 참고인 조사를 진행하는 현재까지도 마레이컴퍼니가 계속 요금을 지불하고 있다는 것을 이미 검찰에서 확인했다는 뉘앙스다. 김한수는 "저도 까맣게 잊고 있어서 전혀 몰랐습니다"라며 "제가 회사를 퇴사한 후에도 회사에서 제게 해지 요청을 한 사실도 없었습니다"라고 대답했다.

검사는 "마레이컴퍼니는 어떻게 운영되고 있나요?"라고 묻는다. 마레이컴퍼니가 요금을 계속 납부하고 있다는 걸 몰랐다는 김한수의 대답을 얻었으니 다음으로 현재 김한수와 마레이컴퍼니의 관계를 파악하기 위해 추가 질문을 던진 것이다.

김한수는 한마디로 '전 아무것도 몰랐어요'라는 취지로 대답한다.

> "저는 계속 문구류 납품업을 하고 있는 것으로 알고만 있습니다. 방송에 태블릿PC 문제가 나가기 전에 제가 그 사실을 알게 되었는데 현재 대표인 김성태에게 전화로 '태블릿을 언제 해지한 것이냐. 통신사에 확인을 해달라'라고 요청한 적이 있는데 김성태가 확인 후 하는 말이 통신사에 알아보았더니 '전화번호를 말해야 알려줄 수 있다는데 전화번호를 알 수 없어 확인이 어렵다'고 하였습니다. 저도 그 태블릿PC 전화번호를 모르는 상태라 결국 확인할 수 없었습니다."

김용제 검사는 다시 한번 김한수는 태블릿 요금과 관련이 없다고 강조하려는 듯 "김성태는 왜 진술인이 퇴사한 후에도 계속 통신요금을 부담하고 있었다고 하던가요?"라고 질문했다. 이에 김한수는 "제가 (김성태에게) 그런 질문은 하지 않았고, 김성태도 저에게 그에 대해서는 이야기하지 않았습니다"라고 답한다.

태블릿 요금은 마레이컴퍼니가 납부했으며 김한수의 퇴사 이후에도 계속 납부됐다는 것으로 완전히 못 박는 내용이다. 김한수의 1차 진술서는 이처럼 잘 짜인 각본과 같은 느낌을 준다.

한 번 더 다듬고

'태블릿 요금은 마레이컴퍼니가 내서 나는 전혀 몰랐다'는 김한수의 입장은 두 달 여 뒤인 2017년 1월 4일 특검 조사에서도 유지된다. 다만, 특검과 김한수는 마레이컴퍼니의 요금 납부 기간을 2013년 1월 31일까지로만 한정했다. 새롭게 발견된 김한수의 개인 신용카드 요금 납부 내역을 통째로 무시할 수 없었던 것이다. 김한수 알리바이는 특검에서 한 번 더 다듬어 완성에 이른 셈이다.

특검 김종우 검사는 2017년 1월 4일, 김한수를 두 번째 조사했다. 조사를 시작하면서 김 검사는 김한수에게 태블릿의 SKT 신규계약서를 꺼내서 보이며 "진술인이 작성한 것이냐"고 물었다. 김한수는 "제가 작성한 문서가 맞습니다"라고 대답했다.

이어 김 검사는 "검찰에서 확인한 바에 따르면, 위 태블릿PC의 사용요금은 2013년 1월 31일까지는 마레이컴퍼니에서 지급하다가 그 이후

부터는 진술인의 개인명의 신한카드로 결제된 것으로 확인되었는데 어떠한가요"라고 물었다. 검찰이 이미 수사를 통해 그러한 내용을 확인했으니, 맞는지만 대답하라는 의미다. 김한수는 "네, 맞습니다"라며 "요금 납부 부분은 제가 잊고 있었는데 (2013년 2월부터는) 제가 태블릿PC 요금을 저의 개인명의 신용카드로 납부하였습니다"라고 대답했다.

김 검사는 또한 "태블릿PC의 개통시부터 2013년 1월 31일까지 사용 요금은 진술인이 운영하던 법인인 주식회사 마레이컴퍼니에서 지급하였고, 2013년 2월경부터 2016년 12월까지 사용 요금은 진술인 개인이 지급하게 된 이유는 무엇인가요"라고 물었다. 역시 검찰이 수사를 통해 확인한 내용을 묻는 것처럼 느껴진다. 김한수는 "2013년 2월경부터 청와대 행정관으로 근무하게 되었기 때문에 2013년 1월경에 마레이컴퍼니에서 퇴사하였고, 그 과정에서 저의 필요에 의해 개통한 태블릿PC의 사용료 납부자를 변경하게 된 것입니다"라고 대답했다.

후일 김한수는 이날 특검에서의 진술 내용을 박근혜 대통령 재판에 증인으로 출석해 앵무새처럼 똑같이 반복했다.

완성된 알리바이

김한수는 2017년 9월 29일 박근혜 대통령 재판(2017고합184, 2017고합364 병합)에 증인으로 출석했다. 당시 언론은 태블릿의 개통자로 알려진 김한수의 증인 출석에 크게 주목했다. 변호인단에서도 도태우 변호사가 질문지 작성에 상당한 공을 들였다. 다만 법정에서 유영하 변호사의 저지로 도 변호사는 준비한 질문을 대거 건너뛰어야 했다.

이날 김한수는 태블릿 관련 질문에는 "아는 바가 전혀 없다", "사용한 사실이 전혀 없다", "태블릿 자체에 대한 부분을 아예 인지하지 못했다", "그와 관련된 생각을 다시 해본 적이 없다", "개통 이후로 만져본 적도 없다"는 등 위증을 했다. 2012년 요금을 납부한 사실과 대선 캠프에서 사용한 사실을 숨기고 거짓말을 한 것이다.

특검은 2012년 6월부터 2013년 1월까지 태블릿 요금은 마레이컴퍼니에서 지급한 것이 맞냐고 유도성 질문을 했다. 특검에서 김한수가 진술한 내용을 법정에서도 증언하도록, 즉 위증을 유도한 것이다. 실제로는 이 기간에도 당연히 김한수가 자신의 개인카드로 요금을 납부하고 있었다. 하지만 특검의 질문에 김한수는 그렇다고 인정했다. 사전에 위증을 공모했을 가능성이 의심되는 대목이다.

특검은 이러한 김한수의 진술과 증언을 박 대통령과 정호성의 공무상 비밀 누설죄 증거로 적극 활용했다. 김한수는 태블릿의 개통자일 뿐 2012년 요금 납부는 마레이컴퍼니에서 법인카드 자동이체로 했고, 따라서 김한수가 이춘상에게 전달한 이후 태블릿은 최서원이 사용한 것이 맞다는 알리바이를 법정 증인신문으로 공식화한 것이다. 특히 김한수는 위증의 죄를 받겠다는 '증인 선서'를 하고도 법정에서 태연히 특검과 거짓말을 주고받았다.

대통령을 감옥으로 보낸 김한수

이날 증인신문에서 김한수는 ▶최서원이 2012년 가을 이춘상 보좌관과 만난 자리에서 흰색 태블릿을 자신의 가방에 넣는 모습을 봤다거나 ▶2013년 초에는 최서원이 자신에게 전화를 걸어와 "태블릿PC는 네가 만들어 주었다며?"라고 물었다는 증언도 했다. 역시 특검에서 진술한 내용을 법정에서 공언한 것이다.

당시엔 이런 김한수의 증언이 진실한지 검증이 불가능했다. 사망한 이춘상 보좌관에게 진실을 물어볼 수도 없었고, 마녀로 몰린 최서원의 항변은 전혀 고려 대상이 되지 못했다.

JTBC는 이날 김한수의 법정 출입 장면을 언론사 중 유일하게 촬영해 보도했다. 모든 언론은 김한수의 법정 증언으로 태블릿 사용자가 최서원으로 확정됐다고 일제히 보도했다. 2017년 10월 9일자 JTBC 보도 〈최순실 측근들이 말한 '태블릿 사용자'…법정 증언들〉이 대표적이다.

법원은 김한수의 위증을 핵심 근거로 태블릿을 최서원의 것으로 판단하여 박 대통령에게 유죄를 선고했다. 김한수의 진술만으로 최서원의 태블릿이라고 판단한 김세윤 판사의 판결문은 두고두고 태블릿 조작 의혹에 재갈을 물리는 핵심 근거로 작용했다.

검찰이 2018년 5월 태블릿 조작설을 제기해 온 나를 구속 기소할 때도 김세윤의 판결문은 핵심 근거였다. 같은 해 12월 태블릿 재판 1심 법원이 나와 미디어워치 기자들에게 유죄를 선고할 때도 김세윤의 판결문이 핵심 근거였다. 1심의 박주영 판사는 실사용자가 누구인지 과학적으로 태블릿을 포렌식 검증해서 정말 최서원의 것이 맞으면 어떠한 중벌도 달게 받겠다는 나의 요구를 번번이 기각했다. 그러고는 김세윤의 판결문을 근거로 태블릿은 최서원의 것인데도 나와 미디어워치 기자들이 허위 사실로 JTBC의 명예를 훼손했다는 게 박주영 판결문의

골자였다. 검찰 공소장과 크게 다를 바가 없었다.

애초에 김한수의 거짓말이 없었다면 헌법재판소의 박근혜 대통령의 탄핵, 법원의 박 대통령 구속, 그로 인한 종북 주사파 정권의 탄생, 언론인인 나의 구속 등은 모두 불가능했을 것이다.

은폐한 2012년 요금 납부 내역서

특검은 특히 박근혜 대통령 재판에 태블릿 관련 증거를 제출하면서 김한수의 진술이 거짓말이라는 것을 입증할 수 있는 '2012년 요금 납부 내역서'를 은폐했다. 2012년의 요금 납부 내역서를 뺀 2013~2016년 요금 납부 내역서만을 법원에 증거로 제출했다. 완전 범죄를 노린 것이다.

법원이 태블릿을 최서원의 것으로 판단한 근거는 '김한수의 진술조서'와 이 진술조서에 첨부된 'SKT 계약서', '김한수의 법정 위증', 그리고 '2013~2016 태블릿 요금 납부 내역서'였다. 특검은 2012년에도 김한수가 요금 납부한 내역을 분명히 알고 있었다. 2012년부터 2016년까지 사용된 태블릿의 요금 납부 내역서를 뽑아보면서 굳이 2012년 요금 납부 내역서만 제외하고 뽑아볼 이유는 없다. 특검은 위증교사도 모자라 증거까지 인멸하고 조작한 것이다.

이 특검에 파견된 검사들의 수장이 바로 윤석열이었다. 3년 전 탄핵 무효를 외치며 태극기를 들었던 자들이 그런 윤석열을 보수 우파 대권 후보로 떠받들고 있으니 기가 막힐 노릇이다.

상황이 이렇게 되자 태블릿의 SKT 신규계약서까지도 진위를 검증해

봐야 하는 지경에 이르렀다. 특검은 김한수 진술조서 말미에 고객보관용 신규계약서를 첫 장만 첨부했다. 그마저도 팩스로 전달받아 인쇄 상태가 매우 조악했다. 또한 가입사실연락처와 신규전화번호 등은 안 보이도록 검게 칠해져 있었다.

이동환 변호사는 SKT 서버에 저장된 계약서 원본 전체를 요구하는 사실조회신청서를 제출했다. 한 달 이상 뜸을 들이던 SKT는 드디어 2020년 4월 1일 '태블릿 신규계약서'와 '요금 납부 이력'을 태블릿 재판 항소심 재판부에 제출했다. 법원도 시간을 끌었다. 나는 4월 29일에야 SKT가 제출한 계약서를 손에 넣을 수 있었다.

SKT가 제출한 태블릿 계약서는 기존 검찰의 태블릿 계약서와 완전히 같았다. 조악했던 프린트 품질이 깨끗해진 차이만 있을 뿐이었다. 또 검찰의 계약서는 첫 쪽만 있었는데 SKT가 제출한 계약서는 총 8쪽이었고 첨부된 서류도 있었다. SKT가 제출한 계약서 8쪽 안에는 위조 증거가 무더기로 담겨 있었다.

한 계약서에 서로 다른 두 개의 사인

SKT가 제출한 태블릿 신규계약서는 총 8쪽이었고 여기에 구비서류가 첨부돼 있었다. 특검도 첨부했던 첫 쪽에는 가입자 정보와 기기정보, 할부요금, 요금 납부방법 등이 종합적으로 기재돼 있다. 이어서 '개인정보 등 수집 동의서(2쪽)', '단말기할부매매 계약서(3쪽)', 'SK플래닛 등 이용 동의서(4쪽)', 'ㅇㅇㅇ위임장(5쪽)', '약관(6~8쪽)'으로 구성됐다. 이 중 1, 3쪽의 서명·사인과 2, 4, 5쪽의 서명·사인이 다르다. SKT는 이 8

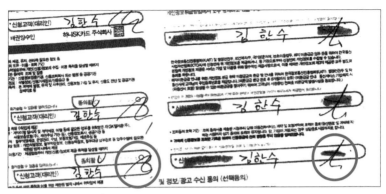

서로 다른 두 개의 김한수 사인

쪽짜리 계약서의 순서를 뒤죽박죽으로 스캔해서 제출했다.

두 명이 서명·사인을 했다는 증거는 대표적으로 1, 3쪽의 서명에서 '수'자의 'ㅜ'는 1획인데 2, 4, 5쪽의 'ㅜ'는 2획이다. 또 'ㅅ'도 전자는 오른쪽 사선이 왼쪽 사선의 중간 이하에서 시작되는데 후자는 꼭대기에서 시작한다. 무엇보다 사인이 전자는 간단한 물결 모양인데 반해, 후자는 세로선과 가로선이 교차하며 점도 붙어 있어 완전히 다르다.

이에 대해 현직 휴대전화 판매업자는 "이해할 수 없다"고 말했다. 그는 "규정 위반이긴 하지만 대리점 직원이 가입신청자의 서명과 사인을 대필하는 경우가 있긴 한데, 이런 경우에는 1~8쪽 전부를 다 하게 된다"며 "2, 4, 5쪽만 서명 사인이 다른 것은 정말 이상하다"고 설명했다.

하나카드와 SKT 둘 중 하나는 거짓말을

SKT가 제출한 계약서 1쪽 '요금 납부방법'에 마레이컴퍼니 법인카드가 적혀 있는데 정작 해당 카드사는 이 법인카드에 자동이체가 설정된 적이 없다고 답한 점도 미스터리다.

계약서에 기재된 마레이컴퍼니 명의의 카드번호 9410-5370-5833-8100의 하나카드(구 외환카드)에는 ▶자동이체 설정 이력도 없고 ▶자동이체 해지 등의 변동 사항도 없으며 ▶카드 상태는 2012년 6월부터 2013년 2월자까지 '정상카드'라고 카드사는 답변했다.

SKT의 답변은 한 달이 늦었다. SKT는 일단 2020년 3월 3일 회신서를 제출했다가 이를 다시 수정해서 보내는 이상한 행태를 보이기도 했다. SKT는 계약서에 적힌 대로 마레이컴퍼니 법인카드로 2012년 6월 22일 개통 당시부터 자동이체가 설정됐고 석 달쯤 뒤인 9월 28일 해지됐다는 답변을 보내왔다.

두 기록은 모두 법원에 제출한 공적 문서인 사실조회 회신서다. 그런데도 두 대기업의 답변이 엇갈리고 있다. 물론 앞뒤가 맞지 않는 것은 SKT의 답변이다. SKT는 2020년 1월 20일자 사실조회 회신서에서 태블릿의 요금은 개통 이후 단 1원도 납부되지 않았다는 기록을 제출했다. 당시 연매출 20억 원 규모로 탄탄한 회사였던 마레이컴퍼니 법인카드 자동이체였다면 태블릿 요금이 납부되지 않았을 가능성은 상상하기 힘들다. 또 통신사는 요금이 이체되지 않는다고 마음대로 자동이체를 해지하지 않는다. 자동이체 해지는 가입신청자의 요청이 있어야만 이뤄진다.

상식적으로도 마레이컴퍼니 법인카드에서는 돈이 한 푼도 나가지 않았으므로 애초에 이 카드에 자동이체가 설정 된 적 없다는 하나카드 답변이 사실과 부합한다. 반대로 SKT는 자동이체가 설정 됐는데도 카드에서 돈이 나가지 않은 이유에 대해 납득할 만한 설명을 해야 한다.

이에 나는 SKT 박정호 대표이사를 고발하고 SKT 사옥에서 설명을 요구하는 집회도 열었지만 SKT 측은 입을 닫고 있다. 딱 한 번 SKT의 홍보담당자가 미디어워치에 전화를 걸어 기사에 언급된 자사 이름을 익명으로 해 달라고 부탁했다가 이우희 편집국장에게 혼쭐난 일이 있을 뿐이다.

법인인감증명서가 거기서 왜 나와!

태블릿 개통 당시 대표이사였던 김한수가 직접 개통했다면서 왜 계약서 상 '방문고객정보'에 '본인'이 아닌 '대리인'에 체크가 되어 있는지도 의문이다. 김한수 본인이 계약한 것이 맞다면 당연히 '본인'에 체크하는 것이 정상이다. 본인이냐 대리인이냐는 계약 제출서류가 달라지는 문제이기 때문에 매우 중요하다. 법인의 대표이사가 직접 계약할 경우에는 제출서류가 대폭 줄고, 직원 즉 대리인이 하면 복잡해진다.

김한수가 본인에 체크를 했다면 신분증과 사업자등록증 정도만 제출하면 된다. 반면 당시 직원이었던 마레이컴퍼니의 김성태가 대리인으로 계약을 했다면 위임장과 법인인감증명서까지 추가로 필요하다. 신분증은 김성태 본인의 신분증을, 서명과 사인도 김성태로 했어야 한다.

SKT 태블릿 계약서는 신청자 자격에 따른 제출서류가 하나도 들어맞지 않는다. 법인 대표이사인 김한수가 '대리인'에 체크를 했고, 신분증과 사업자등록증, 법인인감증명서를 제출했다. 법인인감증명서와 사실상 세트인 위임장은 내지 않았다. 그런데 수상하게도 법인인감증명

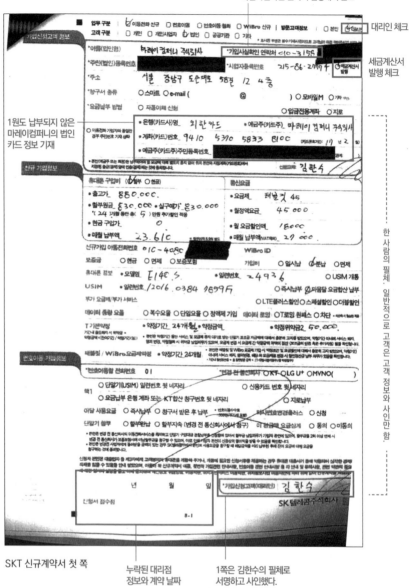

가입사실확인 연락처 김성태의 번호

대리인 체크

세금계산서
발행 체크

1원도 납부되지 않은
마레이컴퍼니의 법인
카드 정보 기재

한 사람의 필체. 일반적으로 고객은 고객 정보와 사인만 함.

SKT 신규계약서 첫 쪽

누락된 대리점
정보와 계약 날짜

1쪽은 김한수의 필체로
서명하고 사인했다.

서 앞쪽이 백지다. 이 부분은 순서상 위임장이 있어야 할 곳이다.

법인인감증명서가 맥락 없이 들어 있다는 점도 의아한 부분이다. 법인인감증명서는 이름 그대로 어떤 계약 시 법인의 인감도장을 사용한 경우에 이를 입증하는 서류로 필요하다. 하지만 계약서 어디에도 법인인감이 사용되지 않았다. 인감을 찍는 대신 모두 대표이사 김한수가 직접 사인을 했다. 법인 인감이 날인된 위임장도 제출하지 않았다.

"이 계약서는 가짜"

현업 종사자들이 이 계약서를 가짜로 의심하는 결정적 이유는 의외의 지점이다. 대개 계약서의 복잡한 숫자같은 정보는 가입하는 고객이 일일이 전부 기입하지 않는다는 것이다. 휴대전화 구입비, 통신요금 등은 직원이 알아서 계산해서 기입한 뒤 신청자로부터 사실 확인을 받고 서명을 받는 것이 일반적이다. 휴대전화 모델명과 일련번호 IMEI(단말기식별번호) 등도 마찬가지로 직원이 확인하고 기입하는 것이 보통이다.

하지만 이 계약서에서는 가입신청자가 첫 장 전체를 모두 기입했다. 동일한 글씨체라는 의미다. 진술조서 등에 기록한 김한수의 필체와 같다. 즉, 첫 장 전체를 김한수가 나중에 통째로 다시 베껴 썼다는 의미다.

현업 종사자들이 이해하지 못하는 또 다른 부분은 계약서 하단 서명 옆에 계약을 진행한 대리점명과 계약 날짜가 누락돼 있다는 것이다. 계약서 제일 첫 장 하단에는 신청자로 하여금 우측에 계약서를 작성한 날짜와 '신청서 접수점'을 기재하도록 되어 있고 좌측에 서명하도록 돼 있다. 하지만 이 계약서에는 김한수의 서명만 있고 우측에 날짜와 대리점 정보가 비어 있다.

업계 관계자들은 상식적이지 않다는 반응이었다. 계약서에 적힌 대리점의 이름과 코드번호, 담당자명은 해당 대리점이 본사에 실적을 증명할 수 있는 수단이다. 대리점의 이익과 직결되는 정보를 어떻게 빠뜨릴 수 있느냐는 것이다.

이상한 점은 또 있다. 가입자는 계약서 상 '세금계산서 발행'에 체크를 하고, 그 아래 요금 납부 방법으로는 마레이컴퍼니의 법인카드인 외환카드를 적어 넣었다. 이는 이중과세가 발생할 수 있어 통신사 대리점 관계자가 거의 저지르지 않는 초보적인 실수다. 만약 가입자가 실수로 체크하더라도 대리점 직원이 뒤에 반드시 바로잡았어야 정상이라는 것이다.

가입자가 누군지 확인할 수 있는 중요한 정보인 '가입사실확인 연락처'가 검게 칠해져 있는 것도 이해하기 어렵다. 태블릿은 휴대전화 사용자가 추가 사용하는 보조기기이므로 통상 가입사실 확인 연락처에는 계약자 본인의 번호를 적기 때문이다. 우리는 이 부분을 추가 사실조회하기로 했다.

누가 베꼈나

나와 미디어워치는 법원을 통해 SKT에 검게 가려진 '가입사실확인 연락처'의 주인을 알려 달라는 사실조회 신청서를 보냈다. 2020년 12월 1일 SKT의 답변을 확인하니 예상대로 가려져 있던 '가입사실 확인

연락처' 기재 번호는 김한수의 부하 직원 김성태 번호였다. 즉, 대리점에 가서 계약서에 사인을 한 사람은 김한수가 아니라 김성태였다는 사실이 확실시되는 것이다.

김한수가 대표이던 마레이컴퍼니의 직원 김성태가 대표이사의 위임장을 갖고서 대리점을 방문해 계약서를 작성한 후 태블릿을 개통했다고 한다면 SKT 신규계약서를 둘러싼 모든 의문이 풀린다.

결론적으로 김한수와 검사는 대통령 탄핵을 전후한 어느 시점에 함께 머리를 맞대고 앉아 김성태의 2012년 진본 계약서를 옆에 두고서, '법인카드 자동이체' 내용을 써넣기 위해 계약서를 새로 작성하는 가공할 위조를 한 것으로 추정된다.

태블릿 신규계약서에 김한수 사인이 두 개였던 이유도 그 때문이었을 것이다. 김한수와 검찰은 '법인카드 자동이체' 정보를 조작하는 것이 목적이었으므로 1쪽만 위조하면 그만이었다. 여기에 필수 정보 몇 가지를 기입해야 하는 3쪽 단말기 할부매매계약서도 만일에 대비해 위조했을 것이다. 김한수와 검찰은 약관을 읽고 사인만 하면 되는 2, 4, 5쪽은 위조하지 않았을 가능성이 높다.

내가 SKT에 원본계약서 전체를 요구하자 SKT는 김한수가 위조한 1, 3쪽을 검찰로부터 넘겨받아 김성태가 작성한 진본과 섞어 회신했을 것이다. 실제 1, 3쪽과 2, 4, 5쪽은 필체와 사인만 다른 것이 아니라 형광펜 가이드가 전자에는 없고 후자에는 있다.

두 번째로 1쪽 상단의 방문고객정보에 '대리인'으로 체크 되어 있는 것은 김성태가 체크한 진본을 김한수가 의심 없이 그대로 베끼다가 남긴 실수로 보인다. 대표이사인 김한수는 '본인'에 체크했어야 한다.

세 번째, 필수기재사항인 '연락받을 번호 미기재'도 김성태의 진본 계약서가 따로 있다고 생각하면 의문이 해결된다. 계약서 3쪽 '단말기 할부매매계약서'에는 '연락받을 번호'가 별표(*) 표시돼 있다. 필수 기재사항이라는 소리다. 김성태의 번호를 베껴 적을 수 없었던 김한수와 검찰은 이 부분을 비워 둔 것으로 보인다.

네 번째, 구비서류로 '법인인감증명서'가 첨부되어 있는 이유도 설명이 된다. 당시 김성태는 직원이었으므로 김한수의 위임장을 가져가야 마레이컴퍼니 명의로 계약을 할 수 있었다. 법인인감증명서는 바로 그 위임장에 찍힌 인감이 진짜라는 것을 보증하기 위한 서류다. 때문에 위임장과 인감증명서는 항상 한 세트로 필요한 서류라는 점은 회사 생활을 해 본 사람이라면 누구나 아는 상식이다.

다섯 번째, 법인인감증명서는 있는데 위임장이 없었던 이유도 추정 가능하다. SKT가 제출한 계약서의 구비서류를 보면 한 장이 백지였다. 계약서 작성자가 누구인지 직관적으로 알려 주는 위임장을 백지로 처리했을 가능성을 추정할 수 있다.

여섯 번째, '대리점 이름과 코드 누락'도 설명이 된다. 김한수와 검찰은 여기에 날짜도, 대리점 이름도, 담당자 이름도 적을 수 없었을 것이다. 추후 대리점에 사실조회를 하면 조작을 들킬 수 있기 때문이다.

일곱 번째, '세금계산서 발행' 체크 부분도 의문이 풀린다. 김한수와 검찰은 1쪽을 위조하면서 '세금계산서 발행'에 체크해 놓고 그 아래 요금 납부 방법으로는 마레이컴퍼니의 법인카드인 외환카드를 적어 넣었다. 카드 거래에 세금계산서를 추가 발행하면 이중과세가 된다. 결국, 진본 계약서에는 법인카드 자동이체 납부가 아닌 다른 방식의 요금 납부 방법(지로, 은행계좌)이 적혀 있었음을 추정할 수 있다. 판매업자가 아닌 김한수와 검사는 이런 부분까지 세심하게 챙길 수 없었을 가능성이 높다. 반대로 판매업자들 입장에서는 절대로 실수하지 않는 부분이다.

여덟 번째, 현직 판매업자들이 가장 수상하게 여기는 점도 의문이 풀린다. 바로 계약서 1쪽의 모든 정보가 한 사람의 필체로 작성된 이유다. 김한수와 검사는 김성태의 진본 계약서를 베끼는 데 급급한 나머지, 복잡한 가입정보란과 서명란의 필체를 달리해야 한다는 점까지는 생각이 미치지 못했을 것이다.

이로써 SKT도 태블릿 계약서 조작에 가담한 혐의에서 자유로울 수 없게 됐다. SKT는 최소한 진본과 위조본을 섞어 재판부에 제출했을 가능성이 높다. 또 진본에 첨부된 위임장을 삭제하고 백지로 제출한 것으로 의심된다. 수천만 명의 개인정보를 다루는 이동통신사업자가 대통령을 탄핵하기 위한 검찰의 증거 조작에 가담했는지 여부는 추후 특검 수사를 통해 반드시 밝혀야 하는 부분이다.

최서원-태블릿 독일 동선 일치설도 거짓

태블릿 실사용자가 김한수였다는 증거와 계약서 위조가 드러난 데 이어 '최서원-태블릿 독일 동선 일치설'도 거짓으로 드러났다.

검찰은 2016년 12월 11일 기자회견에서 최서원이 태블릿을 사용했다는 유력한 증거로 독일에서 보냈다는 카톡 3건을 제시했다. 당시 검찰의 발표는 대다수 국내 언론에 그대로 보도됐다. 그런데 4년 만에 나와 태블릿진상규명단은 이 카톡 수신자가 김한수라는 점을 밝혀냈다.

태블릿에는 2012년 7월 15일 독일에서 "잘 도착했어" 등 카톡 메시지 3건을 발신한 기록이 남아 있다. 지금까지 검찰은 이 카톡 3건에 대해 당시 독일에 갔던 최서원이 한국에 있는 '사무실 직원'에게 업무 지시한 카톡으로 주장해 왔다. '독일 동선動線' 일치설이다. 검찰 기자회견 직후 JTBC를 비롯한 모든 언론은 검찰이 태블릿을 최서원의 것으로 확인했다고 대서특필했다.

하지만 진상규명단이 포렌식 기록을 면밀히 분석한 결과, 해당 카톡 메시지 수신자受信者는 최서원의 직원이 아니라 김한수라는 사실이 새롭게 밝혀진 것이다. 최서원과 김한수는 서로 모르는 사이라고 밝힌 바 있다. 김한수는 특히 최서원과 카톡 메시지를 주고받은 적이 없다고 법정에서 증언했다.

진상규명단이 카톡 수신자를 김한수로 밝힐 수 있었던 건 국과수 포렌식 보고서가 카톡 메시지를 기록하는 특징 때문이다. 포렌식 보고서는 태블릿에서 보낸 카톡이 상대방에게 전달되지 않아 발신에 실패하면 수신자의 카톡 ID 앞에 마이너스(−) 부호를 붙여 표시한다.

진상규명단은 이 같은 원리를 이용해 2012년 7월 15일 독일에 있던 태블릿에서 발신한 카톡 메시지 3건의 국내 수신자를 밝힐 수 있었다. 당시 독일에 있던 태블릿 사용자는 "잘 도착했어. 담주 초에 이 팀하구 빨리해서 시작해. 내가 얘기한 중요한 사항 정리해서 빨리 해", "일정표 멜로 보내라고 김팀 얘기해줘", "인터넷이 잘 안돼. 거기서 어떻게 해봐" 같은 카톡 메시지를 보냈으나 현지 인터넷 사정으로 발신에 실패했다.

이 같은 흔적은 포렌식 기록에 고스란히 남았다. 2012년 7월 15일 오후 5시경부터 발신된 3건의 카톡 메시지는 모두 사용자ID '4401616'에게 보내려던 것으로, 수신자 '4401616'은 당시 전화번호 010-9048-81**을 사용하던 김한수의 ID로 확인됐다.

이때 한국의 김한수에게 독일에서 태블릿으로 카톡을 보낸 사람은 최서원이 될 수가 없다. 2012년 7월 당시 김한수와 최서원은 서로 모르는 사이였기 때문이다. 또한 둘 사이에 카톡을 한 차례도 주고받지 않았다는 것이 김한수와 최서원의 공통된 진술이다.

결국 2012년 7월 태블릿을 독일에 가져가 사용한 사람은 최서원이 아니라 당시 김한수와 긴밀히 업무를 협의할 만한 김한수의 지인이라는 결론에 이른다. 김한수와 잘 알고 업무를 논의하는 위치에 있던 사람은 과연 누굴까. 이 사람이 누구인지는 좀 더 조사해 봐야 할 것이다. 분명한 것은 태블릿과 최서원이 한 몸처럼 움직였다는 검찰의 '독일 동선 일치' 주장은 과학적 기록으로 완전히 거짓임이 드러났다는 사실이다.

환상의 복식조 특검과 검찰, 코너에 몰리다

진상규명단이 2012년 7월 독일에서 발신한 카톡 3건의 수신자가 김한수라는 사실을 밝혀내면서 그동안 '독일 동선' 일치설을 주장하던 검찰은 코너에 몰렸다. 검찰이 독일 동선 일치를 계속 주장하려면 '2012년 7월 당시 김한수는 카톡으로 업무 요청을 받을 만큼 최서원과 이미 여러 차례 만났고 서로 잘 알고 있는 관계였다'로 김한수의 알리바이를 바꿔야 한다.

또한 '김한수는 자신이 개통한 태블릿을 최서원이 쓰고 있다는 사실까지 알고 있었다'는 알리바이도 역시 수정해야 한다. 하지만 이렇게 하나씩 바꾸다 보면 결국 2012년 김한수의 알리바이 전체가 무너진다.

즉, ▶개통 이후 태블릿의 행방을 전혀 몰랐다는 김한수의 증언 ▶ 2012년 가을경 서울 압구정동의 중식당에서 최서원에게 처음 인사했고 그 자리에서 최서원이 흰색 태블릿을 가방에 넣는 걸 보았다는 목격담 ▶2013년 1월 초 최서원이 "태블릿PC는 네가 만들어 줬다면서?"라고 묻기 전까지 태블릿을 누가 쓰는지도 몰랐다는 김한수의 법정 증언 모두를 검찰 스스로 탄핵해야 하는 상황에 몰리게 된다. 당연히 김한수의 이러한 결정적 거짓 증언들과 최서원의 국정농단 프레임으로 만들어진 박근혜 대통령 1심 판결도 검찰은 부정해야 한다.

검찰은 김한수 알리바이를 쉽게 버릴 수가 없다. 태블릿이 최서원의 것이라는 몇 안 되는 근거 중 하나인 독일 동선 일치설을 버리기도 어렵다. 하지만 검찰이 어느 쪽을 선택하든 태블릿 실사용자는 최서원이 아니라는 결론에 도달한다. 검찰은 막다른 코너에 몰렸다.

검찰이 실수를 한 것도 아니다. 당시 서울중앙지검 고형곤 검사의 2016년 10월 28일자 수사 보고를 보면, 고 검사는 독일에서 보낸 3건의 카톡 메시지를 최서원이 한국의 지인에게 보낸 메시지로 규정하고 이를 최서원이 태블릿을 사용했다는 결정적 증거인 것처럼 보고서를 작성했다. 실사용자를 최서원으로 처음부터 단정한 채 별다른 근거도 없이 최서원이 업무지시를 내리는 카톡 메시지로 허위 수사 보고를 한 셈이다.

정호성 문자 메시지도 거짓

검찰이 독일 동선 일치설을 조작 발표하던 2016년 12월 11일까지만 해도 기자들은 태블릿에 의문을 갖고 있었다. 당시 기자들에게 브리핑을 한 노승권 서울중앙지검 1차장은 '정말 태블릿이 최서원의 소유가 맞느냐'는 질문을 받았다. 그러자 노승권 차장은 최서원의 것이 맞다면서 정호성 전 비서관이 청와대 문건을 최서원에게 넘길 때마다 "보냈습니다" 같은 문자 메시지를 보냈는데 이 문자 메시지가 태블릿에 남아 있다고 설명했다.

노승권 1차장의 이 같은 발언은 1년여 뒤 아무런 근거가 없는 거짓말로 들통 났다. 포렌식 보고서가 공개되고 이를 분석한 결과 태블릿에는 정호성 문자가 단 한 건도 없었다. 2016년 12월 11일 당시는 박근혜 대통령 탄핵소추안이 국회를 통과한 지 이틀이 지난 시점이면서 태블릿 입수 경위나 실사용자에 대해 여전히 논란이 일던 시기였다. 이러한 결정적 시점에 검찰은 카톡 메시지 3건을 내세운 '독일 동선 일치설'과 정호성의 문자 메시지가 태블릿에 남아 있다는 허위 사실을 발표했다. 검찰 특수본의 수사책임자가 전면에 나서 두 가지 큰 거짓말로 논란을 잠재웠던 셈이다. 검찰이 직접 허위 사실을 유포함으로써 대다수 국민들이 태블릿 사용자가 최서원이라고 믿을 수밖에 없게끔 만든 것이다.

과연 누가 상상이나 했을까. 현직 대통령을 수사하는 데 검찰과 특검이 증거를 조작하고, 깨어 있는 일부 언론과 국민들이 작은 의혹이라도 품을라치면 결정적 순간마다 검찰 수뇌부가 직접 전면에 등장하여 거짓을 브리핑해 모두를 속였으리란 것을.

6
장

태블릿 과학,
이미징 파일

검사들의 과학

JTBC가 보도한 태블릿은 총 두 번 디지털 포렌식(digital forensic: 전자법의학)을 했다. 2016년 10월 25일 검찰에서 한 번, 2017년 11월 16일 국과수에서 한 번을 했다. 이중 검찰 포렌식 결과는 종이에 인쇄한 보고서만 재판부에 제출됐고, 국과수 포렌식 결과는 보고서와 함께 태블릿에서 추출한 파일까지 제출됐다.

2017년 11월부터 익명의 포렌식 전문가가 분석을 도와줬다. 2018년 5월, 내가 구속된 이후에도 전문가의 도움으로 검찰의 태블릿 조작 흔적을 찾아냈다. 익명의 전문가는 현직 포렌식 전문가들과도 교차 검증을 하며 열성으로 포렌식 분석을 주도했다.

이들의 도움으로 JTBC가 태블릿을 입수한 이후 수천 개의 파일이 수정·삭제되었으며 여기에는 카톡 채팅방, 연락처 DB와 통화내역, 이메일 헤더 등 실사용자를 식별할 수 있는 파일들이 대거 포함됐다는 사실을 알아냈다. 또 일부러 접근하지 않으면 자동으로 수정될 수 없는 영역의 파일까지도 수정된 사실을 찾아내 태블릿이 조작된 증거로 제시할 수 있었다.

검찰의 입장은 딱 하나였다. 이 모든 파일들은 자동으로 수정·삭제됐을 뿐 JTBC나 검찰에서 고의로 조작한 적이 없다는 주장이었다. 불가능을 넘어 거의 코미디에 가까운 황당한 주장이었지만, 검찰이나 국과수 소속 포렌식 담당자들은 파일의 변개變改가 있었다는 사실만 인정하고 원인에 대해선 판단을 보류했다.

이런 주장이 틀렸다고 감히 검사에게 말할 수 있는 포렌식 수사관은 없는 듯 보였다. 1심 판사는 검찰의 주장을 그대로 인용하며 우리 측의 태블릿 감정신청을 번번이 기각했다. 홍성준 검사는 우리가 태블릿 재감정을 요구할 때마다 "이미 검찰과 국과수에서 두 번이나 포렌식을 했고 그 포렌식 보고서로도 충분하다"며 강력히 반대했다. 결국 태블릿 감정은 해보지도 못한 채 나와 미디어워치 기자들은 모두 태블릿 재판 1심에서 유죄를 선고받고 말았다.

이미징 파일 원본 확보가 관건

2020년 4월, 우연히 포렌식 전문가 김인성 전 한양대 컴퓨터공학과 교수의 유튜브 방송을 보게 되었다. 김 교수는 방송에서 여러 사람의 사인이 적힌 해시값 확인서를 보여 주며 그 중요성에 대해 설명했다. 그는 "디지털 데이터가 올바른 것이라는 판단의 근거는 결국 이 아날로그 종이 한 장"이라고 강조했다.

우리는 3년째 재판을 받으면서 한 번도 검찰이 제출한 해시값 확인서를 본 일이 없었다. 또한 검찰은 디지털 증거물 압수와 포렌식 과정에서 당연히 작성해야 하는 각종 확인서와 봉인지, 사진, 참관인 확인서 등을 일체 증거로 제출하지 않았다. 검찰과 국과수의 이미징 파일 해시값을 비교하면 총 5개 중 4개가 일치하지 않는 것도 이례적이었다.

김인성 교수는 우리와 만나 설명을 듣더니 대뜸 "검찰과 국과수가 보관하고 있는 태블릿의 이미징 파일을 무조건 받아내야 한다"고 조언했다. 분석이야 얼마든지 검사가 원하는 방향으로 할 수 있기 때문에 이미징 파일을 입수해서 직접 분석해야 한다는 것이었다.

김 교수는 또 검찰과 경찰, 국정원 등 권력기관은 디지털 포렌식 조작을 당연하게 하는 조직이라고 귀띔했다. 디지털 포렌식 자체는 과학적일지 몰라도 그걸 운영하고 분석하여 보고서를 작성하는 것은 결국 사람이기 때문이다. 김 교수는 자신이 돕기 위해선 이미징 파일 원본부터 확보해 직접 분석해야 한다고 말했다.

독립적 전문가 김인성 교수

김인성 교수는 디지털 포렌식 전문가들이 수사기관에 예속된 국내 환경에서 검경의 눈치를 보지 않고 객관적으로 포렌식할 수 있는 거의 유일한 전문가다. 실제 우리는 1심 때부터 국내에서 태블릿 감정을 맡길 민간 포렌식 전문가를 백방으로 수소문했지만 쉽지 않았다.

김인성 교수를 만난 후에야 그 이유를 알게 됐다. 민간 포렌식 업체들은 경찰과 검찰, 국정원의 디지털 포렌식 의뢰를 받아 일을 해 주고 돈을 받기 때문에 이들 권력기관의 눈 밖에 나는 일은 절대로 할 수 없는 구조로 돼 있다는 것이다. 권력기관 내부에서 일하는 포렌식 분석관들은 물론 말할 것도 없다. 권력기관의 디지털 증거 조작이 자주 발생하는 이유가 여기에 있다.

김 교수는 자신의 책에서 다음과 같이 지적했다.

> 사설 포렌식 업체들은 엄청난 이권으로 인해 이런 조작을 방조할 뿐만 아니라 경쟁적으로 동참하고 있습니다. 이런 현상은 국내 유수 대학의 포렌식 학과들도 마찬가지입니다(『IT가 구한 세상』, 20쪽).

김인성 교수는 디지털 포렌식 전문가인데도 독립적 성향이 강한 흔치 않은 케이스다. 그는 M포렌식 센터 대표이지만 정부기관 포렌식을 의뢰받아 사업을 영위하는 이해관계에서 자유로울 뿐만 아니라 기존 포렌식 전문가들의 네트워크에 얽매이지 않는 독특한 위치를 유지하면서 최고의 지식과 경험을 법정에서 증명해 왔다.

그는 디지털 포렌식을 통해 최열 환경재단 대표 횡령조작 사건, 통진당 경선부정 의혹 사건, 유우성 서울시 탈북간첩 조작 사건, 드루킹과 김경수의 온라인 여론 조작 사건 등 수많은 사건의 진실을 밝혀낸 바 있다. 그중에서도 최열 사건과 유우성 사건은 국가 권력기관에 의해 디지털 포렌식 증거가 조작된 사실을 밝혀내기도 했다. 디지털 포렌식 보고서 조작에 가담한 유우성 사건의 국정원 직원은 2년 6개월 실형을 선고받기도 했다.

송지안 수사관의 자백

2020년 6월 18일, 김인성 교수를 만난 지 얼마 지나지 않아 열렸던 태블릿 재판 항소심 제7차 공판에서 검찰 수사관이 충격적인 증언을 했다. 2016년 10월 25일 당시에 포렌식을 수행한 송지안 서울중앙지검 첨단범죄수사 제2부 디지털 포렌식 센터^{DFC} 수사관은 JTBC가 제출한 태블릿을 포렌식하면서 디지털 포렌식에 관한 대검찰청 규정을 모두 어겼다고 자백했다.

대검찰청 예규 제805호 '디지털 포렌식 수사관의 증거 수집 및 분석 규정'에 따르면 수사관은 디지털 증거의 무결성을 지키기 위해 다양한 절차를 준수해야 한다. 위 규정에서는 검사가 직접 '디지털수사통합업무관리시스템(이하 통합관리시스템)'을 통해 지원 요청하도록 되어 있다. 이때 검사는 증거물의 정보와 분석을 요하는 내용과 지원 요청 일시 등을 기재해야 한다.

송 수사관은 "통상적인 경우에는 그렇게 하지만 일부 '보안상 필요한 경우'에는 검사가 직접 구두로 지원 요청하기도 한다"며 "이 태블릿의 경우 통합관리시스템에는 지원 요청 등록이 안 돼 있었다"고 말했다.

이와 관련해 우리 변호인이 규정 위반 아니냐고 추궁하자 송 수사관은 "보안을 요하는 경우에는 그러한 일이 있고 중앙지검에서는 종종 있는 일"이라며 "태블릿PC에 대해서는 보안 문제 때문에 그렇게 해 달라고 검사가 부탁했다"고 덧붙였다.

당시 검찰과 송 수사관은 태블릿 증거 사본(이미징 파일)을 통합관리시스템에 남겨야 한다는 규정도 위반했다. 송 수사관은 "태블릿 이미징 파일도 시스템에 등록하지 않았다"며 "검사의 요청에 따라 '오프라인'으로 진행하고 이미징 파일도 '오프라인'으로 전달했다"고 증언했다.

송 수사관은 '오프라인'의 의미에 대해선 "하드디스크"라고 설명했다. 즉, 당시 검찰은 태블릿 포렌식 지원 요청뿐만 아니라 이미징 파일, 봉인 절차 인증사진 등 모두를 통합관리시스템에 하나도 등록하지 않았다는 것이다.

이 증언이 사실이라면, 일국의 대통령 탄핵에 결정적으로 기여한 증거물을 검찰은 관련 규정을 통째로 위반하며 사실상 불법으로 비밀리에 포렌식한 셈이다. 심지어 그 과정을 되짚어볼 근거 자료조차 통합관리시스템에 저장하지 않은 채 불법 보관하고 있는 상황이라고 할 수 있다.

송 수사관은 '오프라인'으로 진행한 결과물과 증거물들을 "하드디스크에 담아 검사실에 전달했고 현재는 서울중앙지검 포렌식팀에 보관되어 있을 것"이라고 말했다.

실사용자 분석 안 해

나는 "당시 검사가 포렌식 분석을 요청하면서 태블릿의 '실사용자'가 누구인지 가려 달라고 했느냐"고 물었다. 송 수사관은 "그런 요청은 없었다"면서 "저는 단지 자동분석 보고서와 위치 정보에 관한 구두 요청을 받아 분석해 주었다"고 말했다. 송 수사관은 담당 검사가 분석을 요청하면서 제공한 정보에 대해선 "(검사는) JTBC가 전달한 태블릿이며 빨리 분석을 해야 한다는 정도만 설명했다"며 사전에 최서원의 것이라는 식의 설명은 전혀 없었다고 증언했다.

'최서원이 사용한 것이 명백하다'고 단정한 검찰 보고서 6건에 대해서도 "검찰 수사팀에서 작성한 것"이라며 자신은 "전혀 모른다"고 말했다. 송 수사관의 증언이 사실이라면, 검찰은 애초에 태블릿 실사용자가 누구인지 가리기 위한 포렌식 분석은 의뢰조차 하지 않은 셈이다. 그런 가운데 최서원의 것으로 결론 내는 여러 보고서를 작성한 것이다.

실제, 2016년 10월 28일부터 11월 초까지 작성된 서울중앙지검 검사들의 수사보고를 보면 "태블릿PC는 최순실 씨가 사용한 것으로 명백히 확인", "최순실이 태블릿PC를 이용하여", "최순실이 사용한 태블릿PC", "최순실이 태블릿PC로 G메일 계정에 접속하여" 같은 확정적 표현들이 나열돼 있다. 증인신문을 진행할수록 당시 검찰의 포렌식 절차

위반 실태는 점입가경이었다.

봉인지도 서명도 없어

이동환 변호사는 송 수사관에게 증거물인 태블릿의 봉인 상태에 대해 질문했다. 태블릿을 전달받을 때 봉인이 돼 있었는지, 봉인지에 서명은 있었는지 등을 물었다. 송 수사관은 "통상은 봉인이 돼 있지만 이번 태블릿 같은 경우에는 그냥 봉투 안에 들어 있었다"며 "봉인은 안 되어 있었다"고 말했다. 송 수사관은 거듭 "피압수자의 서명은 없었다"면서 "통상적으로 봉인지에 서명이 없으면 저희가 검사에게 연락해 서명해 달라고 요청을 하는데 이번에는 긴급하다고 해서 그냥 진행했다"고 증언했다.

홍성준 검사와 JTBC는 김필준이 입수한 태블릿을 법조팀장이던 JTBC 조택수 기자가 노승권 당시 서울중앙지검 1차장 검사실에 전했다고 주장하고 있다. 임의제출자는 조택수라는 것이다. 이 변호사는 "대검찰청 예규에는 긴급을 요하는 예외적인 특수 상황에서도 봉인과 확인·서명은 필수라고 되어 있다"며 "검찰이 조택수에게 임의제출 받았다고 하니까 봉인지에는 조택수의 서명이 있어야지요"라고 물었다. 송 수사관은 "네"라고 대답했다.

하지만 송 수사관은 "태블릿이 들어 있는 봉투에 봉인지는 없었으며 그냥 종이 봉투였고 (투입구는) 열리지 않게 붙여져 있었다"고 증언했다. 또 "저는 포렌식을 위한 이미징을 뜬 직후 곧바로 '정전기 방지 봉투'에 태블릿을 담아 봉인지를 붙였으며, 당연히 여기에는 봉인 일시와 서명을 썼을 것"이라고 말했다.

대검 예규에 따르면 디지털 증거물의 봉인을 해제하고 재봉인할 때는 모든 과정을 사진으로 남겨 통합관리시스템에 등록하도록 돼 있다. 이와 관련해 송 수사관은 "사진을 찍었으며 시스템에는 등록하지 않고 분석 보고서가 담긴 하드디스크에 다 담아 검사에게 전달했다"고 증언했다.

이때 송 수사관은 검사에게 인쇄물 형태의 보고서가 아니라 파일 형태로 하드디스크에 담아 분석 보고서를 전달했다고 증언했다. 송 수사관은 검찰이 법원에 제출한 포렌식 보고서의 표지와 목차를 보여 주자 "처음 본다. 알지 못한다"면서 "저는 분석 결과 부분만 파일로 전달했다"고 말했다.

송 수사관은 그러나 근거를 남기지 않고 구두 지시로 포렌식 수사를 지원 요청한 검사가 누구인지에 대해선 "기억이 나지 않는다"는 대답으로 일관했다. 심지어 그는 "직접 검사실에 가서 태블릿을 받아왔고 되돌려 줄 때도 직접 가져다 줬다"면서도, 태블릿을 주며 지원 요청한 검사가 누구인지 기억나지 않는다고 증언했다. 송 수사관이 증언한 정보는 '당시 형사6부 부장급 40~50대 검사'까지다.

카톡방은 삭제 불가

차기환 변호사는 '정상' 상태의 카톡방은 일부러 삭제하지 않으면 전원을 켜고 끄는 동작만으로는 수백 건의 대량 삭제가 불가능하다는 송지안 수사관의 증언을 이끌어 냈다.

차 변호사는 똑같은 소프트웨어(파이널모바일포렌식)로 포렌식을 했음에도 검찰 보고서와 1년 뒤 국과수 보고서의 카톡 채팅방 개수가 415개나 차이 나는 현상에 대해 질의했다.

2016년 10월 25일 송 수사관이 직접 분석한 보고서에는 '카톡−채팅방목록'이 정상 312개, 삭제 0개, 알수없음 133개로 총 445개로 나온다. 그런데 1년 뒤 2017년 11월 16일 국립과학수사연구원 나기현 연구관이 책임 분석한 보고서에는 '카톡−채팅방목록'이 정상 8개, 삭제 22개, 알수없음 0개로 총 30개로 나온다.

차 변호사는 "검찰은 이것이 프로그램 버전의 차이 때문으로 설명을 하는데 여러 포렌식 전문가들은 프로그램 버전이 달라진다고 해서 멀쩡한 카톡방 수백 개가 한꺼번에 사라지는 일은 절대 없다고 말한다"며 "단순히 태블릿 전원을 켜는 등의 행위로 이런 일이 가능한가"라고 물었다.

송 수사관은 처음에는 "시간이 지나면 포렌식으로 검출되는 데이터의 양이 줄어든다"며 "태블릿은 플래시 메모리이기 때문에 전하량이 줄어들면 전원을 꺼둔 상태에서도 데이터가 줄어들기도 한다"고 말했다.

차 변호사는 "가능성을 이야기하지 말고 표를 자세히 보라"며 "멀쩡하게 있는 카톡방이 전원을 꺼둔다고 삭제가 된다니, 그것도 수백 개가 한꺼번에 삭제가 된다는 게 말이 되는가"라고 지적했다. 이어 "그런 일이 가능한 사례를 생각나는 대로 한번 말해 보라"며 다그쳤다.

송 수사관은 가능한 사례를 제시하지 못했다. 다만 "전원을 껐다 켰다 하는 것만으론 카톡의 '정상' 대화방이 변경되지 않는다"고 답변했다.

카톡방 질의에는 판사도 끼어들었다. 재판장 왼편에 자리한 차은경 부장판사는 증인신문을 마치기 직전, 직접 증인에게 질의했다. 두 가지였다. 차 부장판사는 연락처DB에 '선생님'이라는 카톡 아이디가 생성

됐다 사라지고 카톡 대화방 수백 건이 삭제된 것과 관련해 "혹시 전원을 켰을 때 자동으로 태블릿이 네트워크에 연결되었다면 연락처DB와 카톡방이 영향을 받을 수 있는가"라고 물었다.

송 수사관은 "가능하다"고 답변했다. 그러면서 "카톡 채팅방 참여자 중 일부가 방을 나가면 네트워크 연결과 동기화를 통해 내 태블릿의 채팅방도 영향을 받았을 수 있다"고 부연설명했다.

차 변호사는 즉시 반박했다. "증인은 잘못 보낸 메시지를 나와 상대의 메시지 창에서 모두 삭제하는 기능이 언제 출시됐는지 아는가"라며 "최근의 일"이라고 지적했다. 이어 "내가 들어 있는 카톡 대화방의 참여자가 방에서 나가 지워버린다고 해서 내 휴대전화에서 카카오톡 대화방이 삭제된다는 얘기는 지금도 들어본 바 없는데 증인은 들어봤는가"라고 다그쳤다.

송 수사관은 결국 다시 한번 "네트워크 연결이나 단순한 전원 구동만으로 '정상' 대화방은 삭제되지 않는다"고 대답할 수밖에 없었다. 그러자 차 부장판사도 차 변호사를 향해 "제 질문의 의도는 카톡 채팅방을 물어본 것이 아니고 연락처DB가 영향을 받을 수 있는지에 대한 것"이라고 말했다.

'디지털 지문' 해시값이 바뀐다?

송 수사관은 이날 스스로 모순되는 답을 하거나, 디지털 수사관의 답변으로 보기 어려운 무논리 답변도 늘어놨다. 해시값이 무엇이냐는 변호인의 질문에 "일종의 '디지털 지문'"이라며 장황하게 설명했다. 하지만 곧이어 이동환 변호사가 검찰 포렌식의 해시값과 국과수 포렌식의 해시값이 5개 중 4개가 다른 사실을 제시하며 이유를 묻자 "해시값은 포렌식을 할 때마다 변하는 게 정상"이라고 대답했다. 하지만 해시값이 다르다면 증거의 무결성이 훼손됐다고 보는 것이 정상이다. 즉, 정상적인 보관 절차로 무결성이 지켜진 경우 이미징 사본의 해시값은 처음 원본 이미징의 해시값과 동일해야 하는 것이 상식이다.

2016년 10월 31일에 수백 개의 파일이 수정·삭제된 데 대해서도 송 수사관은 무리한 증언을 했다. 검찰은 2016년 10월 25일에 포렌식을 했다. 송 수사관은 "이미징 파일을 뜨기 직전 봉투에서 태블릿을 꺼냈고, 이미징을 뜬 직후 태블릿을 봉인해서 검사에게 돌려줬다"며 "돌려준 시각은 25일 밤"이라고 증언했다. 또 "전원을 분명히 끄고 봉인했다"고 명확하게 말했다. 그렇다면 밀봉된 '정전기 방지 봉투' 속에서 얌전히 잠자고 있어야 할 태블릿이 일주일 뒤인 31일에 저절로 켜져 수백 개의 파일이 수정·삭제됐다는 말이 된다. 송 수사관은 수정·삭제된 파일 목록을 확인하며 "전원이 켜진 것은 확실하다"고 증언했다.

이쯤 되자 송 수사관은 31일 기록에 대해 "증거 봉투에 물리적 외력이 가해지는 경우에는 자동으로 봉투 안에서 전원이 켜질 수 있다"고 말했다. 이를 받아서 홍성준 검사는 반대신문에서 다시 언급하여 "증인은 증거 봉투 안에서 디지털 기기의 전원이 물리적 충격 등으로 켜질 수 있다고 했는데 그런 사례가 종종 있는가요"라고 물었다. 송 수사관은 지체 없이 "종종 있는 것으로 알고 있습니다"라고 말했다.

모바일 기기 제조사들은 전원 버튼이 실수로 켜지지 않도록 버튼을 작게 만들고 3~5초가량 누르고 있어야 켜지도록 만든다. 게다가 오랜 기간 방전된 기기는 충전하지 않으면 전원 동작 자체가 되지 않는다. 우연히 켜졌다고 해도 몇 시간 집중적으로 수백 개의 파일이 수정·삭제된 후 자동으로 꺼졌다는 것은 말도 되지 않는다. 봉투 안에서 자연적으로 전원이 나갔다면 최소 하루에서 이틀은 태블릿이 구동한 기록이 남았어야 한다. 하지만 태블릿의 파일 수정·삭제는 31일 몇 시간 동안에만 이뤄졌을 뿐이다.

검사들의 콜라보레이션

송지안 수사관의 증인신문 이후 김인성 교수의 조언에 따라 이동환 변호사는 2020년 8월 7일 검찰과 국과수가 보관하고 있는 태블릿 이미징 파일에 대한 열람·복사를 신청했다. 수많은 태블릿 조작 증거가 드러났고 검찰도 불법적으로 포렌식을 했다고 자백한 마당에 포렌식 보고서 분석은 더 이상 의미가 없다는 판단에서였다.

우리는 이미징 파일을 받아내 직접 민간업체 2곳 이상에 교차 검증을 맡기기로 했다. 그러면 검찰의 포렌식 보고서가 진실한지도 우리가 직접 검증해 볼 수 있다. 태블릿 실사용자가 누구인지 과학적인 방법으로 직접 밝혀낼 수 있는 유일한 방법이기도 했다.

재판부는 2020년 8월 14일과 26일 각각 국과수와 검찰에 각각 보관 중인 이미징 파일을 신청인에게 내어주라고 명령했다. 이 명령을 내리기 전에 재판부는 검찰에 먼저 의견을 물었다. 의외로 2020년 8월 14일 김민정 공판검사는 반대하지 않고 "위 수사기록 열람·등사 허용 신청은 '적의처리'함이 상당하다"며 재판부 뜻대로 하라고 답변했다.

검찰도 크게 반대하지 않으니 법원은 부담 없이 이미징 파일 열람·등사 허가 명령을 내렸다. 사실 검찰은 1심 때부터 우리가 재판부에 요구하는 사실조회 신청은 물론이고 태블릿 감정 신청 등에 대해 사사건건 극렬히 반대해 왔다. 그런 검찰이 아예 태블릿 포렌식 원본 자료인 이미징 파일을 달라는 요구에 반대하지 않은 것은 나로서도 예상치 못한 일이었다.

검찰은 당황한 기색이 역력했다. 공판검사가 이미징 파일 제공에 동의한 사실을 직관검사 홍성준과 검찰 수뇌부는 뒤늦게 파악하고서 아차 싶었을 것이다. 이때부터 검찰은 말 그대로 드러누워 버렸다. 아무런 이유도 설명하지 않고 48시간 이내 처리규정까지 어기면서 법원의 명령을 무시하기 시작했다. 법원 결정이 나오자마자 2020년 9월 2일 이동환 변호사는 '압수물 열람·등사 신청서'를 제출했다. 신청서를 접수한 서울중앙지검 담당자는 "48시간 이내 처리하도록 되어 있으니 그 안에 답을 주겠다"고 밝혔다.

그러나 검찰은 한 달이 다 되어가도록 묵묵부답이었다. 태블릿 재판 피고인이기도 한 이우희 편집국장과 이동환 변호사는 하루가 멀다 하고 서울중앙지검에 전화해 언제 허가가 나느냐고 문의했지만 돌아오는 대답은 기다리라는 말뿐이었다. 이우희 국장은 검사에게 직접 전화를 걸어 법원의 이미징 파일 열람·등사 허가 명령을 이행하라고 독촉하기 위해 백방으로 전화하기 시작했다. 그러나 직관검사인 홍성준과 후임 검사들은 서로 저쪽에 물어보라며 '폭탄 돌리기'를 했다.

태블릿 재판의 직관검사로 3년째 재판을 이끌어 온 홍성준 부장검사실에 전화를 걸면 서울중앙지검 후임검사에게 물어보라고 했다. 서울중앙지검 형사1부 임진철 검사에게 전화를 걸면 "홍성준 검사의 사건 후임검사는 맞지만, 이미징 파일 건에 대해선 잘 모른다"는 대답이 돌아왔다. 공판검사는 김민정 검사가 어디로 가고 장욱환 검사로 바뀌어 있었다. 장욱환 검사는 "홍성준 검사님과 논의하며 검토 중"이라고 대답했다. 폭탄은 돌고 돌아 결국 홍성준·장욱환 두 사람이 책임자로 밝혀졌다.

이처럼 태블릿 재판의 직관검사와 후임 수사검사, 후임 공판검사가 저마다 이미징 파일 열람·복사 허가와 관련해 책임을 서로 미루는 사이에 서울중앙지검 일선 직원들만 혼란을 겪는 모습이었다. 시간은 계속해서 흘러갔다.

검찰공화국의 아무말대잔치

2020년 10월 6일, 나는 검찰이 법원 명령을 무시하며 시간을 끌고 있다면서 재판부에 소송지휘를 요청하는 피고인의견서를 제출했다. 그러자 홍성준과 장욱환 검사는 2020년 10월 19일자 검사의견서를 통해 폭탄선언을 했다. 이미징 파일을 분실했다는 것이다.

두 검사는 "위 법원의 열람·등사 허용 결정 이후 법원의 위 결정에 대해 이를 이행하고자 현재 서울중앙지방검찰청 디지털 포렌식팀에 근무하는 직원들이 피고인들이 요청하는 포렌식 감정 대상물의 사본화 파일(이미징 파일)을 찾아보았으나 현재 총 5개의 파일 중 1개의 파일만 저장되어 있는 것으로 확인되었다"고 주장했다.

그러면서 "피고인들이 요청하는 포렌식 감정 대상물(태블릿)의 사본화 파일은 정식으로 압수된 파일이 아니고 서버에 저장된 파일도 아니며, 사본화 파일을 보관하고 있어야 하는 규정도 없어 피고인들이 요청하는 포렌식 감정 대상물의 사본화 파일 5개 전부가 컴퓨터에 저장되어 있어야 하는 것이 아니고, 또한 법원의 결정 이후 고의로 삭제한 사실도 없으므로 1개의 파일을 제외한 나머지 4개 파일이 존재하지 않는다고 하여도 그 자체로는 문제가 될 것은 없다"고 변명했다.

그러면서 이들은 오히려 "피고인 변희재는 현재도 활발하게 유튜브 등을 통해 활동을 하고 있어, 만약 이 사건 포렌식 파일이 피고인들에게 열람·등사가 이루어질 경우 본 재판과는 무관하게 사용될 여지도 높은 상황"이라고 주장했다.

법원은 이미 모든 것을 고려해 이미징 파일 열람·등사 허용 결정을 내린 것임에도, 검찰은 뒷북을 치며 이미징 파일을 줘선 안 된다며 생떼를 부리고 있는 것이다. 더구나 태블릿의 파티션 5개를 각기 본 뜬 이미징 파일 5개 중 1개만 갖고 있다는 말은 검찰이 증거인멸을 자백하는 것과 마찬가지다. 검찰이 찾을 수 없다는 이미징 파일 4개는 모두 시스템 영역에 관한 파일로 실사용자를 파악하기 위해 필수적인 파일들이다. 검찰이 태블릿을 어떻게 조작했는지 알아볼 단서도 시스템 영역 이미징 파일에 들어 있다.

11월 총공세

2020년 11월 5일 태블릿 재판 항소심 제8차 공판이 코앞으로 다가왔다. 이동환 변호사는 공판 전날 변호인의견서와 함께 ▶검찰청에 대한 압수수색 신청서 ▶태블릿 본체 열람·등사 신청서 ▶검찰이 보관 중인 국과수 이미징 파일 열람·등사 신청서를 재판부에 제출했다.

공판 당일 오전에는 재판이 열리는 법원 앞에서 나와 김인성 교수, 변호인단의 기자회견이 있었다. 나는 '문재인은 검찰의 태블릿 증거 조작 및 인멸 범죄행위 책임져라'는 제목의 기자회견문을 낭독했다.

국민이 선택한 박근혜 대통령을 탄핵시키고, 무려 30년의 징역형을 구형하게 된 결정적 단서인 JTBC 태블릿 관련, 검찰은 부실수사와 증거인멸, 증거 은닉 등 총체적으로 범죄행위를 저질렀다는 단서들이 드러나고 있다.

2016년 10월 25일 당시 특수본(본부장 이영렬 전 중앙지검장)의 송지안 디지털 포렌식 수사관은 JTBC로부터 넘겨받은 태블릿을 포렌식 한 뒤, 그 증거물인 '이미징 파일(사본화 파일)'을 디지털수사통합업무관리시스템에 올리지 않았다. 이는 명백히 대검 예규 제805호 위반이다. 송지안 수사관은 이에 대해 2심 재판에 증인으로 출석하여 "검사가 등록하지 말라"고 지시했다고 실토했다.

결국 피고인 측은 검찰이 빼돌린 이 태블릿 이미징 파일의 열람·등사를 요청했고, 법원은 당시 공판검사 김민정의 동의를 얻어 지난 8월 26일 검찰에 이를 허용할 것을 명령했다. 이에 9월 2일 피고인 측 이동환 변호사는 서울 중앙지검에 열람·등사 신청서를 제출했고, 이 신청서에는 '48시간 이내 처리'하도록 명기되어 있다.

그러나 검찰 측은 수사와 공판에 모두 관여하는 직관검사 홍성준, 신임 공판검사 장욱환이 마치 폭탄 돌리기를 하듯 서로에게 미루며 무려 50여 일간 시간만 끌었다. 피고인 측이 수차례 항의하자 결국 공판검사 장욱환은 태블릿 이미징 파일에 담긴 5개 파티션 중, 사용자 영역의 파티션 하나를 제외하곤 무려 4개의 시스템 영역 파티션이 모두 사라지고 없다는 의견서를 제출했다.

M포렌식센터를 운영하는 김인성 전 한양대 컴퓨터공학과 교수 등 모든 포렌식 전문가들은 "설사 파티션별로 나눠서 이미징(사본화)을 했더라도, 한 폴더에 보관하는 게 상식이므로 파티션 전체가 없던지 있으면 다 있어야지, 증거 조작을 검증할 시스템 영역 파티션 4개만 사라졌다는 건 있을 수 없는 일"이라고 입을 모았다. 48시간 이내 처리 규정을 어긴 검찰이 50여 일간 시간을 끌며, 4개 파티션을 삭제하여 핵심 증거를 인멸 또는 은닉했을 가능성이 높다는 것이다.

이미 지난 3월 피고인 측은 태블릿 개통자인 김한수 전 청와대 행정관이 2012년 11월 27일 그간 밀린 태블릿 요금을 자신의 개인카드로 한꺼번에 계산한 뒤, 바로 2분 뒤에 당시 공식적으로 대선 운동을 시작한 박근혜 대통령 후보 관련 홍보 자료를 다운받으며 태블릿을 사용한 증거를 밝혀낸 바 있다. 특히 특수본과 특검에서 김한수를 수사한 김용제, 강상묵, 김종우 등 현역 검사들이 김한수가 요금을 직접 납부한 사실을 은폐하기 위해 관련 카드 내역서를 은폐하고 위증을 교사한 혐의까지 드러났다. 이로 인해 이미 태블릿의 사용자는 최서원이 아닌 김한수라는 것이 입증이 되었고, 나아가 검찰이 직접 개입하여 주요 증거인멸 및 조작한 희대의 검찰 공작 사건이란 실체도 드러났다. 이에 더해 검찰은 이를 검증할 수 있는 태블릿 이미징 파일 자체를 인멸 및 은닉하는 데 이르렀다.

최근 문재인 정권 내부에선 검찰의 적폐를 밝혀내겠다며 추미애 장관, 조국 교수 등이 나서 검사들을 겁박, 난동을 부리고 있다.

문재인 대통령에게 묻는다. 일국의 대통령을 쫓아내기 위해 실사용자 증거를 조작하고, 포렌식 규정상 당연히 원본 파일과 백업 파일까지 보관해야 하는 증거를 50여 일 동안 시간을 질질 끌며 인멸 및 은닉한 이 사건보다 더한 검찰의 적폐가 또 있겠는가. 피고인 측은 태블릿 진실을 밝히고자 하는 모든 정치·시민사회 세력과 연대하여 법원을 통해 검찰을 압수수색, 온갖 증거 조작 및 인멸 행위들을 밝혀나가겠다. 그리고 이는 탄핵 당시의 특수본 검찰을 넘어 문재인 정권까지 이어져 온 검찰의 범죄 행위로서, 총책임자이자 탄핵 사태 최대 수혜자인 문재인 대통령 본인이 직접 정치적·법적·도덕적 책임을 져야 할 것이다.

2020. 11. 5

피고인 변희재, 변호사 차기환, 변호사 이동환, M포렌식 센터장 김인성

3년 개근 홍성준 검사의 외도

2020년 11월 5일 오후 2시 30분, 서울중앙지법 서관 422호에선 태블릿 재판 항소심(2018노4088) 제8차 공판이 열렸다. 지난 6월 18일 제7차 공판 이후 약 다섯 달(140일) 만이다. 이날 우리 변호인들과 재판부는 이미징 파일 제공 문제와 김한수 증인신문 문제를 두고 치열한 줄다리기를 벌였다. 정작 검찰은 완전히 꿀 먹은 벙어리가 되어 양측의 설전을 지켜보기만 했다.

공판은 예정보다 30분가량 지연된 오후 2시 58분에 시작됐다. 검사석에는 공판검사뿐이었다. 2018년 JTBC 고소장을 바탕으로 수사에 착수해 피고인 전원을 기소하고 2명이나 감옥에 보낸, 3년간 개근해 온

홍성준 검사(현 대구지검 서부지청 형사2부장)가 처음으로 불출석했다. 게다가 공판검사는 지난번 공판까지 자리를 지키던 김민정 검사의 후임인 장욱환 검사가 처음으로 얼굴을 내밀었다.

재판부는 이날로 예정됐던 심규선 국과수 연구관 증인신문이 변호인의 요청으로 중단된 사실을 언급하며, "증인신문을 중단한 이유가 무엇인가"라고 물었다. 차기환 변호사는 "검찰 보관 이미징 파일에 대한 사본이 있어야만 심규선 증인신문이 가능하다"면서 "법원이 이 이미징 파일을 피고인들에게 내주라는 '열람·복사 허가 결정'을 내렸는데도 검찰이 응하지 않고 있다"고 지적했다.

재판부는 "검사는 이미징 파일 5개 중 1개만 남아 있다고 했는데, 그럼 1개만이라도 피고인 측에 제공이 가능한가"라고 물었다. 차 변호사는 즉각 반발했다. "송지안 디지털 포렌식 수사관이 당시 포렌식하기 위해 이미징 파일을 떠서 서울중앙지검에 아카이빙archiving해 뒀다고 이 법정에 나와 증언을 했다"며 "검찰이 그걸 전부 주지 못하겠다고 하니, 법원은 즉각 압수수색영장을 발부해 달라"고 잘라 말했다.

차 변호사는 "특히 검찰은 최서원 태블릿 기기를 현재 소지하고 있다고 인정하므로 변호인 측은 그걸 복사 신청하겠다"며 "검찰이 이를 거부하면 피고인 측은 그것도 법원에 압수수색영장을 신청하겠다"는 말도 했다. 이동환 변호사는 "검찰은 이미징 파일 4개가 없고 1개만 있다고 했는데, 그게 처음부터 없었는지, 원래 5개였는지 도중에 분실하고 1개만 남았다는 것인지 구체적인 사유를 설명하라"고 다그쳤다.

재판부는 이미징 파일 5개 중 4개를 찾을 수 없다는 검사 측 주장을 비판 없이 수용하는 듯한 태도를 보였다. 재판부는 남은 이미징 파일 1

개라도 받겠느냐고 우리 변호인에게 물었다. 차 변호사는 "포렌식 전문가들에 의하면, 이미징 파일은 저장용량이 그리 크지 않기 때문에 설령 파티션 별로 이미징을 뜨더라도 보통 한 개의 폴더에 저장한다"며 "그런데 시스템 영역에 해당하는 파티션 4개의 이미징 파일이 모두 없어지고, 사용자 영역 파티션 1개만 남았다? 피고인들은 도저히 납득하기 어렵고 검찰이 고의로 증거를 인멸했다는 것 말고는 설명이 안 된다"고 말했다.

이 변호사는 국과수 이미징 파일도 검찰 손에 있다는 사실을 꺼내들었다. 이 변호사는 "법원에선 국과수 이미징 파일도 피고인들에게 제공하라고 결정했는데, 국과수 측은 이걸 삭제하고 법원에 되돌려 보냈으며 현재 서울중앙지검에서 보관하고 있는 것으로 파악했다"며 "검찰은 그거라도 즉각 제출해야 할 것"이라고 지적했다.

재판부는 검찰에 남아 있다는 이미징 파일 1개만이라도 받는 것이 어떻겠느냐고 제안했다. 차 변호사는 분노해서 즉각 "거부하겠다!"고 외쳤다. 차 변호사는 "검사가 1개라도 있다는 이미징 파일을 저희가 받게 되면 그건 검찰의 증거인멸 부정을 추인하는 꼴이 된다. 검찰이 전체 이미징 파일 5개를 줄 수 없다고 하면 재판부는 압수수색해 달라"고 강조했다. 차 변호사는 "저희는 이게 마지막 기회이므로 반드시 이미징 파일을 받겠다. 그렇지 않으면 변호인들은 그때 무얼 했느냐며 지탄 받는 '역사의 죄인'이 될 것"이라고도 했다.

'역사의 죄인'까지 언급하자 비로소 주심은 김한수 증인신문 긍정 검토와 직권 압수수색 가능성에 대해 언급했다.

"피고인의 방어권을 위해 이미징 파일이 필요하다는 걸 인정한다. 심규선 증인신문은 진행하겠다. 만약 검찰이 (이미징 파일 제출에) 협조하지 않는다면, 검찰에 다시 제출을 요구하고, 김한수 증인신문을 긍정 검토하겠다. 이미징 파일에 대해선 '다른 입수 방법'도 검토하도록 하겠다."

전열을 가다듬은 검찰

장욱환 검사는 재판부가 지정한 마감 기간 2주의 마지막 날인 2020년 11월 18일 의견서를 제출했다. 내용은 한마디로 배 째라는 식이었다. 장욱환 검사는 태블릿과 이미징 파일에 대한 법원 직권 압수수색영장 신청에 대해 반대하며 'JTBC 보도가 곧 진리이며 여기서 한 발짝도 움직일 수 없다'는 기존의 태도를 완강히 고수했다.

그는 "이 사건은 JTBC에서 정당하게 확보하고 사실대로 보도한 태블릿 관련 방송에 대해 피고인들이 인터넷 방송 및 책자에서 허위 사실을 적시하여 JTBC와 손석희 사장 등의 명예를 훼손하였다는 것"이라며 "(태블릿 조작 주장의) 허위 사실 여부는 JTBC의 일련의 방송 내용, 김한수·정호성 등 관련자 진술, 관련 국정농단 사건 판결문 내용, 태블릿에 대한 검찰 및 국과수의 각 포렌식 분석 보고서 내용 등에 따라 충분히 판단할 수 있는 것으로, 압수수색의 필요성이 전혀 인정되지 않는다"고 주장했다.

이미징 파일 건으로 잠시 흔들렸던 검찰은 지난 3년간의 재판 과정에서 밝혀진 숱한 조작 증거를 전혀 보지 못한 척 무시하면서 "자신 있으면 계속 해보라"는 마치 조직폭력배 같은 태도로 전열을 가다듬은 것이다.

태블릿의 실사용자가 누구냐라는 쟁점에서 벗어나 나를 공격하는 태도에도 변함이 없었다. 장욱환 검사는 "피고인 변희재는 이 사건 태블릿과 관련해 더 이상의 악의적인 비방과 시위를 하지 않는 조건으로 항소심에서 보석이 허가되어 불구속 재판을 받고 있음에도 지금도 인터넷 미디어워치 홈페이지 등에 이 사건 재판과 관련하여 합리적 근거 없이 자의적으로 해석한 조작설 주장을 끊임없이 게재하고 있다"고 썼다.

의견서에는 "그 추종자들을 통해 대구에서 근무 중인 수사검사(홍성준)를 찾아가 근무지 앞에서 현수막을 게재한 채 확성기를 이용하여 시위하였으며 대검 감찰부 등에 수사검사와 공판검사를 수차례 진정하는 등 전혀 반성하거나 자숙하는 모습을 보이지 않고 있다"는 내용도 있다.

검사는 그러면서 "조속히 변론을 종결하고 판결을 선고하여 주시기를 강력히 요청드린다"고 재판부를 압박했다. 어처구니없는 일이다. 이미 자신들의 조작이 다 드러났음에도 여전히 손바닥으로 하늘을 가리려는 작태가 아닐 수 없다.

우선 국과수 것부터

2021년 1월 14일 태블릿 재판 항소심 제9차 공판이 열렸다. 이날도 쟁점은 태블릿 이미징 파일 확보였다. 검찰은 보관 중인 이미징 파일을 피고인들에게 내어주라는 재판부의 결정을 5개월째 무시하다 마침내 줄 수 없다고 선언한 상태였다. 이에 우리 피고인들은 검찰청 압수수색과 김한수 증인신문을 요구하며 태블릿 본체, 검찰 버전 이미징 파일, 국과수 버전 이미징 파일을 모두 확보하겠다고 별렀다.

재판부는 이례적으로 길게 공판 상황을 체크하면서 뜸을 들이더니, 이내 속내를 드러냈다. 이미징 파일을 포기하고 검찰이 원하는 대로 포렌식 보고서만 갖고서 심규선 증인신문을 하겠다는 것이다. 심규선 국과수 포렌식 연구관은 이 사건을 담당하는 홍성준 검사에게 일방적으로 포렌식 자문을 해 줄 정도로 편향적인 인물이다.

우리는 거세게 반발했다. 송지안 검찰 포렌식 수사관이 2016년 10월 25일 이 태블릿을 불법포렌식 했다고 자백한 상황에서 그 포렌식 보고서만으로 증인신문을 하는 것은 무의미하다고 버텼다. 또 법원의 명령을 어긴 것은 검찰인데 왜 재판부는 당장 직권 압수수색을 집행하지 않느냐고 따졌다.

예상대로 반대에 부딪혔지만 재판부는 우리들에 대한 설득을 포기하고 심규선 증인신문을 강행하려 했다. 작심하고 나온 것이다.

재판부는 "송지안·심규선 증인신문은 전임 재판부가 포렌식 보고서에 관한 전문가 증인신문이 필요하다고 해서 결정한 사안인데, 피고인들이 이제 와서 이미징 파일 입수를 전제 조건으로 요구하며 심규선 증인신문에 반대하는 것은 재판부가 받아들이기 어렵다"고 말했다.

이에 대해 나는 "태블릿 검증은 저희가 갑자기 요청한 게 아니고 1심 때부터 계속해서 요구해 온 것"이라며 "그걸 재판부가 들어주지 않으니까 차라리 이미징 파일을 제출 받아서 우리가 직접 민간 검증을 하겠다고 한 것이 아닌가"라고 따졌다.

이동환 변호사도 "재판부는 재판부가 결정한 명령사항을 왜 이행하지 않는가부터 검찰에게 물어 달라"고 요구했다. 고심하던 재판부는 "검사님께서는 이 상황에 대해서 입장이 어떠십니까"라고 물었다. 40 대 평검사(장욱환)는 "검찰의 입장은 의견서로 다 말씀드렸다"고 대답할 뿐이었다.

재판부는 검사에게 "검찰에선 검찰이 포렌식한 이미징 파일 5개 중에 1개만 있다고 하셨고, 그럼 피고인들이 요구하는 태블릿 본체와 국과수의 이미징 파일은 현재 검찰에 있는지 확인이 되십니까"라고 물었다.

검사는 "저희가 확인해보지 않았습니다"라고 대답했다. 검사의 대답과 동시에 이동환 변호사와 피고인들은 "우리가 다 확인했다. 검찰에 있다"고 반발했다. 이동환 변호사는 "저희가 검찰에 있는 걸 다 아는데 지금 검찰에 없다고 하시는 겁니까"라고 쏘아붙였다.

검사는 "저는 없다고 하지 않았습니다. 확인해보지 않아서 모른다고 말씀드렸습니다"라고 반발했다. 이어서 재판부를 향해 "저희는 모든 입장을 의견서로 다 말씀드렸습니다"라며 "예정대로 심규선 증인신문을 진행한 후에 조속히 재판을 종결하여 주시기를 부탁드립니다"라고 말했다. 검사의 말이 끝나자 재판부는 우리 얘기는 더 들어보지도 않고 "심규선 증인신문을 4월 8일에 하는 것으로 결정하겠다"고 날짜를 지정하며 밀어붙였다.

"검찰은 디지털 포렌식 보고서를 조작합니다"

우리들은 "왜 상의도 없이 결정하느냐"고 반발하면서 "5분 휴정"을 요구했다. 우리는 법원 복도에 나와 서로의 분명한 의지를 확인했다. 이대로는 재판이 무의미했다. 재판부가 이미징 파일을 확보하지 않고 심규선 증인신문을 강행한다면 재판부 기피신청忌避申請을 하기로 뜻을 모았다.

변호인과 피고인들은 1분 만에 제자리로 돌아와 착석했으나 재판부가 5분이 지나도 돌아오지 않았다. 약 10분 만에 돌아온 재판부는 우리 피고인 측의 의견을 물었다. 이동환 변호사는 "이미징 파일은 꼭 필요하며 그에 관해 국내 최정상 포렌식 전문가인 김인성 교수가 오늘 이 법정에 와 계십니다"며 "김인성 교수에게 발언 기회를 주시길 부탁드린다"고 말했다. 재판부는 마지못해 김인성 교수를 호명해 마이크 앞에 불렀다.

> "저는 이 사건에 대해선 아무것도 모릅니다. 어느 날 변희재 피고인이 연락해서 도와 달라기에 '그럼 검찰과 국과수의 포렌식 보고서가 맞는지 검증을 해봐야 하니, 이미징 파일부터 좀 보자'고 했습니다. 놀랍게도 이미징 파일이 없다고 했습니다. 변희재 피고인은 3년간 재판을 하면서 검찰과 국과수가 작성한 보고서만 갖고서 재판을 받아 온 것입니다. 검찰은 디지털 포렌식 보고서를 조작합니다. (중략) 검찰이 이미징 파일을 안주겠다고 하면, 재판부께서는 그냥 '가져 오라'고 명령만 하시면 되는데 왜 이런 상황이 벌어지는지…."

재판부는 김인성 교수의 말을 끊고 자리로 돌려보냈다. 고심을 거듭하던 재판부는 타협안을 제시했다. 이 사건을 담당하는 검사들이 자신들은 이미징 파일을 갖고 있지 않다고 하니 이들에게 이미징 파일을 달라고 요구하면 결과는 뻔하다는 것이다. 따라서 종결된 다른 사건에 증거로 첨부된 이미징 파일을 달라고 요구해 받아 오자고 제안했다.

현재 최서원 사건이 종결돼 원청인 서울중앙지검에 사건자료가 보관돼 있다. 이 사건자료에는 국과수 이미징 파일이 포함돼 있다. 재판부는 이 국과수 이미징 파일을 요청해서 받아주겠다고 약속했다.

나는 "검찰이 검찰 이미징 파일도 주지 않고 버티는데, 국과수 이미징 파일이라고 쉽게 주겠느냐, 그것도 내주지 않으면 어떻게 되느냐"고 물었다. 이에 재판장이 "설마…"라고 운을 떼자 방청석에선 원성이 터져 나왔다. 검찰이 법원 결정까지도 무시하는 지경인데 재판부의 판단이 너무 안이한 데 대한 불만이었다.

이동환 변호사도 "법원의 명령도 무시하는 검찰이 국과수 이미징 파일을 과연 쉽게 내주겠냐"고 우려하며 "늦어도 3월초까지는 이미징 파일을 확보해야 민간기관 2곳에 분석을 맡겨 그 결과를 토대로 심규선 증인신문을 준비할 수 있다"고 강조했다.

재판부는 구두 서약을 했다. 재판부는 "우리가 증거번호를 적시해서 달라고 요구하는데 그걸 주지 않는 일은 없을 것으로 생각하지만, 피고인들이 우려하니 만약 어떤 이유로든 검찰에서 제출이 늦어지거나 하면 재판부가 이를 확보할 수 있도록 적극적으로 노력하겠다"고 말했다.

또 "3월초까지 이미징 파일을 확보하지 못하는 경우, 피고인들이 기일변경 신청을 하고 재판부가 증인신문 날짜를 늦추면 된다"고 덧붙였다. 변호인과 피고인들은 이에 동의했다.

뇌관이 된 태블릿

　재판부가 꼭 받아주겠다고 했지만 과연 검찰이 국과수 이미징 파일을 순순히 내줄 것인가. 우리는 반신반의하고 있다. 국과수 이미징 파일을 분석해도 우리는 태블릿의 실사용자가 누구인지, 검찰이 무엇을 조작하였는지 여러 의미 있는 증거들을 찾아낼 수 있을 것으로 본다. 그만큼 검찰의 조작은 광범위했다.

　나는 포기하지 않을 것이다. 뇌관이 된 태블릿은 언제든 터질 수밖에 없다. 이미 검찰이 태블릿을 조작했다는 사실은 밝혀졌고 많은 사람들이 이걸 알고 있다. 정치권과 언론, 국민들이 각자 나름대로의 이유에서 보다 정면으로 이 사실을 응시하려 하지 않을 뿐이다. 그러나 누군가 어떤 필요에 의해서든 태블릿 조작을 거론하는 순간, 침묵의 카르텔로 간신히 잠재우고 있던 폭탄의 뇌관은 터지고야 말 것이다.

　2020년 연말 추미애-윤석열 갈등 사건이 그 가능성을 단적으로 보여 준다. 나는 태블릿 실사용자는 김한수라는 결정적 증거를 잡아낸 이후 검찰의 조작 증거를 알리기 위해 노력했다. 미디어워치 기사와 방송을 통해 알리는 것은 기본이다. 이외에도 태블릿 조작과 관련된 현직 검사와 전현직 검찰 간부, 특검 관계자, JTBC 기자들, 대기업 임원 등을 고소·고발하거나 법무부, 대검찰청, 국가인권위 등에 수많은 감찰 진정서를 넣었다.

　2020년 10월 28일에는 추미애 법무부 장관 앞으로 사실확인요청 질의서를 보냈다. 내가 이미 윤석열 검찰총장 휘하 검찰의 태블릿 증거조작 자료 일체를 법무부에 진정서로 넣은 게 있으니 확인한 뒤 답하라고 요구했다. 그러면서 추미애 장관 앞으로도 검찰의 태블릿 조작 증거 일체를 수집해 첨부했다.

2020년 11월 11일에는 조국 전 법무부 장관이 재직하는 서울대를 찾아가 기자회견을 하고 검찰의 태블릿 조작 증거 자료 일체를 모아 우편으로 전달했다. 입만 열면 검찰개혁을 외치다가 좌절당한 인간에게 무기를 쥐어 준 것이다. 또 윤석열의 검찰에 구속당한 조국의 부인 정경심 교수에게도 이러한 사실을 알려 주고자 했다.

조국에게 보내는 공개편지에서 나는 "대한민국 건국 이래 검찰의 최대 적폐 사건인 태블릿 조작 및 언론인 구속 사건에 대해선 침묵하면서 검찰을 비판하는 당신의 진정성을 인정할 수 없다"면서 "진정으로 검찰개혁을 원한다면 마지막으로 최소한의 진정성을 보여 줄 기회를 놓치지 않기 바란다"고 조언했다.

그래서였을까. 친노세력의 좌장격인 추미애 법무부 장관은 2020년 11월 24일 전격적으로 윤석열 검찰총장에 대한 징계청구 및 직무배제 결정을 내렸다. 그러면서 발표한 징계혐의 5개 중 첫 번째를 태블릿 사건 관계자와의 부적절한 만남을 들었다.

추 장관은 브리핑에서 "2018년 11월경, 서울중앙지검장 재직 중 서울 종로구 소재의 주점에서, 사건 관계자인 JTBC의 실질 사주 홍석현을 만나 공정성을 훼손할 우려가 있는 부적절한 교류를 하여 검사윤리강령을 위반하였다"고 언급했다. 곧바로 법무부는 보도자료를 배포해 "이 사건은 태블릿PC 보도가 가짜 뉴스라고 주장한 변희재 미디어워치 대표에 대해 JTBC가 고소한 사건"이라고 설명했다.

JTBC와 중앙일보는 즉각 반발하며 "홍석현과 윤석열의 만남은 변희재가 기소된 이후라 문제가 없다", "태블릿이 조작됐다는 주장은 두 사람이 만나기 전에 허위로 판명 났다", "2017년 국립과학수사연구원도 태블릿 조작이 없다고 밝혔다"와 같은 완전한 거짓말로 사람들의 눈과 귀, 그리고 입을 막으려 했다. 이러한 JTBC와 중앙일보의 거짓말을 언론사 23곳이 인용 보도했고, 나는 23개 언론사 모두를 언론중재위원회에 조정 신청했다. 현재까지 그중 3개 언론사가 자발적으로 내가 요구한 반론 보도문을 게재했다. 나는 반론을 게재하지 않는 언론사에 대해선 선처없이 즉각 민형사 소송을 제기할 방침이다.

물론 검찰 조직도 조중동의 지원을 등에 업고 강력히 반발하고 나섰다. 2016년 탄핵 이후 조용히 엎드려 있던 김수남 전 검찰총장도 중앙일보 인터뷰를 통해 튀어나와 추미애를 비판했다. 검찰의 전현직 간부와 현직 평검사들까지 하나로 똘똘 뭉쳐 추미애 비판에 가세했다.

이 소동은 법무부 징계위원회가 윤석열 총장에게 정직 2개월을 의결하고 '태블릿 사건 관련 언론사주와의 부적절한 교류' 혐의에 대해선 '불문不問' 결정을 내리면서 일단락됐다. 불문이란 징계 사유는 인정되나 쉽게 말해 "덮고 가자"는 정치적 판단을 내렸다는 의미다. 이번 소동은 정부 여권과 야당 탄핵세력, 조중동 등 언론재벌, 검찰 등 모든 플레이어가 태블릿이 조작됐다는 사실을 감지하고 있다는 점을 드러냈다는 데에 의미가 있다.

나는 서두르지 않는다. 박근혜 대통령이 말했듯 시간이 걸리겠지만 진실은 반드시 밝혀진다고 믿고 있다.

검찰 조작 : 검찰이 2016년에 한 일을 알고 있다

검찰의 증거 조작에 담긴 세상

JTBC의 조작 보도 의혹으로 시작된 태블릿 사건은 이제 검찰의 대대적인 조작 사건으로 드러났다. 평범한 한국인이라면 믿기 힘든 현실이다. 하지만 실제로 일어난 일이다. 검찰총장에서부터 현재 말단 검사에 이르기까지 태블릿 조작에 가담한 검사들의 명단은 수십 명을 넘어 지금도 계속해서 늘어나는 중이다. 5장에서 정리한 통신계약서 위조와 김한수 위증교사를 포함해서 검찰의 태블릿 증거 조작이 의심되는 정황은 다음과 같다.

사라진 카톡 채팅방 415개

검찰이 2016년 10월 25일자로 실시한 검찰 포렌식 보고서 4쪽에는 카톡 채팅방 목록이 445개(정상 312개, 삭제 0개, 알수없음 133개)로 나온다. 그런데 2017년 11월 16일자로 실시한 국과수 포렌식 보고서 5쪽에는 카톡 채팅방 목록이 30개(정상 8개, 삭제 22개, 알수없음 0개)로 나온다. 사라진 415개는 카톡 '채팅(말풍선)'이 아니고 '채팅방'이다.

참고로 검찰 보고서와 국과수 보고서 모두 카톡 내용은 알아볼 수 없는 형태로 제시됐다. 쉽게 할 수 있는 카톡 내용 복구를 일부러 하지 않은 것이다. 문제는 그마저도 카톡 채팅방의 분량이 1년의 시차를 두고 포렌식을 한 검찰과 국과수 간에 크게 차이가 난다는 사실이다. 검찰의 증거 봉투에 보관되어 있었다는 태블릿에서 왜 카톡 채팅방이 415개나 사라졌을까.

보고서의 카톡 채팅방 인쇄 분량을 보면 차이는 더욱 확연하다. 검찰 포렌식 보고서의 경우에는 23쪽(442~465쪽)에 걸쳐 채팅방 내용이 알아볼 수 없는 기호로 복원되어 있는 반면, 국과수 포렌식 보고서의 경우에는 단 3쪽(167~169쪽) 뿐이다.

포렌식 전문가들은 똑같이 '파이널 모바일 포렌식스'라는 프로그램을 사용했는데 이처럼 크게 다른 결과가 나온 것은 있을 수 없는 일이라고 지적했다. 검찰 포렌식을 담당한 송지안 수사관도 "전원을 껐다 켰다 하는 것만으로 카톡의 '정상' 대화방은 변경되지 않는다"고 증언했다.

홍성준 검사는 2020년 8월 20일 의견서를 통해 "정상 채팅방은 검찰과 국과수 모두 8개"라며 "검찰 포렌식 보고서 '요약표'에 312개로 오기가 된 것"이라고 주장했다. 한마디로 채팅방 수를 사람이 잘못 세어 기입했다는 것이다. 이에 대해 포렌식 전문가들은 파일 개수가 수천수만 개에 달하는 포렌식 분석 결과를 사람이 일일이 세어서 요약표를 작성하는건 불가능하다고 일축했다.

장시호 태블릿과 L자 패턴

검찰이 태블릿 실사용자가 최서원이라며 제시하는 여러 단편적인 근거 중 하나는 태블릿의 잠금 패턴이 'L'자라는 것이다. 잠금 패턴으로 최서원을 실사용자로 확정한 검찰의 논리는 이렇다. 최서원이 사용한 것이 확실한 핸드폰과 제2의 태블릿이 있는데 이들 기기의 잠금 패턴이 전부 L자이므로 마찬가지로 L자 패턴인 JTBC 태블릿 역시 최서원의 것이 맞다는 주장이다.

문제는 제2의 태블릿 역시 최서원의 것이 아니라는 것이다. 특검은 두 번째 '최서원 태블릿'을 조작해내려다가 나에게 걸려 꼬리를 내렸다. 특검은 2017년 1월 5일 대대적인 기자회견을 열어 최서원이 사용한 제2의 태블릿이라며 장시호(최서원의 조카)가 제출한 태블릿(삼성 SM-T815)을 공개했다. 최서원이 2015년 7월부터 11월까지 사용한 기기라는 것이다. 그러면서 JTBC가 보도한 태블릿, 최서원에게 압수한 핸드폰, 장시호가 제출한 제2태블릿 모두 잠금 패턴이 'ㄴ'자이므로 결국 3개 모두 최서원이 사용한 기기라고 강조했다. 모든 언론이 이러한 특검의 보도를 받아썼다.

하지만 나와 미디어워치는 최서원이 7월부터 썼다는 제2의 태블릿은 출시일이 2016년 8월 10일이라는 점을 밝혀냈다. 당황한 특검은 이재용 삼성전자 부회장이 박근혜 대통령과 독대하는 자리에서 선물로 출시 전 태블릿을 줬고 이걸 최서원이 썼다고 반박했다. 얼마 안 가 제2의 태블릿 뒷면에 붙어 있는 하얀 스티커는 양산품에만 붙인다는 삼성의 해명이 나오면서 특검의 거짓말이 명백해졌다. 이후 특검은 제2의 태블릿에 대한 언급을 피했다.

정작 당사자인 최서원은 내 태블릿 재판에 제출한 자필 진술서에 이렇게 밝혔다.

"장시호가 특검에 제출했다는 태블릿PC는 전혀 모르며 사용한 적이 없습니다. 특검과 JTBC가 '제 휴대전화'와 'JTBC가 보도한 태블릿PC', 그리고 '장시호가 특검에 제출한 태블릿PC'의 잠금 패턴이 모두 'ㄴ자'라고 하였다는 사실을 전해 들었습니다. 그러나 저는 휴대전화에 잠금 패턴을 설정한 적도 없으며, 잠금 패턴을 설정할 줄도 모릅니다. 다른 태블릿PC들은 제 것이 아니고, 저는 알지도 못하고 왜 제2의 태블릿PC가 제출되었는지 궁금할 뿐입니다. 저는 전혀 사용한 적이 없는 기기들입니다."

무엇보다 나는 태블릿 재판 1심과 2심에서 계속 특검에 대한 사실조회를 신청해 제2의 태블릿의 잠금 패턴이 'ㄴ'자라는 그 어떤 포렌식 보고서든 수사 자료든 근거를 내놓으라고 요구했다. 하지만 특검은 어떠한 근거도 내놓지 못하고 있다.

한편, 나는 검찰 주장대로 태블릿에 잠금 패턴이 설정돼 있었다면 태블릿을 입수한 JTBC는 어떻게 잠금을 풀었느냐고 의혹을 제기했다. 그러자 JTBC는 김필준 기자가 자신의 핸드폰 잠금 패턴이 'ㄴ'자여서 우연히 해제했다고 주장하고 있다. 수학적으로 김필준이 우연히 잠금 패턴을 해제할 수 있는 확률은 14만분의 1이다. 가능한 일인가.

'선생님' 설정 시점

JTBC는 카톡에 설정된 '선생님'이라는 닉네임이 바로 최서원을 의미한다면서 카톡 채팅 장면을 보도해 엄청난 선동 효과를 거뒀다. 태블릿의 사용자가 최서원이라는 가장 직관적인 조작 보도였다.

태블릿 사용자가 자신의 카톡 닉네임을 '선생님'으로 설정했는데 최서원이 과거 유치원 원장 경력이 있고 선생님이란 호칭으로 자주 불렸으므로 카톡의 '선생님'은 곧 최서원 스스로 설정한 것이며, 따라서 태블릿은 최서원의 것이라는 JTBC의 논리는 그럴듯했다.

하지만 나를 도와 준 포렌식 전문가들이 국과수 포렌식 자료 중 '파일 시스템정보' 파일을 분석한 결과, 태블릿의 카톡 닉네임이 '선생님'으로 변경된 시각은 2016년 10월 22일 오후 8시 22분 30초였다. 태블릿에 저장된 'com.android.contacts_preferences.xml'이름의 파일에는 사용자 연락처에 대한 환경 설정이 저장된다. 이 파일의 백업 파일들을 따라가 보면 '선생님'이라는 닉네임은 보이지 않다가 위에서 언급한 시간에 처음 등장한다.

JTBC가 태블릿을 입수했다는 날짜는 2016년 10월 18일, 검찰에 제출했다는 날짜는 24일이다. '최서원PC'라고 부르면서 태블릿 특집 보도를 처음 한 날도 24일이다. JTBC가 태블릿을 입수하고 나서 방송하기 이전에 '선생님'이라는 카톡 닉네임이 새롭게 태블릿에 만들어졌다는 정황이다.

2016년 10월 31일에 일어난 일

검찰은 2016년 10월 25일 오후 5시 14분 18초부터 오후 6시 29분 34초까지 포렌식을 했다. 송지안 수사관은 당시 포렌식을 마친 후 태블릿을 '정전기 방지 봉투'에 담아 봉인했다고 증언했다.

하지만 봉인된 봉투 속에서 잠자고 있어야 할 태블릿은 포렌식 일주일 뒤인 2016년 10월 31일 갑자기 구동돼 파일 5696건이 생성, 수정, 삭제됐다. 이는 2017년 국과수 포렌식 결과 밝혀진 기록이다. 이때 수정·삭제된 파일은 연락처와 통화기록, 문자 메시지, 메일, 맥 정보, 위치 시간 값 등 매우 광범위했다. 특히 31일 오후 2시 47분에는 누군가

루트 권한까지 획득한 기록이 나온다. 루트 권한을 획득하면 거의 모든 파일에 접근하여 수정할 수 있고, 그에 따른 로그 기록을 남기지 않을 수도 있다.

31일의 기록에 대해 홍성준 검사는 "태블릿의 전원을 켜면 자동으로 수정·삭제되는 파일"이라고 무조건 우기고 있다. 검찰의 황당한 수준의 궤변은 여기서 한 발 더 나아간다. 애초에 증거 봉투 속 태블릿의 전원이 어떻게 켜졌느냐는 문제다.

이에 대해 홍성준 검사와 송지안 수사관은 "증거 봉투 속에서도 물리적인 충격으로 켜질 수 있다"고 증언했다. 심지어 물리적 충격에 의해 증거 봉투 속 디지털 기기가 스스로 켜지는 경우가 "종종 있다"고도 했다. 이제 검찰은 불리하면 무슨 말이든 나오는 대로 우기는 지경이다.

검찰 가담자들

사실 태블릿 조작에 직간접으로 연루된 검사들은 차고 넘친다. 추미애 법무부 장관이 윤석열 검찰총장을 직무배제하면서 태블릿이 거론되자 전직 총장을 비롯하여 일단의 검사들이 일제히 반발하고 나서는 현상은 검찰 조직에 있어 태블릿 조작 사건이 어떤 의미를 갖는지 다시금 생각하지 않을 수 없게 만든다.

결론적으로 태블릿 조작은 김수남 당시 검찰총장의 명령으로 구성한 이영렬 서울중앙지검장 휘하 특별수사본부 검사들로부터 시작됐다. 2016년 10월 24일 JTBC 특집보도 이후 현재까지 태블릿 조작 사건에 직간접 연루된 검사와 기타 법조인들을 간략히 소개한다. 시간 순이다.

2016년 10월 24일, JTBC는 '최순실 태블릿PC' 특집 방송을 내보낸다. 비선실세 최서원이 사용한 PC를 입수했으며 여기에는 수백 건의 국정 기밀 자료가 들어 있다는 초대형 특종이었다. 다만, 이날 JTBC는 '태블릿PC'라고 밝히지 않고 'PC'라는 모호한 단어를 썼다.

2016년 10월 27일, 김수남 검찰총장은 이영렬 서울중앙지검장을 본부장으로 '최순실 특별수사본부(이하 특수본)'를 구성했다. 특수본은 서울중앙지검 형사8부에 특수1부를 추가하여 12명가량으로 꾸렸다. 검찰은 24일부터 박헌영 전 K스포츠재단 과장, 노승일 K스포츠재단 부장을 잇달아 소환해 조사했다. 두 사람은 탄핵 정국 내내 최서원에게 불리한 진술·증언을 했다.

2016년 10월 27일, 특수본 최재순 검사는 노승일에게 해외에 있는 최서원에게 전화를 걸도록 했다. 노승일은 통화를 녹취했다. JTBC는 이 통화 녹취록을 날조하여 여론 선동에 활용했다. JTBC는 "태블릿은 말이 안 된다"며 결백을 주장한 최서원의 발언을 왜곡·날조하여 "최순실이 태블릿을 조작품으로 몰아가라고 지시했다"며 여론을 선동했다.

2016년 10월 28일, 서울중앙지검 김태겸 검사는 태블릿 압수조서를 작성했다. 압수조서에는 "2016년 10월 24일 오후 7시 30분경 서울중앙지검 702호실에서 검사 김태겸은 검찰주사보 최재욱을 참여하게 하여 아래 경위와 같이 물건을 압수하다"라고 적혀 있다. 하지만 제출자인 JTBC 조택수 기자는 태블릿 재판 1심에서 "서울중앙지검 노승권 1

차장 검사에게 전화하여 제출할 것이 있다고 말하고 후배 김필준 기자와 같이 서울중앙지검에 갔고 노승권 차장이 직원을 내려보내겠다고 하여 서울중앙지검 청사 2층의 대강당과 엘리베이터 사이에서 직원으로 보이는 신원 미상의 남자에게 태블릿을 건네주었다"고 증언했다. 김태겸의 압수조서와 조택수의 증언이 상충한다. 수사기관이 압수조서를 제출 당일에 작성하지 않고 4일이나 지난 뒤에 작성한 것도 그 유례를 찾아보기 힘든 일이다.

2016년 10월 29일, 특수본 김용제 검사는 김한수 전 청와대 행정관을 참고인으로 불렀다. 이날 김용제 검사는 검찰에서 확인해 보니 "태블릿 요금은 ㈜마레이컴퍼니에서 계속 부담한 것으로 보인다"고 질문했고, 김한수는 "전혀 몰랐다"고 답했다. 최서원 태블릿으로 바꿔치기 위한 밑그림, '김한수 알리바이'의 등장이다. 이 알리바이는 거짓이다.

2016년 10월 31일, 최서원이 자진 귀국해 검찰에 출석했다. 이날부터 11월 18일까지 고형곤·한웅재·신자용·김민형·최영아 검사가 번갈아 가며 12회 최서원을 조사한다. 이들은 거의 매일 최 씨를 소환해 오전부터 심야까지 조사하였으며, 변호인을 따돌리기 위해 면담 형식으로 위장조사를 하거나 현장에서 변호사의 조언을 가로막는 등 초법적인 행태를 보였다.

고형곤 검사는 태블릿의 실물을 보여 달라는 최서원과 이경재 변호사에게 "태블릿은 포렌식 중이어서 보여 주기 어렵다"는 거짓말을 했다. 태블릿은 이미 10월 25일 포렌식을 마친 뒤였다. 고형곤 검사는 이후 법정에서도 실물을 보여 달라는 변호인의 요구를 완강히 거부했다.

신자용 검사는 최서원에게 "다 불지 않으면 삼족을 멸하고, 당신은 물론 딸 정유라와 당신 손자도 영원히 감옥에서 썩게 될 것"이라고 협박했다. 한웅재·최영아 검사는 "조사할 필요도 없다. 죄를 인정하고 반성하라. 증거가 충분하다"며 강압적 언사로 최 씨를 신문했다.

2016년 11월 30일, 박영수 특검이 임명됐다. 윤석열 대전고검 검사가 특검 수사 팀장으로 발탁됐다. 김수남의 검찰 특수본에서 공을 세운 한동훈·신자용·고형곤·문지석·최재순 등이 수사팀에 승선했다. 모두 122명 매머드급 규모로 구성됐다.

2016년 12월 7일, 고영태 전 K스포츠재단 이사가 국회 청문회에 출석했다. 고영태는 "JTBC 태블릿은 내 것이 아니다", "최서원은 태블릿을 쓸 줄 모른다"고 증언했다. 함께 출석한 최서원의 외조카 장시호, 차은택 전 창조경제추진단장, 박헌영 전 K스포츠재단 과장도 "최서원이 태블릿을 쓰는 걸 본 적 없다"고 증언했다. 여론이 술렁였다.

2016년 12월 8일, JTBC는 긴급 해명방송을 했다. 주로 고영태를 거짓말쟁이로 모는 내용이었다. "고영태가 JTBC 기자를 만난 적도 없다고 한다"며 고영태가 하지도 않은 말을 멋대로 지어낸 뒤 거짓말쟁이로 몰아가는 방식이었다. 청문회에서 고영태에게 태블릿에 관해 꼬치꼬치 캐 물었던 이완영 새누리당 의원은 누명을 쓰고 국조특위에서 퇴출당했다.

2016년 12월 11일, 특수본의 노승권 서울중앙지검 1차장 검사가 등장하여 기자회견을 열고 "태블릿은 최서원의 것이 맞다", "태블릿에서는 정호성이 보낸 문자 메시지도 나왔다", "독일에서 최 씨가 자기 회사 직원에게 태블릿PC로 '잘 도착했어'라는 문자를 보냈다"고 브리핑했다. 모두 거짓. 태블릿에는 정호성의 문자가 없다. 독일에서 보냈다는 문자(카톡) 수신자는 최서원의 직원이 아니라 당시까지 최서원과 일면식도 없는 김한수였다. 그러나 브리핑의 주인공은 무려 서울중앙지검 제1차장 검사였다. 이 브리핑으로 태블릿 의혹을 제기하던 언론은 자취를 감췄다. 이후 태블릿 조작설은 가짜 뉴스로 취급당했다.

2016년 12월 21일, 이창재 법무부 차관(장관 직무대행)은 국회 대정부질의에서 하태경 의원으로부터 태블릿에 관한 질문을 받고 "서울중앙지검 특수본이 각종 자료를 분석한 결과 최순실이 태블릿PC를 사용한 것으로 판단했다. 수사팀은 최순실이 머무른 장소에서 태블릿PC가 사용되었던 흔적이 일치하고, 최순실의 사적인 가족사진이 태블릿PC에 있는 점을 봐서 본인 것으로 판단했다"고 말했다. 3년이 지난 현재 최서원 독일 동선은 최서원이 아닌 김한수의 사용 증거로 밝혀졌다. 가족사진도 그날 중식당에 누가 태블릿을 들고 왔는지 밝혀야 할 부분일 뿐 최서원의 태블릿이라는 증거는 될 수 없다. 참고로 최서원의 조카 이병헌은 김한수와 절친한 고교동창이며, 당시 중식당은 김한수의 사무실 바로 옆 건물 1층에 있었다. 법무부 차관이 당시에도 여러 의혹이 있었음에도 국회에서 매우 단정적으로 '태블릿은 최서원의 것'으로 확정해버린 장면이었다. 이 차관은 서울북부지검 검사장 출신이다.

2016년 12월 23일, 이창재 차관은 법무장관 명의로 헌법재판소에 '탄핵심판청구사건에 대한 의견서'를 제출했다. 당시 언론들은 혹여 법무부가 탄핵 반대 입장을 표명할까 잔뜩 긴장했다. 기우였다. 법무부는 "(정치적으로) 중립적 입장에서 의견을 개진한다"고 전제한 뒤, 결론적으로 "이 사건 탄핵소추는 국회의 발의 및 의결요건을 충족하고, 헌법재판소에 적법한 소추의결서 정본이 제출됨으로써 탄핵 심판의 형식적 적법요건은 일단 갖추었다고 볼 것입니다"라고 밝혔다. 박근혜 정부의 법무부가 탄핵에 정당성을 부여한 것이다.

2017년 1월 4일, 특검 김종우 검사가 김한수를 다시 불러 '태블릿 요금 법인 자동이체 알리바이'를 보완했다. 김종우 검사는 "검찰에서 확인했다"면서 태블릿 요금은 2012년 개통 후 2013년 1월까지는 마레이컴퍼니에서 내고, 2월부터 현재까지는 김한수가 낸 것으로 조서를 정리했다. 김종우 검사는 증거를 첨부하면서 김한수의 2012년 요금 납부 내역을 제출하지 않고 은폐했다.

2017년 1월 11일, 이규철 특검 대변인이 최서원이 사용한 또 다른 태블릿이라며 '장시호 제출 태블릿'을 들고 나왔다. 이규철은 "최 씨가 사용한 이 태블릿PC의 잠금 패턴은 L자이며 최 씨의 휴대전화, JTBC 보도 태블릿도 전부 L자 패턴이므로 JTBC가 보도한 태블릿은 최순실 것이 맞다"고 발표했다. 역시 거짓말. JTBC 태블릿의 잠금 패턴 설정 시점은 JTBC가 입수한 이후다. 장시호 태블릿의 출시 일자는 최서원이 사용했다는 날짜보다 한 달이나 늦었다. 그러나 대다수 언론과 국민은 무려 '특검'의 공식 발표이기에 모두 사실로 받아들였다.

2017년 7월 6일, 민영현 서울중앙지검 검사는 "더블루K 사무실에서 건물 경비원의 허락을 받고 태블릿PC를 들고 나왔다"는 JTBC 보도를 근거로, JTBC 심수미 또는 성명불상 기자를 특수절도죄로 고발한 사건에 대해 불기소처분을 내렸다. 도태우 변호사는 즉각 항고했다. 경비원은 태블릿의 주인도 '처분권자(소유자 또는 점유자)'도 아니다. 서울고검은 2018년 3월 19일 재기수사명령을 내렸으나, 이후 현재까지 아무 진전이 없는 상황이다.

2017년 9월 29일, 최서원 재판에서는 김한수를 불러 증인신문을 했다. 이날 강상묵·김종우 검사는 "2012년 태블릿 요금은 마레이컴퍼니 법인에서 냈다", "이춘상 보좌관에게 준 이후 태블릿에 관심 두지 않았다", "최순실이 가방에 흰색 태블릿을 넣는 것을 봤다", "최순실이 전화해 태블릿은 네가 만들어 주었다면서라고 말했다" 등 김한수의 위증을 교사했다.

이로써 "김한수는 태블릿을 개통한 이후 사망한 이춘상 보좌관에게 전달했고, 이후 어디에 있는지 요금을 누가 내는지 전혀 몰랐다. 그런데 알고 보니 최순실이 쓰고 있었다"는 강력한 알리바이가 완성됐다. 이 알리바이는 3년 만에 거짓으로 밝혀졌다. 김한수 조사에 연루된 강상묵·김종우·김용제 검사는 모해 위증교사, 증거인멸, 허위공문서 작성 및 동행사죄 등으로 경찰에 고발당했다.

2017년 9월경, 검찰의 2016년 10월 25일자 태블릿 포렌식 보고서가 공개됐다. 최서원 재판을 통해 유출된 것이다. 미디어워치와 월간조선이 심층 분석 기사를 썼다. 30~40대 남성 가장, 대선 캠프 직원, 청와대 행정관의 사용 흔적이 역력했다.

2017년 10월 8일, 박근혜 대통령 대선 캠프 SNS 본부에서 간사로 일한 신혜원 씨가 "JTBC가 보도한 태블릿은 대선 캠프에서 사용한 것"이라며 기자회견을 열었다. 이러한 분위기 속에 최서원 재판부에서 국과수에 태블릿 재감정을 맡겼다.

2017년 10월 23일, 윤석열 서울중앙지검장이 국정감사에 출석해 태블릿의 증거 능력과 관련해 "정호성 씨 재판에서는 본인이 증거 동의를 했고요. 그리고 그 태블릿이 최순실 씨가 쓰던 태블릿이 맞다고 본인이 인정하면서 증거 동의를 그분이 하셨고, 적법하게 증거가 채택됐다"고 위증을 했다. 정호성 전 비서관은 최순실에게 대통령의 연설문을 일부 보낸 적이 있다고 인정했을 뿐, 검찰 조사나 증인신문에서 자신은 태블릿을 본 적도 없고, 최순실이 태블릿을 쓰는 걸 본 적도 없다고 일관되게 밝혀왔다.

2017년 12월 30일, 윤석열 사단의 홍성준 서울중앙지검 검사가 드디어 태블릿 사건 수사에 착수했다. 나와 JTBC 쌍방이 고소장을 제출한 지 10개월여 만이다. 홍 검사는 태블릿과 관련 입수 경위와 실사용자를 수사해 달라는 요구를 묵살했다. 나와 미디어워치는 『손석희의 저주』 출간과 JTBC 집회 등으로 태블릿 진실투쟁을 계속했다.

2018년 5월 23일, 태블릿 포렌식을 진행한 나기현 국과수 연구관이 최서원 재판에 증인으로 출석했다. 나 연구관은 "국과수는 태블릿이 최순실 것이라 확정한 적이 없다"고 증언했다. 이 증언을 모든 언론이 여과 없이 보도했다.

2018년 5월 24일, 나기현의 증언 다음 날, 홍성준 검사는 나에 대한 사전 구속영장을 청구했다.

2018년 5월 30일, 우리법연구회 출신 이언학 서울중앙지법 영장전담 판사는 내게 구속영장을 발부했다. 증거인멸과 도주의 우려가 있다는 이유에서였다.

2018년 6월 18일, 홍성준 검사는 나와 미디어워치 편집국 기자들을 전원 기소했다.

2018년 12월 5일, 홍성준 검사는 내게 징역형 5년을 포함해 피고인 4명에게 도합 11년을 구형했다. 이날 '피해자 변호사' 자격의 서울고검 부장검사 출신 오자성 변호사(법무법인 지평)는 판사로부터 발언권을 부여받고 피고인들에게 엄벌을 내려달라는 취지의 일장 연설을 했다. 심지어 오자성 변호사는 2019년 4월 9일 항소심 첫 공판에서 후배 홍성준 검사와 함께 검사석에 앉아 공판을 지켜봤다. 항소심에 처음 합류한 우리 측 정장현 변호사는 이 장면을 목격하고 재판부에 강력하게 항의해 만연했던 피해자 변호사의 월권을 바로잡았다.

2018년 12월 10일, 우리법연구회 출신 서울중앙지법 형사단독13부 박주영 부장판사는 내게 2년, 황의원 대표 1년, 이우희 기자에게 6개월(집유) 징역형을 선고했다. 막내기자엔 벌금형까지 전원 유죄를 선고했다. 우리는 무죄 취지로 즉각 항소했다.

2019년 2월, 우리법연구회 출신 정재헌 부장판사가 포함된 서울중앙지법 형사항소4-2부에 태블릿 재판 항소심이 배정됐다. 영장실질심사부터 3회 연속 우리법연구회 출신 판사에게 태블릿 사건이 배당된 것이다. 정 부장판사는 내가 태블릿 계약서 위조 정황을 확인하고 이와 관련해 여러 건의 사실조회를 SKT에 신청한 시점에 돌연 법복을 벗고 SKT 법무부사장으로 자리를 옮겼다.

2019년 6월 4일, 황교안 전 국무총리가 중앙일보와 단독 인터뷰를 갖고 "저는 당연히 태블릿PC 1심 판결을 존중한다. 국민께 송구하다"고 말했다. 이는 앞서 야당 대표 선거 과정에서 "최순실의 태블릿PC가 조작 가능성이 있다"고 발언했던 데 대한 JTBC·중앙일보의 집요한 공격에 굴복해 사주 홍석현 앞에 머리를 조아리고 '도게자土下座,どげざ'를 한 격이었다. 황 전 국무총리는 부산고검 검사장 출신이다.

2020년 3월, SKT와 하나카드의 사실조회 회신을 통해 김한수가 직접 태블릿 요금을 납부한 내역이 나왔다. 김한수는 밀린 요금을 개인 신용카드로 납부한 뒤, 이용 정지가 해제되자마자 직접 태블릿을 사용했다. 검찰의 손에서 태블릿 속 카톡 채팅방 415개가 삭제된 기록도 재확인됐다.

2020년 6월 18일, 검찰 포렌식을 담당했던 송지안 당시 서울중앙지검 첨단범죄수사 제2부 디지털 포렌식 센터DFC 수사관이 증인으로 출석해 대검찰청 디지털 포렌식 예규를 모조리 위반했다고 자백했다. 송지안은 "이름도 얼굴도 성별도 기억이 나지 않는 검사님이 보안상 필요하다고 하여 대검예규를 모두 지키지 않고 오프라인으로 포렌식을 하고 근거도 '디지털수사통합업무관리시스템'에 남기지 않았다"는 취지로 증언했다.

2020년 8월 14일, 나하나 서울중앙지검 검사는 태블릿 관련 김한수 위증 교사·증거인멸·허위공문서작성 및 동행사죄 등 혐의로 고발당한 검사 3명(강상묵, 김종우, 김용제)을 피고발인의 소환 조사도 없이 무혐의 처분했다.

2020년 8월 26일, 항소심 재판부는 "신청인에게 태블릿 이미징 파일 열람·복사를 허가하라"고 검찰에 명령했다. 그러자 홍성준 직관검사와 장욱환 공판검사는 이미징 파일 5개 중 4개를 분실했다고 의견서를 제출한 뒤 현재까지 법원 명령에 응하지 않고 있다.

2020년 11월 5일, 우리 측 변호인단은 법원에 서울중앙지검 포렌식 팀에 대한 직권 압수수색을 요청했고, 법원은 검토하겠다고 답변했다.

2021년 1월 14일, 재판부는 우선적으로 국과수 이미징 파일을 확보해 주겠다고 나와 미디어워치 기자들에게 약속했다.

JTBC의
조작 보도
퍼레이드

JTBC는 태블릿에 관한 20여 건의 허위·왜곡·조작 보도를 했다. 이는 내용상의 분류일 뿐 특정 거짓말을 여러 해에 걸쳐 수십 회 반복하고 있는 것까지 계산하면, JTBC의 태블릿 관련 허위·왜곡 조작 보도 횟수는 수백 회에 이를 것이다. 여기에 탄핵 당시 JTBC의 말이라면 팥으로 메주를 쑨다고 해도 덮어놓고 믿었던 수십 개의 언론사가 매일같이 JTBC를 인용하며 쏟아낸 태블릿 가짜 뉴스는 그 수를 헤아릴 수 없을 정도였다. 그 중에서 국민들에게 가장 선동 효과가 컸으면서도 이제는 대부분 거짓으로 드러난 보도는 다음과 같다.

카톡 대화방

JTBC 뉴스룸은 2016년 10월 26일, 〈최순실 셀카 공개… '판도라의 상자' 태블릿PC에 주목한 이유〉에서 최 씨가 태블릿으로 보냈다는 카톡 대화 내용을 그래픽으로 재현한 화면을 내보냈다. 최서원을 뜻하는 닉네임 '선생님'이 김한수를 뜻하는 '한팀장'에게 "하이"라는 메시지를 보내는 모습이었다.

이 보도는 상당 부분이 거짓이다. "하이"라는 대화를 제외하고 거의 모든 것이 허구다. 최서원과 김한수는 서로 카톡으로 대화한 적도 없고 그럴만한 사이도 아니라는 게 공통된 증언이다. 2012년 12월 이춘상 보좌관이 갑작스럽게 사망한 이후에 최서원과 처음 통화했다는 게 김한수 주장이다. 물론 최서원은 김한수와 그런 통화조차도 전혀 한 적이 없다고 일관되게 진술하고 있다.

'선생님'이 "하이"라는 메시지를 보낸 날짜는 2012년 8월 3일 오후 5

시다. 이때는 두 사람이 서로 누군지 모르던 때다. 또 포렌식 분석 결과 카톡 닉네임 '선생님'이 설정된 시점은 2016년 10월 22일로 나온다. 애초 태블릿에 카톡 닉네임 '선생

JTBC의 태블릿 카톡 대화방 보도 장면

님'이 있었는지부터 검증이 필요하다. 심지어 "하이"라는 메시지를 받은 사람이 김한수라는 것도 JTBC의 왜곡 보도다. 2012년 8월 3일 카톡 닉네임 '선생님'으로부터 "하이"라는 메시지를 받은 카톡 사용자는 'yimcamp'였다. 이는 한나라당 경선 임태희 후보 선거 캠프의 홍보용 카톡 계정이었다. 쉽게 말해서 JTBC가 그래픽까지 동원해 떠들썩하게 보도한 카톡 메시지 "하이"는 임태희 선거 캠프에 보낸 메시지였던 것이다.

왜 그랬을까. 카톡 수신자가 임태희 캠프의 SNS 홍보팀이라면 당시 "하이"를 발신한 태블릿의 실사용자는 결국 김한수일 가능성이 매우 높다. 이 무렵 김한수는 임태희 후보와 경쟁하던 박 대통령 선거 캠프의 SNS 홍보담당자였다. 두 캠프는 서로 맞은편 건물에 있어 SNS 홍보담당 실무자들끼리 서로 교류했을 가능성이 있다. 결국 카톡 "하이"는 당시 태블릿 실사용자가 최서원이 아니라 김한수일 가능성을 높여 주는 또 하나의 결정적 증거인 셈이다. 카톡 "하이"를 마치 김한수가 받은 것처럼 카톡 사용자 'yimcamp'의 닉네임을 누가, 언제 '한팀장'으로 조작한 것인지는 추후 밝혀야 할 과제다.

연설문 수정

"하지만 고 씨는 최 씨의 어떤 뭐 말투라든지, 행동이나 습관 같은 것들을 좀 묘사를 하면서 평소 이 태블릿PC를 늘 들고 다니고, **그걸 통해서** 그 연설문이 담긴 파일을 수정했다, 이렇게 이야기를 했습니다."

이것은 2016년 10월 19일 심수미 기자가 보도한 내용이다. 최서원이 태블릿을 통해서 연설문을 수정했다고 분명하게 설명했다. 나를 포함한 전 국민이 그렇게 이해했다.

하지만 국과수에서 태블릿을 포렌식한 결과 태블릿에는 문서 수정 기능이 없었다. 문서를 수정하는 애플리케이션도 그런 서비스를 제공하는 인터넷 사이트에도 접속한 기록이 없다. 나는 JTBC가 거짓 보도를 했다고 지적했다. 그러자 JTBC는 "'JTBC는 최순실이 태블릿PC로 문건을 수정했다'고 보도한 사실이 없습니다"며 나를 고소했다. 자신들은 최서원이 태블릿을 들고 다녔다고만 했지 그걸로 문서를 수정했다고는 하지 않았다는 것이다.

검찰은 이러한 JTBC의 황당한 주장을 그대로 인용해 사실관계를 정확히 지적한 나를 사전 구속하고 징역 5년을 구형하기까지 했다. 내가 "최서원이 태블릿으로 대통령 연설문을 수정했다고 한 JTBC 보도는 거짓이다. 국과수 포렌식 결과 태블릿에는 문서 수정 기능이 없다"고 주장했다는 이유에서였다.

태블릿 사용 목격자

JTBC 뉴스룸은 2016년 12월 7일, 〈최순실, 태블릿PC 못 쓴다?… '그걸로 사진 찍고 통화도'〉라는 보도를 내보냈다. JTBC의 안태훈 기자가 최서원의 지인이라는 익명 취재원을 인용해 "(최 씨가 태블릿을) 맨날 들고 다니다시피 하면서 딸 정유라 씨가 시합할 때 사진을 찍었다", "심지어 '사진이나 동영상 찍는 거면 다른 제조사 제품(아이패드)을 써보라'고 추천했더니 '그건 전화를 쓸 수 없어 별로다'라는 말도 했다"라고 말했다며 보도했다.

이 태블릿에는 애초에 음성·영상 통화 기능 자체가 없다. 국과수 포렌식 결과 태블릿에는 통화 애플리케이션을 사용한 흔적도 없다. 따라서 최 씨에게 다른 제조사 제품을 추천했더니 최 씨가 "그건 전화를 쓸 수 없어 별로다"라고 말했다는 스토리 자체가 완전히 허구다.

또한 국과수 포렌식 결과 태블릿에는 JTBC의 익명 취재원이 언급한 최서원의 딸 정유라나 승마장의 사진은 단 한 장도 존재하지 않는다. JTBC는 사실을 보도하는 언론사가 아니라 필요하면 가상의 취재원을 만들어 마음대로 소설을 쓰는 가짜 언론사인가.

JTBC는 최서원이 태블릿으로 전화 통화를 했다고 보도했다.

국과수 감정 결과

손석희는 2017년 11월 27일 뉴스룸 보도 〈국과수 "최순실 태블릿PC 수정 조작 흔적 없다"〉의 앵커멘트를 통해 "국과수는 '태블릿PC에 대한 조작과 수정은 없었다'는 결론을 법원에 통보했습니다. 최순실 씨가 실제 사용자라고 못 박았던 검찰의 결론을 국과수가 최종적으로 확인해 준 것입니다"라고 말했다.

하지만 국과수 보고서엔 손석희가 주장하는 것과 같은 내용은 없다. 국과수 보고서를 작성한 나기현 연구관은 2018년 5월 23일 법정에 증인으로 나왔다. 이때 최서원 측 최광휴 변호사는 "JTBC는 '국과수도 최순실의 태블릿이라고 확정했다'고 대대적으로 보도하고 있는데, 국과수는 보고서에서 '최순실의 태블릿'이라고 확정한 사실이 있습니까?"라고 물었다. 나 연구관이 머뭇거리다가 "없습니다"라고 대답했다.

나 연구관이 국과수는 태블릿이 최서원의 것이라고 확정한 적이 없다고 증언한 이튿날 검찰은 나에 대한 사전 구속영장을 청구했다. 서둘러 내 입을 막기 위해 구속한 것이다.

태블릿 위치 정보 확인

JTBC 뉴스룸은 2017년 1월 11일, 〈태블릿 실체 없다? 팩트 체크로 짚어 본 '7가지 거짓 주장'〉에서 검찰과 특검이 통신사 위치 정보를 확인해 최서원의 태블릿이라고 확정했다고 보도했다.

심수미 기자는 "최순실 씨의 태블릿PC는 전원이 켜 있는 동안은 계속 자동적으로 LTE망에 접속됩니다"라며 "만일 JTBC가 누군가에게서 받았다거나 검찰과 짰다고 한다면 **이 위치 정보를 확인해서 최 씨의 것이라고 확인한 검찰과 특검**은 물론 건물 관리인, 통신사 모두 거짓말을 해야 맞는 겁니다"라고 보도했다.

2018년 10월 1일 심수미 기자는 태블릿 재판에 증인으로 출석해 이 보도의 근거에 대해 "특수본이 언론 브리핑에서 했던 것 같은데 정확하게 기억이 나지는 않는다"고 발뺌했다. 하지만 검찰이 LTE 위치 정보를 확인했다는 언론 보도는 심수미의 기사뿐이다.

나는 태블릿 재판에서 사실조회를 통해 검찰과 특검에 태블릿의 LTE망 위치 정보를 확인한 사실이 있는지, 있다면 근거를 제출하라고 요구했지만 아직까지 아무런 회신도 하지 않았다. 홍성준 검사는 2018년 10월 25일 검사 의견서를 통해 "통신사와 검찰 모두 갖고 있지 않은 자료"라며 LTE 위치 정보는 처음부터 존재하지 않았다고 시인했다. 이거야말로 검찰까지 인정한 JTBC의 명백한 허위 보도인 셈이다.

최서원 셀카 사진 두 장

아직도 태블릿에 저장된 최서원의 셀카 사진이 두 장이라고 알고 있는 사람들이 많다. 그 원인은 간단하다. JTBC가 그런 의도를 갖고 보도했기 때문이다.

국과수 포렌식 결과 태블릿에는 최서원의 사진이 두 장 들어 있다. 원본을 확인해 보면 이 중에 셀카라고 볼 수 있는 사진은 한 장 뿐이다. 다른 한 장은 셀카가 아니다. 태블릿의 후면 카메라로 촬영한데다 최서

최서원 사진 원본과 JTBC가 보도한 사진

원의 두 팔이 모두 찍혀 있다.

그러나 JTBC의 보도는 사실과 다른 부분이 많다. 우선 JTBC는 최서원의 두 팔이 모두 나온 사진에서 얼굴 부분만 남기고 외곽을 잘라내 편집을 했다. 그러면서 때로는 두 장의 사진을 나란히 보여 주면서 구분 짓지 않고 "최순실의 셀카"라고 설명하기도 했다. 고의로 둘 다 셀카인 것처럼 보도한 사례들이다.

태블릿에 총 17장의 사진이 있었으며 이중 여자아이의 셀카 사진이 7장이나 있다는 점을 JTBC가 숨겼다는 것도 문제다. 셀카 주인이 태블릿의 주인이라는 JTBC의 논리를 적용하면 이 태블릿의 주인은 여자아이나 그 부모여야 타당하다. 여자아이는 최서원의 외조카 장승호의 딸이다. 당시 장승호의 귀국을 기념해서, 이모 최서원과 조카들은 함께 저녁식사를 했다. 식사 장소는 김한수의 사무실 바로 옆 건물 1층이었다. 김한수와 최서원의 외조카 이병헌은 절친한 고교동창이다. 또 김한수는 당시 식당에 있던 장승호, 장시호와도 친분이 있다. 따라서 김한수가 식사 장소에 왔을 가능성이 있다. 최서원은 이날의 기억을 더듬어 이병헌의 친구가 잠시 들렀는데 나중에 생각해보니 김한수였던 것으로 추정한다고 진술한 바 있다. 태블릿은 이병헌이나 김한수가 가져왔을 가능성이 높다. 그로 인해 김한수의 태블릿에 하필 최서원의 가족사진이 저장됐을 것이다.

태블릿으로 직접 촬영한 총 17장의 사진(갤러리에 저장된 사진) 중 16장은 초점이 맞지 않고 모두 흔들렸다는 사실도 JTBC는 보여 주지 않았다. 특히 5장은 아예 깜깜하거나 심하게 흔들려서 도대체 무엇이 찍혔는지도 분간하기 어려울 정도다. 당연히 어른이 찍었다고 보기 어려운 사진들이다. 연속성을

태블릿 갤러리에 있는 사진 전체. JTBC는 이 화면을 보도하지 않았다. 검찰은 JTBC가 촬영한 태블릿 입수 당시 증거라며 이 영상을 초저화질로 편집해 제출했다.

감안해도 태블릿으로 셀카를 7장이나 찍은 여자아이가 나머지 사진도 다 찍은 것으로 봐야 자연스럽다.

이상하게도 태블릿에는 딱 1장 초점이 깨끗한 사진이 있는데 바로 JTBC가 대대적으로 보도한 장승호의 사진이다. JTBC는 이 사진으로 최서원의 가계도까지 그려가며 비선실세 의혹에 불을 지폈다. 국과수는 이 장승호 사진은 메타데이터가 수정되어 원본이 아니라고 밝혔다. 인위적으로 삽입된 사진일 가능성이 높은 것이다.

고영태 청문회 증언

JTBC는 태블릿과 관련해선 조작을 넘어 아예 없는 사실을 지어내는 날조 보도도 서슴지 않았다. 대표적인 예가 고영태 전 K스포츠재단 이사가 하지 않은 말을 지어내 고영태를 거짓말쟁이로 몰았던 내용이다.

2016년 12월 7일 고영태는 국회 청문회에 나와 "정확하게 최서원은

JTBC는 없는 발언을 날조해 가며 고영태를 거짓말쟁이로 몰았다. 심수미 기자가 달력 그림까지 그려가며 "고영태 씨는 저(심수미)와 대화를 나눈 일 자체가 없다고 거짓말을 했다"고 보도하는 장면

태블릿을 쓸 줄 모르는 사람"이라고 증언했다. 고영태의 발언은 생중계를 지켜보던 국민들을 깜짝 놀라게 했다. JTBC의 태블릿 조작보도를 완전히 폭로하는 수준이었기 때문이다. 실제 당시 JTBC를 제외한 언론들은 고영태의 이 발언을 제목으로 뽑아 보도했다.

다급해진 JTBC는 메시지에 반박할 수 없으면 메신저를 공격하라는 말처럼 고영태를 거짓말쟁이로 몰았다. JTBC는 청문회 이튿날인 8일 〈[단독 공개] JTBC 뉴스룸 '태블릿PC' 어떻게 입수했나〉를 통해 "고영태 씨는 저(심수미)와 대화를 나눈 일 자체가 없다고 거짓말을 한다"고 비난했다.

하지만 청문회 풀영상과 국회 녹취록을 보면 고영태가 심수미와 만난 적 없다고 말한 사실이 전혀 없다. 애초에 청문회는 JTBC 보도에 대해 고영태를 불러 물어보는 자리였다. 고영태가 JTBC 기자를 만난 사실을 부인할 이유도 그럴 수도 없는 자리였다.

심수미 기자는 태블릿 재판에 증인으로 나와 "청문회가 아니고 고영태가 뿌린 보도자료에서 그랬다고 다른 기자들에게 들었다"고 증언했다. 물론 JTBC 기자와 만남을 부인하는 내용의 고영태 보도자료를 봤다는 기자는 존재하지 않는다.

고영태 인터뷰

　JTBC의 태블릿 관련 첫 보도부터가 왜곡과 조작이었다. JTBC가 '태블릿PC'라는 단어를 처음 보도한 건 2016년 10월 19일이다. 이날 심수미 기자는 "하지만 고 씨는 최 씨의 말투나 행동 습관을 묘사하며 평소 태블릿PC를 늘 들고 다니며 **그걸 통해서** 연설문이 담긴 파일을 수정했다고 말했습니다"라고 보도했다.

　하지만 고영태는 JTBC 기자에게 '태블릿PC'라는 말 자체를 꺼낸 사실이 없다. 자신이 본 건 최서원 책상의 노트북이었다고 고영태는 국회에서 증언했다.

　JTBC는 또 "최서원이 연설문을 고치는 건 잘하는 것 같다"고 말한 고영태의 발언을 "회장(최서원)이 제일 좋아하는 것이 대통령 연설문 수정이라고 말했다"고 왜곡했다.

JTBC는 '노트북'을 '태블릿'으로, '잘하는 것 같다'를 '제일 좋아하는 것'으로 고영태 인터뷰를 둔갑시켜 보도했다.

　연설문 수정 발언의 진위에 대해 고영태는 국회 청문회에서 "(최서원이) '연설문을 고치는 것 같다' 이렇게 얘기한 적이 있다", "다른 건 모르겠고 '연설문 고치는 건 잘하는 것 같다' 그런 식으로 얘기했다", "지나가는 말로 위와 같은 취지의 말을 한 적이 있는데…"라고 증언했다.

　이처럼 고영태의 원래 발언은 JTBC의 보도와는 상당한 차이가 있다. 더구나 "잘하는 것 같다(seem to be doing well)"와 "제일 좋아한다(favorite it best)"의 의미 차이는 더욱 멀다. JTBC는 고영태의 발언을 "잘하는 것 같다"에서 "제일 좋아한다"로 둔갑시켜 민간인 최서원을 연설문 수정에 적극적으로 집착하는 인물로 만들었다. 이 조작 보도는 최서원을 대통령 머리 위에 있는 사람으로 보이도록 해 국민적 공분을 불러일으키는 단초가 됐다.

노승일 통화 녹취록

JTBC는 최서원-노승일 통화를 악의적으로 편집해 마치 최 씨가 태블릿을 자기 것이라 인정하면서 노승일에게는 태블릿을 가짜로 몰아가라는 지시를 했다는 식의 거짓 조작 보도를 여러 차례 내보냈다.

2016년 12월 14일 〈최순실 "조작으로 몰아라"…태블릿PC 소유 자백한 셈〉 보도에서는 아래와 같은 최서원의 목소리를 들려줬다.

최서원 지금 큰일 났네. 그러니까 고한테 정신 바짝 차리고 걔네들이 이게 완전 조작품이고 애네들이 이거를 저기 훔쳐가지고 이렇게 했다는 것을 몰아야 되고 이성한이도 아주 계획적으로 하고 돈도 요구하고 이렇게 했던 저걸로 해서 하지 않으면 분리 안 시키면 다 죽어.

손석희와 서복현은 최 씨의 이 발언을 두고 "태블릿은 조작품이다, 훔쳤다, 이렇게 몰아야 한다고 지시한 것"이라고 해석했다. 하지만 최서원은 같은 전화 통화에서 "그 타블렛을 지금 그, 우리 블루케이가 그 사무실에 나, 있잖아", "고(고영태 지칭) 책상이 거기에 남아 있잖아. 거기다가 얘가 올렸다고, 음… 얘기를 할, 하는 것 같더라고", "그런 일은 있을, 있을 수도 없고", "말이 안 된다", "내 타블렛이… 그렇게 얘기를 해야 되는데, 요 새끼가 그걸 갖다 놓고서 그렇게 JTBC랑 짜갖고 그렇게 할라고 그러는 것 같애"라는 말도 했다.

즉, 최서원은 JTBC가 고영태 책상에서 태블릿을 발견했다는 식으로 상황을 조작하려고 드니까 태블릿은 조작품이며 계속 태블릿을 자기(최서원) 것으로 몰아간다면 JTBC 측이 훔친 것으로 해야 한다고 말했을 뿐이다. JTBC가 자신이 쓴 적 없는 정체불명의 태블릿을 들고 나와 자신을 비선실세로 모는 조작 보도를 하는 상황에서 독일에 머무르던 최서원은 경황이 없는 가운데서도 본인 나름의 합리적인 대응 방안을 한국의 직원 노승일에게 제시한 것이다. JTBC는 이러한 취지를 보여 주는 녹취록 앞부분을 의도적으로 배제했다.

JTBC는 최서원의 발언 자체를 조작하기도 했다. JTBC 뉴스룸은 2017년 1월 24일 〈태블릿 조작·절도설 날린 최순실의 "우리 쓰레기" 표현〉에서 아래와 같이 보도했다.

손석희 앵커 태블릿PC와 관련해서 쓰레기라는 발언도 공개가 됐는데 이건 왜 이렇게 표현했을까요?

심수미 기자 "우리 쓰레기"라고 표현하는데요. (자신들이 버리고 간 것 중에 하나?) 그렇습니다. 정확히 다시 말씀드리자면 최 씨는 "우리 쓰레기를 가져다 놓고 이슈 작업하는 것 같아"라고 말을 합니다. 태블릿PC를 쓰고 나서 버렸다고 사실상 인정하는 걸로 볼 수 있겠습니다.

하지만 실제 최서원은 "우리 쓰레기"가 아니라 "우리 쓰레기통에도"라고 말했다. 법정에 제출된 공인녹취록에 따르면 최서원은 "이것들이 지금 완전히 작전을 짰어. 그래가지고", "거기 우리 쓰레기통에다 갖다 놓고 이 수작을 부린 것 같아. 아휴"라고 말했다. 즉, JTBC가 '우리 쓰레기통'에다가 일부러 뭘 갖다 놓고서 조작 보도하는 것 같다는 의미였다.

공인 통화 녹취록이 이미 나왔음에도 이걸 심수미는 "최 씨는 '우리 쓰레기를 가져다 놓고 이슈 작업 하는 것 같아'라고 말을 합니다. 태블릿PC를 쓰고 나서 버렸다고 사실상 인정하는 걸로 볼 수 있겠습니다"라고 조작하여 사실과 정반대로 해설한 것이다. 심지어 심수미는 이 사실을 잘 알면서도 고의로 조작한 것으로 보인다. 왜냐하면 심수미는 이 대목을 주장하면서 최서원의 실제 육성 녹음은 빠뜨렸기 때문이다. 상식을 뛰어넘는 JTBC의 왜곡 보도 행위다.

참고로 최서원과 노승일의 통화는 2016년 10월 27일에 이뤄졌다. 당시 검찰에서 조사를 받던 노승일은 검사의 부탁으로 해외에 체류 중인 최서원에게 전화를 걸어 일종의 함정 녹음을 한 것이다. 최서원의 말투는 워낙 생략이 많고 또 당시에는 심리적으로 놀라고 불안했을 때였다. 즉, 이런 상황에서 했던 말들을 악의적으로 편집해 이용할 여지가 많았던 것도 사실이다.

정호성 진술

아직도 많은 사람들이 정호성 전 비서관도 JTBC가 보도한 태블릿이 최서원 것이 맞다고 인정한 것으로 알고 있다. 정호성은 그런 말을 한 적이 없다. 오히려 정호성은 JTBC가 최서원의 것이라고 보도한 태블릿 기기 자체를 본 적이 없으며 평소 최 씨가 태블릿을 사용하는지 여부도 알지 못한다고 법정 증언했다.

2016년 12월 11일 노승권 당시 서울중앙지검 1차장은 "태블릿은 최 서원의 것이 맞다. 태블릿에서는 정호성이 보낸 문자 메시지도 나왔다" 고 거짓말을 했다. 태블릿에는 정호성의 문자가 없다.

2017년 10월 23일에는 윤석열 당시 서울중앙지검장이 국정감사에 출석해 "정호성은 그 태블릿이 최순실 씨가 쓰던 태블릿이 맞다고 인정 하면서 증거 동의를 했다"고 위증했다. 정호성은 태블릿이 최서원 것이 라고 증언하거나 증거 동의한 바가 없다. 이외에도 익명의 검찰 관계자 들이 언론에 거짓말을 흘린 사례는 부지기수다.

JTBC의 지속적인 정호성 진술 조작 보도도 사람들을 헷갈리게 만들 었다. 정호성의 검찰 진술과 법정 증언, 판결문에는 최서원이 태블릿을 사용했는지 여부에 대한 내용은 전혀 없다. 그럼에도 JTBC는 정호성의 진술과 증언, 관련 판결문 소식을 보도할 때마다 무조건 태블릿은 최서 원의 것이라 전제한 뒤 "정호성의 진술로 태블릿은 최서원의 것임이 더 욱 확실해졌다"는 식으로 왜곡 보도했다.

정호성은 여러 사람이 함께 쓰는 공용 이메일로 청와대 문건을 최서 원에게 보냈고 검찰이 태블릿에서 나온 문건을 보여 주자 일부가 자신 이 보낸 문건과 같다고 인정한 사실은 있다. 정호성이 인정한 건 '문건 의 동일성'일 뿐, 태블릿 사용자가 누구인지 말해 주는 증거는 될 수 없 다. 정호성이 보낸 문건은 공용 이메일을 쓰던 이춘상, 김휘종, 김한수 등 누구라도 다운받을 수 있었기 때문이다.

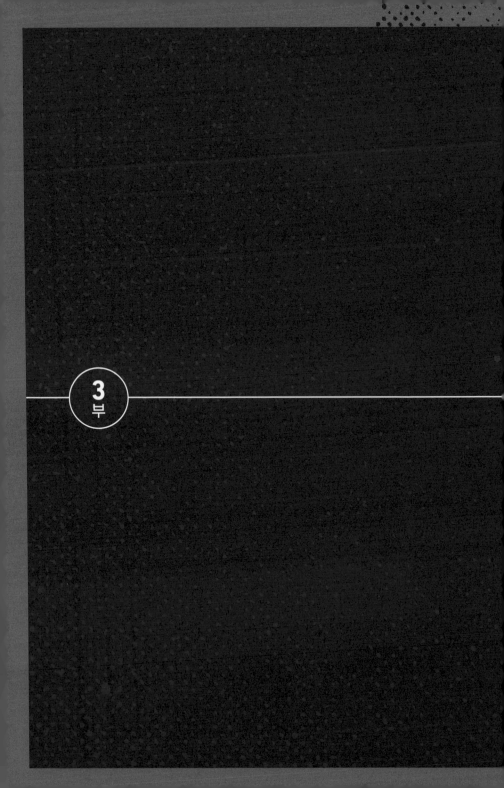

3
부

아닌 척 모르는 척,
그럼에도
보수는 진실의
길을 계속 가야

9
장

분노하라

맞서다

1년여 간의 투옥 생활 이후 출소했다. 내 마음은 더욱 다급해졌다. 투옥 생활 중 이미 태블릿 증거 조작 혐의들을 포착하여 재판부에까지 제출한 상태였다. 그러니 하루빨리 국회에서 태블릿 특검 수사법을 통과시켜야만 했다. 마침 당시 자유한국당 조원진·김진태·박대출·서청원·윤상현·김태흠 의원 등이 태블릿 특검법을 발의해 놓았다.

나로선 여러 유튜브 채널에 출연해 태블릿 조작 재판 상황을 널리 알리는 게 급선무였다. 출소한 지 1주일도 채 되지 않아 가로세로연구소, 펜앤드마이크, 이봉규TV, 일요서울TV, 뉴스타운TV, 김문수TV, 이언주TV 등 여러 보수 유튜브 채널에 출연했다.

사실 보석으로 석방되었던 터라 석방 조건이 까다로웠다. 피해자의 명예를 훼손해선 안 된다는 조건을 어기면 언제든지 재구속의 위험이 있었다. 그렇다고 그런 걸 우려해 입을 다물 수 있는 상황도 아니었다.

2017년 5월에 있었던 대선과 2018년 5월 지자체 선거를 치르는 동안 보수 진영은 탄핵에 대한 입장이 크게 분열돼 우왕좌왕 갈피를 잡지 못하고 있었다. 이런 상황에서 1년여 투옥 생활을 하고 출소한 나에게 우호적인 관심을 보여 주는 곳이 있을 때 그곳을 찾아가 가능한 한 태블릿 진실을 널리 알려야 했다.

2019년 6월 4일, 출소한 지 약 2주 만에 프레스센터에서 태블릿 특검법의 필요성을 역설하는 기자회견을 열었다. 이 기자회견 자리에는 태블릿 특검법을 발의한 조원진·김진태 의원이 함께해 주었다. 기자회견에서 석방 탄원서를 제출해 준 미국의 고든 창 변호사에게 감사의 편지를 발표했다. 태블릿 진실을 덮으려는 문재인 정권의 공작이 부지불식간에 언제 어떻게 시작될지 몰랐기 때문이다.

고든 창 변호사님께!
미국으로부터 멀리 떨어진 한국이란 나라에서 벌어진 두 언론사 간의 명예훼손 사건에 관심을 갖고 미디어워치라는 아주 미약한 언론사의 '언론의 자유'를 지켜주신 데 대해 깊은 감사의 말씀을 드립니다.

고든 창 변호사님을 비롯해 타라오 박사님 등 20여 명의 미국 지식인들이 문재인 대통령에게 공개하신 '언론 자유'에 관한 엄중한 경고장은 그대로 저의 재판부에 전달되었습니다. 그 후 저는 1년여 만에 석방될 수 있었습니다. 고든 창 변호사님 등 미국의 지식인들이 저에게 관심을 보여 주시지 않았다면 과연 지금의 문재인 정권 하에서 석방이나 될 수 있었겠는지요.

2016년 10월 24일, 친 문재인 방송사 JTBC는 박근혜 대통령 비선 측근이라는 최서원의 태블릿을 공개했습니다. 태블릿에서 청와대 각종 문건들이 쏟아져 나왔습니다. 이를 두고 박근혜 대통령이 최서원에게 청와대 정보를 불법으로 공유했음은 물론 두 사람이 사익을 추구했다는 결론으로 몰아갔습니다. 얼마 후 박 대통령은 탄핵 당했습니다. 제가 1년간 갇혀 있던 서울구치소에 박 대통령은 지금 이 시점에도 여전히 수감되어 있습니다.

그런데 JTBC가 공개했던 태블릿은 공개 시점에서부터 의혹이 끊임없이 이어졌습니다.

"과연 최서원 것이 맞는가? 최서원 것으로 보이게끔 JTBC가 조작한 것은 아닌가?"

JTBC는 친 문재인 매체이기도 하지만 대한민국 3대 일간지 중앙일보 그룹의 자회사로서, 그 영향력과 권위를 인정받고 있었습니다. 이런 JTBC가 쏟아지는 여러 의혹들에 대해 제대로만 해명을 했어도 의혹들은 바로 종결되었을 일입니다. 그렇지만 JTBC는 그렇게 하지 않았습니다.

더 큰 문제는 이 태블릿을 JTBC로부터 넘겨받은 검찰에도 있었습니다. 검찰 역시 쏟아지는 의혹을 피해 가기에 급급했을 뿐 "나는 태블릿을 쓴 적도 없다"고 반박하며 "태블릿의 실체를 보여 달라"는 최서원에게조차 태블릿을 보여 주지 않았습니다. 이에 최서원의 끈질긴 요구로 태블릿은 마침내 대한민국 국립과학수사연구원에서 검증·감정을 하게 되었습니다. 그리고 두 가지 확실한 결론이 나왔습니다.

첫째, JTBC의 태블릿은 다수의 사람이 사용한 공용일 가능성이 높다는 것입니다.

제가 주구장창 주장해 온 대로 태블릿은 청와대 업무용이라는 것입니다. 청와대가 업무용으로 사용했던 태블릿에 청와대 문서가 담겨져 있는 것은 너무나 당연한 일입니다. 그러니 최서원 태블릿에 청와대 문서가 들어 있다며 박 대통령이 청와대 정보를 불법으로 최서원에 넘겨주었다는 탄핵의 기본 전제는 무너지게 된 것입니다.

둘째, JTBC와 검찰은 태블릿을 입수한 뒤 너무나 많은 파일을 수정·삭제하여 무결성을 무너뜨렸습니다.

국립과학수사연구원에서 이 두 가지 사실을 최서원 2심 재판에서 확인해 준 다음 날, 검찰은 저에 대한 구속영장을 청구하고 법원은 이를 받아들여 전격 구속된 것입니다. 이것은 명백히 문재인 정권이 장악한 검찰과 법원에 의해 진실을 은폐하기 위한 구속이었습니다.

문재인 정권은 박 대통령 탄핵을 위한 수사를 주도한 윤석열을 서울중앙지검장으로 임명하며 검찰을 장악해 지난 정권과 보수 인사들을 무차별 구속하기에 이르렀습니다. 문재인 정권은 여기에서 그치지 않았습니다. 행정부와 독립돼야 할 사법부에도 친 문재인 성향 판사들의 모임으로 알려진 우리법연구회 판사 출신의 회장이 대법원장에 임명됐고, 우리법연구회 회원들이 사법부 주요 보직을 모두 장악한 것으로 알려져 있습니다.

더욱 놀라운 것은 저에게 구속영장을 발부한 판사가 우리법연구회 회원이라는 점입니다. 명예훼손 사건으로는 대한민국 건국 이후 최고 중형인 2년 형을 저에게 선고한 1심 판사 또한 우리법연구회 회원입니다. 현재 저의 2심 판사 3명 중 1명도 우리법연구회 회원입니다.
대한민국 판사는 2천여 명입니다. 그중 우리법연구회 회원 판사들은 100여 명으로 알려져 있습니다. 그 100여 명의 우리법연구회 회원 판사 중에 저에게 구속영장을 발부한 판사와 1심 판사, 2심 판사가 배치될 확률은 대체 얼마나 되는 것인지요. 우연이라고 여기기에는 저에게 배치된 우리법연구회 회원 판사의 수가 지나치게 많지 않습니까?

명예훼손 사건의 핵심 증거는 당연히 태블릿입니다. 이를 정밀 검증하여 최서원이 사용한 명백한 증거가 있는지, JTBC와 검찰이 태블릿을 입수하여 조작한 과학적 기록은 있는지를 살펴봐야 합니다. 그러나 놀랍게도 1심의 우리법연구회 판사는 태블릿의 증거 채택 요구를 기각했습니다. 또한 JTBC 와 검찰이 태블릿의 사용자라 지목한, 일관되게 "내 것이 아니다"라고 주장해 온 최서원의 증인 채택 요구마저도 기각해 버렸습니다. '최서원의 태블릿' 사건에서 '증인 최서원'과 '증거 태블릿' 모두를 기각하여 피고인의 입증 기회를 박탈한 채 저에게 2년형을 선고한 겁니다. 그뿐 아닙니다. 저를 도와주었던 미디어워치 황의원 대표까지 추가로 구속하여 2심에서 저의 방어권 기회를 더 심각하게 박탈해 버리고 말았습니다.

북한 김정은 독재체제에서나 볼 법한 이런 재판 과정에서도 저는 국립과학수사연구원의 태블릿 포렌식 로데이터(raw data, 가공되지 않은 측정 자료)를 확보했습니다. 이를 컴퓨터 전문가들이 검증해 온 결과, 1심 막판부터 JTBC가 태블릿을 조작한 결정적인 기록들이 쏟아져 나왔습니다. 더 놀라운 것은 검찰이 이런 JTBC의 조작 증거들을 인멸할 수 있는 태블릿 내의 '루트 권한'을 획득하여 작업한 기록들도 발견하게 되었습니다. 검찰이 태블릿 조작의 공범이었을 가능성이 높아진 겁니다.

앞서 설명 드린 대로 JTBC의 태블릿은 대한민국 국민들이 합법적으로 선출한 박근혜 대통령을 탄핵하고 구속시킨 도화선이었습니다. 그런데 그 태블릿을 특정 언론사와 검찰이 공범으로 조작했다면 미국의 법체계에선 명백한 반역죄가 아닐 수 없습니다.

계속해서 이런 증거들이 나오게 되자 문재인 정권이 장악한 법원과 검찰은 무리수를 두면서까지 저를 구속했고, 2년의 중형을 선고했습니다. 거기에서 그치지 않고 보조자에 불과했던 황의원 기자마저 추가로 구속해 버린 것은 의심을 품을 수밖에 없습니다.

만약 공정한 재판으로 태블릿의 조작이 드러나게 되면 JTBC뿐 아니라 반대파 탄압의 수단으로 이용하는 문재인 정권의 검찰과 법원은 그 정당성이 무너져 버리고 맙니다. 나아가 태블릿 조작으로 박근혜 정권을 무너뜨리고 권력을 탈취한 문재인 정권의 정통성 붕괴로 엄청난 파장이 예고되고 있습니다.

이러다 보니 저는 석방이 되었어도 마음이 편할 수가 없습니다. 오히려 더 큰 압박에 시달립니다. 문재인 치하의 2심 재판부, 문재인 지지 노선의 우리법연구회 판사가 개입되어 있는 2심에서 과연 문재인 정권이 무너질 수밖에 없는 이 엄청난 사건 관련 증거와 증인을 모두 채택해 진실을 밝혀줄 수 있겠느냐는 것입니다.

조작 증거들을 계속해서 재판부에 제출하는 상황에서 판사 3명이 지성과 양심을 갖고 일단 저를 석방한 것으로 보입니다. 그러나 재판을 통해 태블릿 조작 사실이 국민들에게 점차 알려지게 될 때 그때도 과연 재판부가 그 어떤 압력에도 굴하지 않고 버텨낼 수 있을지는 확신할 수 없습니다. 태블릿 조작이 만약 재판에 의해 입증되어 정권 붕괴에 이른다면 과연 문재인 세력은 이를 그냥 지켜만 보고 있을까요. 그래서 저는 또다시 감옥에 들어갈 각오를 하고 있습니다.

그 때문에 고든 창 변호사 등 미국의 동지들에게 부탁을 드립니다. 이 재판을 관심 있게 지켜봐주시는 것은 물론 어떻게든 미국에서 재판 조사단을 파견해 주십시오. 미국 지식인들의 도움 없이는 현재 문재인 치하의 대한민국에서 저의 재판은 정상적으로 진행될 가능성은 희박합니다.

저 한 사람 재수감 되는 것으로 끝나지 않을 것입니다. 국가 운명을 쥐고 있는 결정적 진실이 짓밟히면서 그 진실을 짓밟은 거짓을 지켜 내기 위해 문재인 세력은 또 다른 무수한 진실들을 짓밟게 될 것입니다. 수많은 대한민국 지식인들이 감옥에 갇히게 될 것입니다. 이미 저와 박 대통령이 갇혀 있는 서울구치소는 김정은이 반대파들을 잡아넣었던 요덕수용소와 닮아간다는 말들이 나옵니다. 서울구치소에 정치범만 60여 명이 넘게 갇혀 있습니다.

미국뿐만 아니라 일본, 대만, 영국 등 자유민주주의 동맹국 모두의 도움을 요청합니다. JTBC의 태블릿이 조작되었다는, 어찌 보면 별 것 아닐 수도 있는 진실 하나를 지켜 내지 못하면 대한민국 전체의 자유민주주의는 무너지게 될 것이라는 사실을 다시 한번 강조하고 싶습니다.

기자회견 다음 날(2019. 6. 5) 나는 태블릿 특검법 자료집을 들고 직접 국회로 가서 보수 성향의 의원실에 나눠주었다. 내가 이러한 활동을 이어가자 검찰은 결국 나에 대한 보석 취소, 재구속 요청서를 법원에 제출했다.

애초부터 나의 보석 조건에서 예견된 일이었다. 피해자의 명예를 훼손하지 말아야 하며, 태블릿 관련 집회에 참여하지 말라는 조항으로 인해 필연적으로 벌어질 수밖에 없는 사태였던 것이다. 더구나 수사검사 홍성준은 누구로부터 지시를 받았는지 내가 보석으로 석방된 이후 나의 모든 행사 참여를 조사하고 사찰했다. 이를 보석 취소 사유로 악용했다.

법을 어기고 무작정 버티는 검찰

나는 당연히 재판부에 불법 사찰을 항의했다. 재판부는 선고 시 양형 사유로 검토하겠다는 입장을 정리했다. 2심 재판 진행 동안 5개월 이상을 투옥되었던 터라 어차피 보석이 취소된다 해도 20일만 더 수감돼 있으면 또다시 석방될 상황이었다. 더구나 미국과 일본의 지식인들이 이 사건을 들여다보고 있는 상황에서 재판부로서도 이 정도 사유로 보석을 취소하는 무리수를 둘 수는 없었을 것이다.

그럼에도 불구하고 홍성준 검사는 나에 대한 불법 사찰을 멈추지 않았다. 훗날 대구 지역 보수 운동가들이 주최한 태블릿 관련 기자회견조차 재판부에다 문제를 삼았다. 나로선 재판부에 보석조건 변경 신청을 낼 수밖에 없었다.

보석 석방 이후 재판은 일방적으로 우리 측이 검찰을 공격하는 구도가 되었다. 검찰은 어떻게 해서라도 빨리 재판을 1심 선고 그대로 끝내고 싶어 했다. 반면 우리 측은 최서원, 손석희, 홍석현, 윤석열 등 태블릿 관련 증인들을 모두 불러내고자 했다. 태블릿 원본 파일도 증거 신청을 하며 검찰을 더더욱 옥죄었다. 검찰은 계속해서 코너에 몰릴 수밖에 없었다.

재판부는 우리가 신청하는 증인 한 명, 한 명이 모두 폭탄급이라 증인 채택에 매우 조심스러워했다. 그러다 보니 우종창 전 월간조선 기자 등 크게 민감하지 않은 증인들이 먼저 채택되었다. 태블릿 원본 파일의 경우는 재판부가 검찰에 피고인들이 열람·복사를 하도록 명령까지 내렸다. 이것을 검찰이 법을 어기면서까지 무작정 버티고 있는 상황이다.

"문제는 보수야"

태블릿 사건 재판 진행 상황만 놓고 보면 이미 이겨도 한참 전에 이긴 게임이다. 문제는 보수 진영이었다. 탄핵이라는 거대한 사기극을 당한 뒤에 보수 진영에는 진실과 정의라는 개념이 점차 사라져 버렸다. 먼저 사기를 쳐서 이긴 놈이 승자라는 그릇된 가치관의 늪에 빠져 버렸다.

탄핵의 진실은 덮고 가되 힘 있는 권력자 누구에게라도 줄을 서는 분위기가 팽배했진 것이다. 이런 분위기에서 태블릿 진실을 함께 밝혀 내자고 제안하면 보수 진영 내에서 배척받는 상황이 초래되는 형국이었다.

유튜브에 도입된 슈퍼챗(Super Chat: 콘텐츠 구매 플랫폼) 후원제도 역시 보수 진영을 타락시키는 원흉이 되었다. 내가 투옥되기 전까지는 이 시스템이 없었다. 출소 이후 나는 유튜브 방송을 보다 깜짝 놀라지 않을 수 없었다. 시청자 중에서 방송 도중 후원금을 내면 그 후원자의 문자 메시지를 최상단에 배치해 주는 시스템을 보며 '보수가 이것 때문에 망하겠다'는 생각이 섬광처럼 스쳤던 것이다.

문재인 정권이 들어선 이후 보수 진영에는 전경련과 대기업들의 후원금이 끊긴 지 오래였다. 그러니 남은 건 오직 불특정 다수가 들어오는 유튜브 후원 시스템을 활용하는 일뿐이었다. 어찌 보면 상향식 펀딩으로 더 효과적인 시스템인 것만은 분명하다. 문제는 실시간으로 찍혀 나오는 현찰 액수였다. 돈이 수단이 아닌 목적이 되었다.

예를 들면 태블릿 진실을 파헤치기 위해선 과학·컴퓨터 분야의 전문가들이 몇 달이고 자료를 들여다보며 연구 조사를 해야 한다. 이런 분야는 선정적인 제목으로 독자들의 이목을 확 끌어 돈을 내도록 할 수 있는 영역이 아니다. 많은 시간과 비용을 들여야 하는 만큼 후원금을 끌어 모으기가 쉽지 않은 영역인 것이다.

반면 길거리로 나가 좌익 민노총이 집회하는 곳의 옆에다 차 한 대를 세워놓고 "야, 이 빨갱이 새끼들아!", "문재인 퇴진하라" 등 온갖 쌍욕을 곁들인 구호들로 선동질을 하면 하루에 1천만 원 이상의 슈퍼챗 후원금을 챙길 수도 있다. 말하자면 오랜 시간과 노력을 필요로 하는 보수 운동은 시장에서 사라질 위기에 내몰리게 된 것이다. 대신에 하루하루 벼락치기 식으로 돈을 만질 수 있는 서커스 이벤트 식 운동이 판을 치는 실정이다.

대표적인 주자가 안정권이란 인물이다. 나는 투옥되기 전까지 그의 존재를 알지 못했다. 내가 1년간 투옥되어 있는 동안 안정권은 하루에 슈퍼챗 1천만 원 이상을 쓸어 담는, 전 세계 슈퍼챗 1위에 올라섰다고 한다.

안정권은 그간 내가 해 온 보수 운동 활동을 존경한다며 내 구명 집회에도 참여했었다. 서울구치소로 직접 면회도 왔다. 출소 이후 나는 고마운 마음을 전하기 위해 그에게 저녁을 사기도 했다. 당시까지만 해도 나는 안정권의 장점을 높이 평가했다. 그의 장점을 살리는 방향으로 힘을 실어주려는 구상도 했었다.

그러나 한국해양대학교를 나왔으며, 세월호 도면을 설계한 죄로 억울하게 감옥에 갔었다는 그의 경력이 모두 허위로 드러났다. 내가 안정권의 일정 부분을 신뢰했던 데에는 그가 말했던 경력들이 감안되었음은 말할 것도 없다. 또한 보수 원로인 정규재 펜앤드마이크 주필의 보증도 한몫했다. 안정권이 학력과 경력을 공개적으로 사기 친 곳이 다름 아닌 펜앤드마이크의 방송 '청춘콘서트' 프로그램에서였기 때문이다.

거짓은 거짓을 낳는다. 안정권은 2016년 말 탄핵 사태가 벌어지기 전까진 보수 운동판에 존재하지도 않은 인물이었다. 그런 그가 갑작스레 보수 운동판에 나타나서 박근혜 대통령 구명을 위해 활동하다 보니 그로서는 대중에게 자신의 등장에 대한 명분이 필요했다. 그게 바로 그의 거짓말의 시작이었다. 안정권은 자신이 보수 운동판에 등장한 이유를 이렇게 설명했다.

"연봉 3억 원을 받는 최고 엔지니어로 세월호 도면을 설계했다. 세월호 도면을 설계했다는 이유로 억울하게 감옥에 갔다. 그래서 나처럼 억울하게 감옥에 간 박 대통령과 동병상련이다."

안정권의 거짓말은 거기에서 그치지 않았다. 연봉 3억 원을 받는 최고 엔지니어라는 경력을 뒷받침하기 위해 한국해양대 기관과 졸업이란 학력마저 사기를 치게 된 것이다.

실제 안정권은 고졸 학력이 전부다. 작은 해운회사 과장급 직원으로 협력업체로부터 뒷돈을 받아 징역형을 살았다. 학력, 경력, 그리고 태극기 집회에 참여한 모든 것이 거짓이었던 것이다.

보수주의 핵심 가치는 '진실'과 '법치'

나는 박 대통령 탄핵 반대 태극기 집회 때 엄청나게 많은 돈이 오간 것을 한참 뒤에야 알았다. 검찰 수사 결과 태극기 집회를 주도한 탄기국이 모금한 금액은 총 63억 원이다. 그러나 이건 계좌후원이지 태극기 집회 수십여 곳에 놓아두었던 후원 모금함에 모금된 금액이 얼마인지는 아직도 밝혀지지 않았다.

탄기국뿐만 아니었다. 태극기 집회를 현장 생중계한 유튜브 채널과 관련 시민단체들도 각자 모금했다. 한 유튜브 채널은 최소 10억 원 이상 모았다는 이야기도 있다.

박 대통령 탄핵 전 보수 진영의 활동비는 대부분 전국경제인연합회 (이하 전경련)에서 후원했다. 후원 금액은 행사에 따라 수백만 원대가 전부였다. 그러던 것이 박 대통령이 탄핵되어 구치소에 들어간 이후 외부 보수 운동가들은 유튜브 채널로 돈벼락을 맞았다. 이를 지켜본 기존 보수 운동가들은 말할 것도 없고 작은 해운회사 과장급이었던 안정권 같은 인사도 뛰어들어 슈퍼챗 후원금 세계 1위까지 올라가게 된 것이다.

이렇게 되면 보수 운동판은 전국의 학력·경력 사기꾼들이 몰려들어와 돈 놓고 돈 먹는 야바위판으로 변질될 게 뻔했다. 그래서 나는 안정권 신원을 보증해 준 정규재 주필에게 간곡한 내용의 공문을 보냈다. "안정권의 학력과 경력이 모두 사기로 드러났다. 이에 검증하지도 않은 채 그의 거짓말을 생중계로 구독자들에게 널리 알린 펜앤드마이크 측에서 책임지고 정정해 달라"는 요청이었다. 그런데 놀라운 일이 벌어졌다. 정규재 주필은 내가 보냈던 간곡한 내용의 공문을 무시한 채 오히려 나를 공개적으로 비판하고 나섰다.

"명색이 서울대 나온 사람이 대학도 제대로 못 나온 인물이 학력 사기 좀 쳤다고 저렇게 공격해대나? 안정권이 학력과 경력 팔아 사기 친 게 있나?"

그야말로 궤변 중의 궤변이 아닐 수 없다. 기존 체제를 지켜나가며 점진적으로 개혁해 나가는 걸 발전 모델로 삼는 보수주의 핵심 가치는 '진실'과 '법치'이다. 이것이 무너지면 해당 공동체의 정치와 사회 시스템은 유지할 수가 없다. 대표적인 사례가 검찰, 언론, 법원이 합작한 사기 탄핵 아닌가.

보수 운동가들이 탄핵을 반대하고 나선 것도 바로 탄핵이 사기와 거짓이었고 체제의 붕괴였기 때문이었다. 그런데 보수 원로가 대놓고 학력·경력을 사기 친 인물을 비호하며 이를 지적한 사람을 공격한다? 보수는 정신적으로 이미 끝장난 것이었다.

물론 나는 이런 보수의 정신적 파탄을 그보다 한참 전에 감지했다. 2016년 4월 총선에서 박 대통령의 새누리당이 패하면서 원내 제1당을 문재인의 민주당에 넘겨준 바 있다. 이 시점부터 의회 구도 상 김무성과 유승민이 좌익과 손을 잡으면 언제든지 탄핵이 가능해진 상황이었다.

그때였다. 한겨레신문에서 보수 여전사라 불렸던 전희경 비례대표 의원의 논문 표절을 공개한 것이. 본문의 70퍼센트가량이 표절로 밝혀졌다는 것이다. 전희경은 역사 교과서 국정화 이슈로 떴던 나름 교육운동가였다. '교육 운동가가 논문을 표절해서 어떻게 교육개혁을 할 수 있겠느냐'는 의문이 제기되었다.

보수 원로들은 한겨레신문 보도를 믿을 수 없다며 평소 논문 표절을 조사해 온 미디어워치와 나에게 다시 검증을 의뢰했다. 전희경 논문을 다시 조사해 보니 70퍼센트가 아니라 95퍼센트 표절이었다. 논문 두 개를 가져다가 뚝 잘라서 자신의 논문 전반부에 하나, 후반부에 나머지 하나를 오려 붙인 것이었다. 미디어워치에서 30여 명 이상의 학자, 기자, 운동가들의 논문 표절을 조사했지만 전희경과 같이 복사한 듯 통으로 갖다 붙인 경우는 처음이었다.

나는 늘 하던 대로 전희경의 논문 표절 현황을 발표했다. 그리고 전희경과 가까운 사람들에게 다음과 같은 의견을 전달했다.

"다른 건 몰라도 이렇게 표절해 놓고 교육위 활동을 하는 건 이치에 맞지 않다."

그간 보수 진영에서는 미디어워치가 좌익 인사 논문 표절을 잡으면 '학위 반납', '의원직 사퇴', '교수직 사퇴'를 요구하곤 했다. 대표적인 인물이 바로 정규재 주필이었다.

미디어워치가 조국 교수의 논문 표절을 적발하자 좌익 측에서는 미디어워치의 보수 이념 문제를 걸고넘어졌다. 그때 정규재 주필은 이렇게 좌익 측을 비판했다.

"논문 표절은 표절 그대로 봐야지, 왜 다른 사안을 개입시키나?"

그랬던 정 주필이 전희경 논문 표절 때는 180도로 돌변했다. "동지애부터 생각하자"며 전희경의 논문 표절 건을 덮어버리라는 메시지를 던졌던 것이다.

사실 엄밀히 말하자면 정규재나 전희경은 보수 운동가라고 볼 수 없다. 이들은 전경련 산하의 한국경제신문과 '바른사회시민회의'에서 활동한 인사들이다. 즉, 전경련의 직원이라 봐도 무방한 수준이다. 실제 이들은 2016년 총선 당시 김무성 대표가 공천권을 휘두를 때 전희경뿐만 아니라 김종석, 신보라 등의 전경련 측 인사들을 대거 의회에 진출시켰다.

전경련은 박정희 대통령이 5·16 혁명 이후 국가경제 개발을 위해 기업인들이 자발적으로 기여할 수 있도록 판을 만들어 준 조직이다. 울산산업단지는 전경련에서 기획한 작품이었다. 그러나 전경련은 세월이 흐르면서 대기업들의 하부 정치·사회 조직으로 변질돼 갔다.

언제부터인가 전경련은 대기업들의 이권을 지켜주지 않았다. 자체적으로 정치권력화 되어 스스로의 이익을 위해 움직였던 것이다. 그런 전경련 변질의 상징적 사건이 박근혜 대통령 탄핵 사건이었고, 당시 전경련 수장은 이승철 상근부회장이었다. 그리고 정규재는 이승철과 한 팀이나 다름없었다.

논문 표절로 만신창이가 된 전희경이 친문 좌익이 득실거리는 국회에 입성하여 대기업 이익을 위해 싸운다는 것은 거의 불가능한 일이었다. 즉, 전희경의 국회 입성은 대기업들에 아무런 도움이 되지 않았다. 그러나 전경련 세력인 이승철과 정규재 입장은 다를 수밖에 없었다. 이들은 대기업을 위해서가 아니라 자신들의 권력욕을 위해 전경련 세력을 확장해 왔던 것이다.

전경련은 워낙 많은 보수단체를 후원했다. 그러다 보니 웃지 못 할 해프닝까지 속출했다. 명백하게 희대의 논문 표절을 저지른 전희경을 보수단체 절대 다수가 응원하는 사태까지 벌어진 것이다. 그러니 정당하게 한겨레신문이 적발한 전희경 논문 표절을 확인해 "교육위 활동만 하지 말라"고 조언했던 나를 비롯해 같은 입장을 냈던 최대집 현 의사협회 회장, 신혜식 신의한수 대표만 엄청나게 많은 욕을 먹었다. 이게 보수의 현실이다.

탄핵 선동의 주범들

2016년 4월 총선 결과를 보면서 나는 언제·어떤 방식으로든 박 대통령 탄핵이 추진될 것이라는 경고를 여러 차례 했다. 보수 진영이 언론 시장과 의회 권력에서 절대 열세였기 때문에 탄핵을 막기 위해서는 오직 진실을 붙잡을 수밖에 없었다. 상황이 그러할진대 보수 진영 전체가 전경련의 금력에 줄을 서며 논문 표절을 비호하고 있으니 눈앞이 캄캄했다. 나는 이런 수준의 정신 상태로는 탄핵을 막을 수 없을 거라는 불길함을 떨쳐낼 수가 없었다. 더구나 탄핵 선동에 전경련이 움직인다면? 생각만 해도 끔찍한 바로 그 일은 안타깝게도 현실이 되어버렸다.

박 대통령의 탄핵에 결정적인 역할을 한 것이 전경련이란 사실은 국민들에게 잘 알려져 있지 않다. 아마도 그동안 전경련으로부터 지원 받았던 전경련 어용단체들이 의도적으로 이 진실을 은폐해 왔을 것이다.

박 대통령 탄핵의 핵심 사유는 'K재단'과 '미르재단' 설립 과정에서 전경련 측에 자금 출연을 요청했다는 건이다. 사실은 박 대통령이 지시한 게 아니다. 박 대통령은 K재단과 미르재단이 만들어지는 과정조차도 몰랐다.

K재단과 미르재단 설립을 추진한 자들은 안종범 청와대 경제수석과 이승철 전경련 부회장이었다. 명분은 기업들이 중국과의 문화·스포츠 교류를 위한 재단을 설립하자는 것이었다. 대기업들 입장에서는 어차피 매년 사회 공헌 자금으로 1천억 원 이상을 지출하고 있었다. 1개 기업당 중국과의 교류를 위해 평균 50억 원 정도 투자하는 건 큰 부담도 아니었다.

이승철 부회장이 이 사실을 있는 그대로 "경제수석이 요청했다. 중국 진출을 하고 있는 대기업 입장에서 홍보비용을 감안한다면 그 정도 금액 출연은 충분히 가능했다"는 정도로만 이야기했으면 박 대통령 탄핵은 없었다. 실제 조사를 받았던 대다수 대기업 오너들은 이런 식으로 설명했다. 유독 이승철 부회장만이 마치 박 대통령으로부터 직접 출연 강요를 받은 것처럼 진술하면서 탄핵이 시작되었다 해도 과언이 아니다.

이렇게 전경련 입장이 정해지자 2016년 11월 1일, 전경련 인사나 다름없는 원로 소설가 복거일 씨가 정규재 주필의 『한국경제』에 2면에 걸친 장문의 칼럼 '도덕적 권위의 회복에 이르는 길'을 게재했다. 내용은 '박 대통령은 탄핵 절차 없이 무작정 하야 하라'며 선동하는 것이었다.

박 대통령에 대한 수사가 자신들에게까지 불똥이 튈까 두려웠던 전경련은 보수 진영에 영향력이 있는 복거일과 정규재를 이용해 박 대통령 자진 하야를 밀어붙였다. 이에 박 대통령은 "차라리 탄핵 절차를 밟아라"는 입장을 밝혔다. 그러자 정규재 주필은 180도 태도를 바꾸게 된다. 혼자만 탄핵 반대 입장으로 선회한 것이다. 그리고는 2017년 1월 25일, 정규재 주필은 마침내 박 대통령과의 단독 인터뷰를 성사시킨다. 이 인터뷰는 단번에 조회수 240만회를 기록하기에 이른다.

놀라운 것은 인터뷰 내용이었다. 어찌 보면 박 대통령 입장에선 그 인터뷰야말로 탄핵 정국을 돌파할 처음이자 마지막 반격 카드였다. 그럼에도 불구하고 국민들의 초유의 관심사였던 K재단과 미르재단에 대한 내용이 전혀 없었던 것이다. 많은 국민은 '박 대통령이 전경련에 지시해 기업들로부터 돈을 걷고, 그 돈으로 최서원이 해 먹도록 다리를 놓아주었다'고 알고 있었다. 그런 중요한 사안에 대한 질문과 반박이 전혀 없었던 것이다.

정규재 주필의 변명은 궁색했다.

"검찰 수사 중인 내용에 대해서는 질의하지 않기로 했다."

말이 되는 소리인가? 그렇다면 대체 공개 인터뷰는 무엇 때문에 했단 말인가. 저 중요한 인터뷰에서조차 K재단, 미르재단 관련 해명이 없자 국민들은 "그간 소문이 맞구나" 하는 확신을 갖게 되었을 뿐이다. 검찰 수사 중이어서 K재단과 미르재단 관련 내용은 언급하지 않기로 했다는 청와대 참모는 대체 누구인가. 그조차도 전경련과 한패가 아니었을까.

전경련은 드디어 박 대통령이 강요와 협박을 무기로 돈을 뜯어갔다는 누명을 씌워 탄핵을 성사시켰다. 그 과정에서 전경련 멤버들인 복거일과 정규재는 박 대통령 자진 하야를 선동했다. 그게 안 먹히자 탄핵 반대 논객으로 변신한 정규재는 박 대통령의 마지막 역습 기회를 무산시켰다. 그리고 헌법재판소가 탄핵을 인용하자 정규재는 재빨리 대선을 위해서 김무성·유승민과도 손을 잡자며 또다시 태세를 전환한다. 그리곤 탄핵의 주역 이승철 부회장도 초청하여 함께 토크 콘서트도 열었다.

최근 정규재는 펜앤드마이크 대표직을 내려놓고 김종인의 국민의힘과 별개로 보수 신당을 창당해 2021년 4월 재보선 부산시장 후보로 출마 선언했다. 국민의힘의 노골적인 좌익 노선을 받아들일 수 없는 보수 인사들 대다수가 신당에 기대를 걸고 있다. 그러나 보수가 정권을 빼앗기고 궤멸의 상황에까지 몰리는데 그 핵심적인 원흉은 전경련이란 걸 다들 잊고 있다.

보수 재건의 첫 번째 미션은 전경련과의 단절

이명박·박근혜 정권 기간, 두 정권은 보수 운동판에 대한 지원을 위해 전경련에 너무 깊이 의존했다. 보수 운동판의 시장을 넓혀주는 건

엄두를 내지 못하므로 가장 손쉬운 방법으로 전경련에 보수단체 지원을 요청해 온 것이다. 이게 문재인 정권의 적폐청산 중 하나인 이른바 화이트 리스트 사건이다.

전경련 인사들은 이 건에 대해서조차 "청와대의 강요로 어쩔 수 없이 보수 정권을 지원했다"라는 거짓 증언을 했다. 이 때문에 김기춘 청와대 비서실장, 조윤선 정무수석, 허현준 행정관 등이 추가로 처벌을 받았다.

사실은 전경련이 청와대의 보수단체 지원 요청을 이용하여 그 대가로 총선 공천과 각 공기업·공영방송 인사권에 개입하며 오히려 전경련이야말로 국정농단을 저지르며 스스로 권력화되었다는 것이 진실에 가까울 것이다. 그리고 이런 전경련의 정치적 이권은 대기업의 이권과도 별 관계가 없었다. 전경련은 어디 자리만 나면 게걸스럽게 그 자리에다 전경련 측 인사를 앉히며 불필요하게 몸집만 불려온 것이다. 이 과정에서 보수단체들은 전경련의 푼돈이라도 받으려고 대다수가 엎드려서 설설 기었다. 그러면서 알게 모르게 보수에서 진실과 법치 의식은 조금씩 사라져갔다. 오직 돈과 권력이면 다 된다는 의식이 전경련을 통해 보수에 스며들어 온 것이다.

그렇게 타락한 보수는 이제 유튜버의 슈퍼챗 시대를 맞아 아예 대놓고 사기 치고 서커스 쇼를 하며 돈을 긁어모으는 데에만 여념이 없다. 돈과 권력을 위해서라면 논문을 베껴 쓰든, 학력이나 경력이나 무엇을 사기 쳐도 무방하다. 이런 타락한 의식 역시 바로 전경련과 정규재가 퍼뜨린 내용들이다.

진실과 도덕을 파괴해 온 탄핵의 주범 전경련 인맥들과 뒤섞여선 탄핵무효는 없다. 당연히 보수의 미래도 없다. 보수 재건의 첫 번째 미션은 바로 전경련과의 단절이다.

손바닥 뒤집기의 달인 조갑제 대표

탄핵을 주도한 전경련과의 관계조차 끊지 못하는 보수이다 보니 이제는 아예 박 대통령에게 '묵시적 청탁'이란 누명을 씌워 무려 30년형을 구형하고 구치소에 잡아넣은 윤석열 검찰총장을 찬양하는 사태까지 벌어지고 있다.

2019년 8월 문재인 정권에서 조국 민정수석을 법무부 장관에 임명하자 조선, 중앙, 동아를 비롯한 언론에서는 조국과 그의 부인 정경심에 대한 비리 기사를 쏟아냈다. 그때 윤석열 검찰총장은 조국 법무부 장관 후보 청문회를 앞두고 압수수색을 단행하는 등 상대적으로 수사에 적극 나섰다. 그 이유에 대해선 윤석열 본인이 언론에 흘린 소스만 봐도, "조국 부부의 비리가 워낙 심해. 그냥 두면 문재인 정권에 큰 타격이 될 것"이란 게 명확했다. 실제 평소에 정의와 도덕을 전세 낸 것처럼 발언해 온 조국의 경우 버티기 어려울 정도로 선을 한참 넘어섰다. 더구나 대한민국 부모들의 역린이라 할 수 있는 온 가족의 대학입시 비리였다. 정권 스스로 조국을 정리하지 않으면 정권이 쓰러질 판이었다.

2019년 10월 3일 개천절, 10월 9일 한글날 조국 장관 사퇴 촉구 태극기 집회에는 대략 30만 명 정도가 참여했다. 이는 2017년 박 대통령 탄핵반대 3·1절 집회와 맞먹는 수준이었다. 결국 윤석열의 정권에 대한 충정에 힘입어 문재인 측은 큰 부담 없이 조국을 잘라냈고 정권 지지율을 그대로 회복했다. 2020년 4월 총선에서도 압승을 거두었다. 어찌 보면 이 모든 것이 윤석열의 덕이었다.

그런데 놀랍게도 정권 내부의 권력투쟁 혹은 충성 경쟁에 불과한 윤석열 VS 조국 대립 구도 이후 그간 탄핵을 반대했던 보수 진영에서 윤석열에 대한 찬양의 목소리가 터져 나왔다. 차라리 조선, 중앙, 동아처럼 박 대통령 탄핵을 찬성·선동했던 측은 얼마든지 윤석열 찬양이 가능하다. 저들의 시각으로는 부패한 박근혜 정권의 적폐를 윤석열이 특검 시절부터 중앙지검장 때까지 모조리 밝혀내며 100여명의 이명박·박근혜 정권 측 인사를 구속시켰기 때문이다.

탄핵을 반대해 온 측에서 보면 윤석열은 문재인 정권과 탄핵세력에 줄 서 국민이 선출한 대통령을 쫓아내기 위해 온갖 조작·날조 수사를 감행한 어용 검사일 뿐이다. 실제로 보수 진영에서 서울구치소를 '서청대', 즉 '서울구치소 청와대'라 부르는 이유도 바로 윤석열이 서울중앙지검 시절 박근혜 정권 측 인사를 줄구속시켰기 때문이다.

이병기 대통령 비서실장, 남재준 국정원장, 최경환 경제부총리, 현기환 정무수석, 조윤선 문체부장관, 심지어 양승태 대법원장까지 윤석열이 서울구치소로 잡아넣은 100여명의 지난 정권 인사만으로도 청와대와 내각을 꾸릴 수 있다고 해서 붙인 별칭이 '서청대'였던 것이다.

그렇게 해서 매일 서울구치소 앞에 가서 "박근혜 대통령님 사랑해요"를 외쳤던 태극기 세력이 박 대통령을 잡아넣은 윤석열 대통령 만세를 외치고 있는 것이다. 그 대표적인 인사가 보수의 상징이라는 조갑제 대표이다.

그는 "윤석열은 대한민국, 사실, 법치, 자유의 편이다"라고 하면서 윤석열 대통령 만들기에 나서지 않는 국민들을 비겁자로 몰아붙이기까지 했다. 급기야 윤석열을 전두환 전 대통령과 비교하며 다음과 같은 찬양 글을 올렸다.

- 윤석열 총장이 법치수호 및 文정권 부패척결을, 정치를 하는 주제로 던지면서 대통령 출마를 선언한다면 일단 국민들의 성원을 받아 정국의 주도권을 잡을 수 있을 것이다. 불임정당화한 국민의힘은 이렇게 치고나가는 윤석열 지지로 돌아서지 않을 수 없을 것이다.

- 최근 징계를 둘러싼 윤석열 對 문재인의 법정 대결에서 윤석열이 이긴 의미는 법이 권력을 이겼다는 뜻이다. 법치국가를 완성해야 하는 국가적 사명에 부합하는 역사적 의미가 있다. 윤석열 씨가 정치하는 이유를 '법이 권력을 이기는 나라를 만들겠다'는 구호로 설명한다면 국민적 호응을 기대할 수 있다. 이는 한국의 자유민주주의를 한 단계 성숙시키는 주제이다.

- 전두환 그룹도 黨을 만들 때 정의구현을 주제로 내걸었고 일정한 호응을 얻었다. 黨名도 민주정의당, 줄여서 민정당이었다. 윤석열 총장은 한국인이 가진 정의감에 불을 붙일 수 있는 경력을 쌓고 있다. 문재인의 권력과 윤석열의 법이 대결하는 형국인데 한국 정치사에서 처음 보는 큰 승부이다.

조갑제 대표는 탄핵 당시 "탄핵은 내란이다. 사형으로 다스리자"라는 연설로 태극기세력으로부터는 큰 박수를 받은 반면 탄핵세력으로부터는 위험인물로 낙인찍힌 바 있다. 탄핵이 내란이라면, 태블릿을 최서원 것으로 조작하고 박 대통령에게 삼성 뇌물을 뒤집어씌운 검찰이 주범이다. 그 사기와 거짓 탄핵을 이끌어 낸 검찰의 핵심이 바로 특검 수사 팀장이자 서울중앙지검장 출신 윤석열이다. 조갑제 대표는 불과 4년 전에 사형시켰어야 할 내란세력을 이제 대통령으로 모시자는 주장을 하고 있는 셈이다.

은밀한 관계

이런 자가당착은 범보수 진영에 암세포처럼 널리 퍼져 있다. 4년 전만 해도 태극기를 들고 눈물을 보이면서 "박근혜 대통령을 석방하라"고 특검과 검찰을 공격하던 아주머니들이 이젠 대검찰청 앞에서 "윤석열 사랑해요"를 외친다. 윤석열에게 들려주겠다며 크리스마스 캐럴을 부르는 추태까지 이어졌다. 이런 명백한 정신분열적 현상을 그나마 최선을 다해 이해해 보려는 정치 논리가 반문 연대이다.

문재인이 워낙 나쁜 자이므로 탄핵 수사 때 조작 수사를 했다 하더라도 문재인을 쓰러뜨리기 위해 필요하면 윤석열에게 힘을 모아주고 상황에 따라서 대통령으로도 모셔야 한다는 논리이다. 그러나 이 논리에는 윤석열 중앙지검장, 윤석열 검찰총장의 임명권자가 바로 문재인 대통령이란 점을 애써 무시하고 있다. 더구나 사기와 거짓 탄핵의 원죄 탓인지 문재인 정권은 집권하자마자 대법원과 헌법재판소를 친문 일색으로 모두 장악했다. 문재인이 임명한 검찰총장이 수사권 하나로 법원의 방어까지 뚫고 문재인을 구속시킬 수 있을 거란 기대 자체는 망상에 불과하다.

특히 윤석열 뒤에 문재인의 진짜 최측근 양정철이 있다는 설이 파다하게 퍼지고 있다. 윤석열의 스폰서 언론이나 다름없는 TV조선에서조차 2020년 12월 26일 다음과 같이 보도하기도 했다.

기자 첫 번째 물음표는 "윤석열·양정철이 같은 편?"으로 하겠습니다.

앵커 대통령의 최측근인 양정철 전 원장이 윤석열 총장과 같은 편이라는 건가요?

기자 네, 이번 사건을 종합적으로 이해하기 위해서 반드시 짚어봐야 할 부분입니다. 그러니까 지금까지 알려지기론 문재인 대통령이 추미애 장관 손을 빌려서 윤석열 총장을 내치려다 실패했다. 그런 건데 실제로는 여권 내 상황이 좀 더 복잡하게 얽혀 있다는 겁니다. 두 가지 눈여겨볼 포인트가 있는데요. 어제 대통령이 발 빠르게 사과한 것, 그리고 지난주 징계안을 재가하면서 "재량이 없다"고 한 부분입니다.

정만호 / 청와대 국민소통수석 (2020년 12월 16일)
"검사징계법에 따라서 법무부 장관이 징계 제청을 하면 대통령은 재량 없이 징계안을 그대로 재가하고 집행하게 됩니다."

앵커 윤 총장을 징계하면서 대통령에게 재량이 없다고 한 말들이 단순한 책임 떠넘기기가 아니라는 말들이 여권에 있었는데 그러니까 여권 내부의 갈등에서 추-윤 갈등이 촉발됐고 대통령은 사실상 방관했다 이런 건가요?

기자 네, 윤 총장도 그동안 임기를 지키라는 대통령의 메시지를 전해 들었다고 증언했죠. 그런데 법무부 장관을 비롯한 참모들은 사퇴를 압박한 겁니다. 이런 혼선이 어디서 왔느냐. 이걸 살펴보니까 결국 청와대 내부의 이른바 '조국 민정라인'과 '양정철 측' 사이의 갈등에서 촉발됐다는 설명이 여권에서 나오고 있습니다.

앵커 그러니까 윤 총장을 두고 조국 전 장관과 최강욱 열린민주당 대표, 이광철 민정비서관 등의 민정라인이 한 편에 있고, 다른 편엔 양정철 전 원장이 윤석열 총장과 뜻을 함께하고 있다는 이야긴가요?

기자 네, 그동안 물밑에 있던 대립 관계가 윤 총장 사태로 더욱 거칠어졌다는 분석입니다. 조국-최강욱-이광철로 이어지는 민정라인이 추미애 장관과 함께 윤 총장 징계 사태를 불러왔다면, 양정철 전 원장 측은 그 반대편에 서서 이를 견제한다는 얘기가 청와대 안팎에서 나오고 있습니다.

앵커 윤 총장도 측근들이 전한 바에 따르면 자신이 대통령이나 정권을 직접 공격할 목적으로 무리한 수사를 할 생각은 없었다고 말한 걸로 아는데, 어떻게 보면 문 대통령과의 직접적인 대립보다는 조국 전 장관에 대한 수사가 결국 이런 사태를 불러온 발단이 된 셈이 됐어요.

기자 네, 최근 나꼼수 출신인 주진우 기자와 김용민 씨가 '양정철-윤석열

회동 의혹'을 두고 공방을 벌인 것도 같은 맥락으로 볼 수 있습니다. 김용민 씨의 말을 보면 윤 총장이 총장 후보로 거론될 때 양정철 전 원장과 만났고 그 자리에 주진우 기자가 동석해서 윤 총장을 향해 양 전 원장에게 충성맹세를 하라고 했다, 이런 주장을 했죠. 주진우 기자는 일단 '그런 자리가 없었다'고 부인하긴 했는데, 저희가 취재한 결과에 따르면 양정철과 윤석열 두 사람을 소개해 준 게 주진우 기자일 가능성이 높습니다.

앵커 물론 여권 내 권력투쟁이 이번 추-윤 갈등을 촉발시킨 측면이 있을 순 있지만, 그래도 이해가 잘 안가는 건 문 대통령은 왜 이런 상황을 지켜만 보고 있었냐는 건데요.

기자 문 대통령이 메신저를 따로 보내 임기를 채우라고 했다고 국회에서 증언했을 때 추 장관은 그럴 리가 없다고 했었죠. 그러니까 대통령이 검찰총장과 소통하는 민정라인이 아니라 다른 라인을 가동했을 가능성이 높은 겁니다. 문 대통령이 조국 전 장관 세력의 말을 존중할 수밖에 없는 사정이 있지 않겠느냐는 추정이 그래서 나오고 있습니다.

앵커 네, 첫 번째 물음표 정리해 볼까요.

기자 첫 번째 물음표 "윤석열과 양정철이 같은 편?"의 느낌표는 "끝나지 않은 조국 전쟁!"으로 하겠습니다. 지금 전쟁은 문재인 대 윤석열의 전쟁 성격이라기보다는 윤석열과 조국 간의 다툼으로 봐야 한다는 의견에도 주목해 볼 필요가 있겠습니다.

앵커 권력 후반부가 되면 여권 내에서 차기 권력을 두고 투쟁이 벌어지곤 하는데 이번에도 그런 성격이 아닌지 잘 취재해 봐야겠군요.

윤석열과 양정철은 2015년 말, 총선 공천을 위해 만난 이후 윤석열이 서울중앙검장을 할 때조차도 최소 두 번 이상 만난 것으로 확인되었다. 즉, 윤석열은 문재인 정권에서는 양정철 라인이 관리해 온 인맥이라는 것이다. 윤석열의 조국 부부 수사는 양정철 라인과 조국 라인의 충돌로 벌어진 일로서 윤석열이 문재인과 직접 대립한 건 아니라는 설명이다.

문재인 정권 들어 이상한 것은 정권을 시작하자마자 안희정, 이재명, 임종석, 조국, 김경수 등 차기 대권주자들이 줄줄이 낙마해 나갔다는 점이다. 원래 당대 권력과 미래 권력 간의 갈등은 늘 있어 왔지만, 당대 권력 입장에선 차기 대권주자가 많으면 많을수록 좋다. 그렇게 서로 경쟁을 붙여놓고 미래 권력을 놓고 야합을 해 왔던 게 당대 권력이었다.

김대중 정권의 경우 이인제, 노무현, 한화갑 등 대권주자들이 모두 활기차게 활동하고 있었다. 그 와중에 김대중 측은 이인제가 아닌 노무현을 선택하면서 노무현 측과 거래를 할 수 있었던 것이다.

반면 문재인 정권은 대권주자, 그것도 친노·친문 대권주자가 전멸했다 해도 과언이 아니다. 그중 안희정, 이재명, 임종석, 조국은 모두 윤석열의 검찰 수사로 일격을 맞았다. 김경수의 경우는 특검이었다.

이 때문에 문재인 정권에서 양정철 라인은 윤석열의 검찰을 이용해 친노·친문 대권주자들을 궤멸시킨 뒤 조선, 중앙, 동아 등과 야합을 해 내각제·연방제 개헌을 추진하려는 게 아니냐는 설이 파다하다. 원래 현직 대통령은 늘 퇴임 즈음에 권력이 분산되는 내각제를 꿈꾼다. 특히 이명박·박근혜 두 전직 대통령과 양승태 전 대법원장까지 구치소에 넣은 문재인의 퇴임 이후를 과연 그 누가 보장해 줄 수 있을까. 현재 여권의 대권주자로 인식되는 이낙연, 이재명이라도 문재인 퇴임 후를 장담해 줄 수 없다. 현재까지 드러난 울산 선거 개입, 라임, 신라젠, 옵티머스 등만 해도 차기 정권에서 수사해 비리가 드러나면 구속될 수밖에 없다.

따라서 사람에 의지하기보단 차라리 권력이 분산되어 서로 나눠 먹기식 구도로 상호 견제와 야합을 하는 내각제 체제가 문재인 퇴임 이후 훨씬 더 유리하다고 판단했을 수도 있는 것이다. 내각제는 늘 차기 대권주자들이 반대한다는 점에서 내각제 개헌을 위해서라면 차기 대권주자 무력화가 급선무이다. 현재 이낙연, 이재명이 아슬아슬하게 살아남아 있지만 이들은 친문·친노 계열이 아니기 때문에 문재인 입장에선 자신의 정치적 자산을 넘겨줄 일이 없다. 내각제 개헌의 가장 큰 장애물은 친노·친문 대선 후보였던 안희정과 조국이었던 것이고 이를 단칼에 제거한 게 윤석열이며 그 배후가 양정철이란 것이다.

진실을 외면하지 말고 현실을 직시해야

윤석열 검찰에 의해 낙마한 대권주자들

청와대는 2020년 연말 노영민 비서실장을 유영민 전 과학기술정보 통신부 장관으로 교체했다. 임기 말을 맞아 정권 재창출이나 개헌을 해 내기엔 턱없이 부족한 인사이다. 김대중 정권의 마지막 비서실장이 박 지원, 노무현 정권의 마지막 비서실장이 바로 문재인이었다는 점을 감 안하면 더욱 그렇다. 최측근 실세 혹은 '가방모찌(어떤 사람의 가방을 들고 따 라다니며 시중을 드는 사람, 즉 수행비서)' 정도라도 되어야 퇴임 이후의 안위까 지 깊은 이야기를 주고받지 않겠는가. 유영민 비서실장은 과학 전문가 이고 문재인 대통령과는 별다른 연도 없다. 그러다 보니 또다시 양정철 배후론이 나올 수밖에 없다. 양정철이 실세형 비서실장 노영민을 제치 고 우윤근 등 조금이라도 영향력을 행사할 비서실장 후보를 배제한 후 자신이 국정을 장악하려 한다는 것이다.

문재인 정권 하에서는 1987년 이후 그 어떤 민주화 정권에서 볼 수 없었던 이상한 현상이 벌어졌다. 정권 측의 차기 대권주자들이 그것도 집권세력인 친문에 가까운 순서대로 낙마해 버린 것이다. 그것도 대부 분 윤석열의 검찰에 의해서였다.

노무현 전 대통령 영혼의 동반자라 불렸던 안희정 전 충남지사가 집 권 초기 비서 성폭행으로 낙마했다. 성폭행은 본인 잘못이라 할 수 있 지만 피해 여성이 노골적인 친 문재인 정권 매체 JTBC에 출연하고 당 시 민주당 지도부가 당일에 안희정을 제명하는 과정은 석연치 않다. 같 은 편이라면 그 어떤 범죄도 덮어주던 게 친문들의 특징이 아니었던가. 그런 친문세력이 자신들의 상왕 노무현의 친구를 단 하루 만에 목을 쳐

버린 것이다.

이후 검찰은 또 다른 대권주자 이재명 경기지사를 그야말로 탈탈 털었다. 그렇게 털어서 선거법 위반 혐의 등으로 기소하여 그의 발을 완전히 묶어놓았다. 물론 대법원에서 무죄를 받았지만 이 지사는 문재인 세력에게 완전히 찍힌 꼴이 되어 여권 대선 후보로 더 치고 나가지 못하는 형편이다. 검찰은 이후에도 함바왕 유상봉 씨가 이 지사 측의 변호사에게 4천만 원을 전달했다는 정보를 중앙일보에 흘리는 등 탄압은 여전히 지속되고 있다.

586 대권주자로 손꼽혔던 임종석 전 비서실장도 청와대의 울산시장 선거 불법개입과 관련해 수사를 받으며 발목이 잡혔다. 결국 임종석은 총선 불출마를 선언한 뒤 검찰로부터 불기소처분을 받았다. 그가 총선 불출마 이후 민간에서 통일운동에 전념하겠다고 했지만 사실상 아무런 일도 못하는 정치 백수 신세가 되었다.

조국 전 장관과 함께 친문 진영 대권주자 1, 2위를 다퉜던 김경수 경남지사도 드루킹의 불법 댓글 공범으로 걸려 2심에서도 유죄를 받으며 대권의 길이 막혀 있는 형편이다. 이 건은 문재인의 검찰과 경찰이 늑장 수사를 하며 봐줄 만큼 봐줬으나 결국 여야가 특검 수사를 합의하여 특검에서 잡히고 말았다. 이후에 청와대 인사들이 직간접으로 개입한 사건인 울산시장 선거 불법 개입, 라임, 옵티머스 건 등 아무리 야당이 특검을 요구해도 꿈쩍도 하지 않는 청와대와 여당을 보면 의심을 할 수밖에 없다. 대체 왜 김경수 개입 사건에만 특검을 쉽게 수용했느냐는 것이다.

조국 전 장관은 그의 부인이 4년형을 선고받고 구속되는 등 차기 대권주자로서의 가치를 모두 상실했다. 여권 대권주자로 늘 3위 안에 들었던 박원순 서울시장은 비서 성추행 건으로 자살을 하기에 이르렀다.

이낙연 전 총리조차 옵티머스 비리 관련해 자신의 최측근 보좌관이 윤석열 검찰에 수사를 받다 사망하는 일이 발생했다. 그 뒤부터는 이상하게 대통령제 하의 대권주자보다는 내각제 개헌을 위한 행보를 보이고 있다. 그러면서 지지율은 폭락하고 있다. 이렇듯 여권의 대권주자들은 이유는 조금씩 다르지만 대개 윤석열의 검찰에 의해 대다수가 낙마한 상태이다.

계획이 있는 그들

1987년 이후 문재인 정권 이전 그 어떤 정권에서도 차기 대권주자가 떼죽음을 당하는 일이 벌어진 바가 없다. 노태우 정권 당시 3당 합당 이후 김영삼과 TK 측의 박철언, 박태준 등이 경쟁하다 노태우의 힘으로 김영삼이 후계자가 되었다. 김영삼 정권 때는 이회창을 비롯해 이인제, 김덕룡, 박찬종까지 모든 차기 대권주자가 끝까지 남아 있었다. 김대중 정권 때도 주류 후보로 이인제, 비주류 후보로 노무현이 경쟁하다 김대중이 노무현의 손을 들어주며 정리가 되었다. 노무현 정권 때는 이해찬, 유시민 친노 후보가 모두 대선출마를 했고, 비주류인 정동영과 경쟁하여 패배하였다. 이명박 정권 때도 초강력 대권후보 박근혜가 그대로 살아남아 대권주자를 거쳐 대통령직에 오른다. 박근혜 정권 때, 정권과는 원수지간이라 할 수 있던 김무성, 유승민까지 대권주자로 모두 건재했다.

대통령 입장에서는 차기 대권주자가 많으면 많을수록 좋다. 그렇게 차기 주자들을 경쟁시키는 가운데 자신이 캐스팅 보트를 쥐어 퇴임 이후 더 많은 사후 보장책을 챙겨둘 수 있다. 그래서 설사 대통령 입장에서 다른 계파의 인물이라 하더라도 차기주자를 키우면 키웠지 죽이지 않는 것이다. 그러나 유독 문재인 정권의 대권주자, 그것도 친노와 친문 계열의 인사들이 몰살을 당한 것이다.

그렇다면 모든 대권주자, 최측근 비서실장 노영민 후임으로 유력하던 우윤근까지 날려버린 이후 문재인, 양정철 등이 정권 말기에 반드시 해치워야 할 중대 과제는 무엇일까? 이들이 정권 초기부터 밀어붙이고자 했던 개헌이 유력하다.

문재인 측이 하고자 하는 개헌은 북한 김정은과 손발을 맞출 수 있는 연방제 통일을 위한 개헌이다. 실제 문재인과 민주당은 집권 초 개헌안을 상정할 때 헌법상의 '자유' 조항을 삭제할 논의까지 했었다. 또한 한반도 전역으로 규정해 놓은 영토조항도 휴전선 이남으로 손을 봐야 한다. 지방자치단체를 독립화하는 것도, 남북한 연방제를 위한 필수절차이다. 점차 남북한의 틀을 깨고, 평안도, 함경도, 경상도, 충청도, 이런 식으로 지방 권력화를 통해 연방제를 완성시킬 수 있기 때문이다.

계산이 맞지 않아 탄핵에 앞장 선 김무성

반면 현재 야권은 김종인이 중심이 된 내각제 개헌파들이다. 박근혜 대통령 탄핵을 주도한 김무성 역시 내각제파이다. 박 대통령 탄핵에 대해 당시의 의문점은 김무성 등 같은 보수 진영에서 임기가 약 1년밖에 남지 않은 박 대통령을 탄핵시킨 뒤 무슨 계획이 있겠느냐는 것이었다. 이에 김무성은 박 대통령을 탄핵시킨 뒤 반기문 유엔 사무총장을 대통령으로, 국회에서 총리를 선출하는 이원집정제 방식의 내각제를 추진하려 했다고 밝힌 바 있다.

박 대통령의 평소 소신은 4년 중임제 정부통령제였다. 이원집정제나 내각제는 원칙적으로 반대해 왔다. 이런 박 대통령을 그대로 두고선 김무성, 조선, 중앙 등 언론세력이 원하는 내각제 개헌이 원천 불가능하다고 계산했을 것이다.

실제로 탄핵은 문재인 세력보다 조선과 중앙, 김무성 세력이 더 큰 모험을 건 결과였다. 이들은 범보수세력으로부터 배신자로 낙인찍힐 것마저 각오하고 탄핵을 밀어붙였다. 내각제 개헌이라는 거대한 전리품이 없었다면 계산이 맞지 않는 장사였다. 그러나 탄핵 이후 반기문 유엔 사무총장이 낙마하면서 그 계산이 맞지 않게 되고 모든 전리품은 문재인이 독식하고 말았다.

2020년 4월 총선 이후 보수 야당의 전권을 갖는 비대위원장에 김종인을 앉힌 것은 조선과 중앙이었다. 김종인을 거부하는 당내 여론을 질타하면서 묻지마 식으로 김종인을 밀어붙였다. 김종인은 김무성보다도 더 광적인 내각제 지지자이다.

윤석열을 매개로 연결된 탄핵세력

야권과 언론세력이 내각제를 원하는 것은 대통령제에 비해 합법적으로 권력을 나눠먹을 수 있기 때문이다. 이원집정제라 하더라도 허수아

비 대통령을 세워놓고 총리를 6개월씩 바꿔가며 장관자리, 공기업 수장 자리를 수시로 나눠먹을 수 있다. 더구나 대통령을 직접 선출하지 못하는 제도 상 국민의 정치 참여 의식이 낙후된다. 여기에 내각제 특성상 한 지역구에 2명 이상 선출하는 중대선거구제까지 도입되면 김무성 등의 계파 보스들은 영구적으로 권력을 유지할 수 있다. 실제 내각제를 운영하는 일본의 경우 계파 보스가 대를 물려 권력을 세습하는 일까지 가능하다.

조선, 동아, 중앙 등 이른바 보수 언론사들은 선거 때마다 자사의 기자들을 정치권에 진출시켰다. 청와대가 인사할 때조차 정권은 이들 세 언론사의 인사를 균등하게 배치해야 했다. 이들은 이에 만족하지 않고 내각제 개헌을 통해 실세 총리, 장관까지 정치권과 함께 나눠먹을 대범한 계획을 세우고 사기와 거짓 탄핵이란 희대의 벤처사업을 벌였던 것이다.

공교롭게도 조선의 방상훈, 중앙의 홍석현 사주는 문재인 정권의 대권주자 목을 날려 온 윤석열 검찰총장과 깊이 얽혀 있다. 월간조선의 우종창 전 기자는 대전지검 시절 윤석열이 TV조선의 이진동 기자와 만나 긴밀히 박 대통령 탄핵을 상의했다고 밝힌 바 있다. 당사자들은 이를 부인하고 있다. 그러나 결과적으로 윤석열은 문재인의 최측근 양정철에 의해 스카우트된 뒤 박 대통령 특검 수사 팀장으로 들어간다. 윤석열은 수사 팀장일 뿐 특별검사는 아니다. 그러나 박 대통령 변호인들은 "이게 대체 박영수 특검이냐, 윤석열 특검이냐"라고 불만을 터뜨릴 정도로 특검은 윤석열이 좌지우지했다.

윤석열은 탄핵의 승부처인 삼성의 뇌물죄를 박 대통령에 뒤집어씌우기 위해 '묵시적 청탁'이란 궤변을 만들어 냈다. 박 대통령과 이재용 부회장 간에 청탁을 주고받은 아무런 증거가 없으니 눈빛으로 알아서 했다는 논리이다. 그와 동시에 윤석열 라인의 검사들은 태블릿 실사용자 김한수의 요금 납부 증거를 은폐하며 최서원 것으로 둔갑시킨다. 그렇게 해서 박 대통령을 옭아맨 사기와 거짓 탄핵은 완성된 것이다.

윤석열은 이 대가로 서울중앙지검장에 오른다. 윤석열은 차장검사도 못했기 때문에 정상적인 인사로는 지검장에 오를 수 없다. 이는 단지 인사권자인 문재인만의 힘은 아니었다. 윤석열은 중앙지검장에 오른 뒤 조선일보 방상훈 사장, 중앙일보 홍석현 회장과 만난 사실이 드러났다.

문제가 되었던 것은 2018년 11월 20일, 윤석열과 홍석현의 만남이다. 당시 나는 구속되어 있었으나 태블릿 디지털 증거 조작 혐의가 잡혀 검찰은 코너에 몰리고 있었다. 나는 강력하게 태블릿 감정을 요구했다. 이것이 받아들여지기만 하면 나의 석방은 확정적이었다. 그때 윤석열과 홍석현이 밤 11시 비밀리에 만났던 것이다. 이후 검찰은 모든 사실조회와 증인 신청을 반대하며 안하무인격으로 나왔다. 재판부도 검찰과 야합해 2주 뒤 나에게 명예훼손죄로 초유의 5년을 구형했고 바로 5일 뒤 2년 선고가 나왔던 것이다. 이렇게 문재인과 조선, 중앙 등 야권 탄핵세력은 윤석열을 매개로 연결되어 있는 것이다.

내각제, 그 오랜 공작의 역사

문재인이 윤석열과 함께 여권 대선주자들을 숙청하고 있을 때 야권에서는 조선과 중앙이 김종인을 앞세워 야권 대권주자를 내치고 있었다. 김종인은 비대위원장에 부임하자마자 홍준표, 김태호, 안철수 등 야권 대선주자들을 집요하게 음해·비방하며 힘을 빼왔다. 그러더니 국민의 선택을 받아 국회의원으로 당선된 홍준표의 복당마저 막아 버렸다.

현재 야권의 대선주자들은 1~2퍼센트대 지지율에 머무르고 홍준표와 안철수가 5퍼센트 전후의 지지율로 1, 2위를 기록해 왔다. 김종인은 홍준표와 안철수마저 죽이기에 나서고 있는 것이다. 이렇게 문재인의 여권과 야권 모두가 차기 대선주자를 동시에 죽여 왔다.

내각제 개헌은 전두환 정권 때부터 임기 말만 되면 늘 나오는 논란이다. 주로 퇴임 이후 계파 보스로라도 지분을 행사할 수 있는 현직 대통령이 개헌을 찬성하고 대권 전체를 먹으려 하는 차기 주자들이 이를 반대한다. 차기 대선은 차기 대권주자들의 전쟁터이므로 차기 대권주자들이 반대하는 순간 내각제 개헌은 불가능하다. 실제 이 문제 때문에 내각제 개헌은 성사되지 못했다.

전두환 정권은 거센 민주화의 요구로 차선책인 내각제 개헌안을 내놓았다. 그러나 대통령 권력 전체를 잡고 싶어 했던 김대중과 김영삼이 이를 받아들이지 않았다.

노태우 정권은 김영삼·김종필과의 3당 합당을 전제로 내각제 개헌 각서까지 받아냈다. 그러나 차기 대권주자가 된 김영삼은 그 각서에도 아랑곳하지 않고 자신이 직접 대통령이 되겠다고 선언했다. 당시 야권 주자였던 김대중 역시 마찬가지였다.

김대중은 아예 김종필과 내각제 합의각서를 공개한 뒤 집권했다. 임기의 절반 이전에 내각제 개헌을 하기로 한 것이다. 그러나 당연히 이

각서는 휴지조각이 되었다. 독보적으로 지지율 1위를 달리고 있었던 이회창이 내각제를 받아들일 이유가 없었다.

노무현 정권 때는 이례적으로 노무현 자신이 이원집정제나 내각제는 한국 현실에서 걸맞지 않다는 조사 결과를 발표했다. 대신 4년 중임제 대통령제 개헌을 차기 주자들에게 제시했다. 또한 노무현 정권의 지지율이 추락하여 야권은 대권주자만 되면 대통령이 되는 건 확실했다. 이명박·박근혜 후보 측이 내각제를 추진해야 할 이유가 없었다. 때문에 노무현 정권 때는 내각제 개헌 논란이 없었다.

이명박 정권은 임기 내내 내각제 개헌을 시도했다. 차기 대권주자 박근혜와 정치적으로 앙숙이다 보니 정권이 문재인으로 교체되어도 문제, 박근혜가 재창출해도 문제가 되었기 때문이다. 대표적인 내각제 추진 인사가 당시 정무수석 박형준이다. 그는 이후 JTBC 등에 의해 수시로 방송을 타면서 2020년 4·15 총선 때는 선대본부장 자리에 오르기도 했다. 현재는 유력한 부산시장 후보이기도 하다. 그러나 박근혜가 이를 받아들이지 않아 무산되었다. 박 대통령 때는 탄핵으로 내각제를 해치우려 했으나 문재인이 대통령 권력 전체를 모두 가져갔다. 이명박계 중 내각제의 화신 박형준만이 재기에 성공했다는 점도 향후 눈여겨봐야 할 대목이다.

내각제 개헌 추진의 제1의 미션은 차기 대권주자를 없애는 것이다. 1987년 이후 그 어떤 정권에서 벌어진 적이 없던 여권 대권주자들의 떼죽음, 그리고 김종인과 조선, 중앙에 의한 야권 대권주자 음해·비방 공작, 여야 모두 대권주자들 죽이기 공작이 동시에 벌어진 셈이다. 그래서 이제는 더 이상 내각제 개헌을 반대할 강력한 차기 대권주자가 여야 모두에 존재하지 않는다.

여기서 또 하나의 정치 공작이 개입되었다. 문재인이 임명하여 충실히 여권 대권주자를 제거하고 박근혜, 이명박, 양승태 등 전 정권 보수 인사 200여명을 구속시킨 윤석열을 보수 대권주자로 둔갑시킨 것이다. 실제 야권 대권주자인 홍준표, 안철수, 김태호 등이 더 치고 올라갈 공간을 윤석열이 막아 버렸다.

YTN과 리얼미터의 2021년 새해 첫 여론조사 결과 윤석열 검찰총장이 30.4퍼센트로 압도적인 1위로 발표되었다. 이재명 경기지사 20.3퍼센트, 이낙연 민주당 대표는 15퍼센트로 이제 한참 뒤로 밀렸다. 윤석열 검찰총장의 경우 보수 성향의 응답자 중 46퍼센트가 지지의사를 밝혔다. 어느새 윤석열은 보수 후보 및 야권 후보로 국민들이 인식하게 된 것이다. 그러면서 홍준표, 김태호 등 보수의 대권후보들은 더 치고 나갈 공간을 확보하지 못하고 있다. 이것은 우연이 아니라 치밀한 정치 공작의 결과이다.

전영기, 염순태가 한 일

앞서 언급했듯이 윤석열은 조선일보의 방상훈, 중앙일보의 홍석현 사주와 밀접한 관련을 맺고 박 대통령 사기 탄핵을 해치운 인물이다. 탄핵을 대다수 보수층이 결사반대했고, 여전히 "박근혜 사랑해요"를 외치며 탄핵무효를 주장하고 있다. 그런데 그 보수층이 탄핵 주범이자 박 대통령에게 30년형 누명을 덮어씌운 윤석열을 대통령 후보로 밀고 있다는 게 이치에 맞는 일인가.

국회에서 탄핵안이 가결된 지 약 한 달이 지난 2017년 1월 초, 태극기 세력은 태블릿 조작 보도를 심의하라며 방통심의위에서 농성을 하고 있었다. 이때부터 JTBC의 태블릿 관련 수상한 오보들이 드러나기 시작했고 내가 직접 방통심의위에 심의 요청을 넣었다.

농성장에는 염순태라는 이름을 쓰는 자가 나타났다. 평소에 보수 운동판에서는 전혀 보지 못했던 인물이다. 그 자는 중앙일보의 전영기 논설위원과 초등학교와 중학교 친구라는 점을 자랑했고 자신도 그와 같은 서울대 출신이라며 떠들기도 했다. 그러다 나중에는 자신은 선린상고 출신이라고 바로잡았다.

염순태는 나와 뉴데일리 박성현 주필과 함께 전영기 위원을 만나자고 제안했다. 내 입장에서는 당시만 해도 태블릿 보도는 JTBC 측의 단독 작품이라 보고 중앙일보 측에 사실관계를 전달할 필요가 있다고 판단했다. 그리고 전영기 위원도 태블릿 관련 상황 파악을 위해서 나를 만나려 한다고 믿었다.

그 뒤 전영기와의 인연은 꽤 오래 이어졌다. 내가 중앙일보 앞에서 태블릿 진실을 밝히라는 집회를 할 때 전영기는 염순태를 통해 가장 적합한 집회 장소를 알려 주기도 했다. 전영기는 박근혜 대통령 재판에도 참석하여 취재를 하기도 했다. 물론 탄핵이나 태블릿 관련 기사, 칼럼을 쓰지는 않았지만 중앙일보의 특성상 전영기 한 명이라도 이에 대해 정확한 사실을 확인한다면 나쁠 것이 없다는 생각에 관계를 이어갔다.

내가 구속되고 출소 이후에도 전영기와 염순태는 내 주변을 떠나지 않았다. 내가 주도한 태극기 세력의 탄핵무효를 관철시키기 위한 세미나에 참석하기도 했다. 물론 당시에도 나는 태블릿 진실 추적을 포기하지 않았기에 이때부터 전영기는 더 이상 나와 만날 필요가 없어졌다.

그리고 나서 전영기와 염순태가 작업한 것은 바로 박 대통령을 구속시킨 윤석열을 보수의 영웅으로 만드는 것이었다. 윤석열이 조국 법무부 장관을 수사할 때 일시적으로 보수층의 지지여론이 높아졌다. 이들은 이 기회를 놓치지 않고 전영기는 자신의 칼럼으로, 염순태는 태극기 집회에 윤석열 찬양 피켓을 들고 나타났다. 사실 윤석열은 박 대통령 탄핵의 주범이라 이때만 해도 태극기 집회에 윤석열을 찬양하는 건 쉽지 않았다. 그러나 저들은 집요하게 이를 관철시킨 것이다.

윤석열과 추미애의 갈등이 깊어지자 이제 염순태는 타락한 보수단체와 손을 잡고 윤석열에 화환 보내기 이벤트를 연다. 그리고 이는 전영기의 중앙일보와 조선, 동아 등이 집중 보도하며 윤석열을 보수의 영웅으로 만드는 데 큰 요인이 되었다.

염순태는 탄핵무효 태극기 집회 때 처음 등장한 인물이다. 전영기의 말에 의하면 "평생 단 한 번도 정치사회 문제에 관심조차 없었던 친구"다. 그로 인해 염순태와 함께 윤석열 찬양가를 불러대는 세력도 태극기 세력들이다. 일부 소수지만 중앙일보와 조선일보가 지원하는 태극기 세력이 윤석열을 찬양하면서 그에 대한 보수층의 경계심을 허물어뜨린 것이다.

양동 공작을 펴다

전영기와 염순태가 태극기 세력에 침입하여 처음 만난 나에 대해선 저들은 윤석열을 찬양하면서 집중적으로 음해공작을 동시에 펼쳤다.

구속까지 되었어도 태블릿 진실을 파헤치겠다는 의지를 버리지 않으니 저들로서는 나와 더 만날 이유가 없었던 것이다. 오히려 보수 진영에서 가장 강력히, 윤석열의 탄핵 책임을 묻고 있는 내가 저들로서는 당연히 껄끄러운 것이다.

윤석열이 보수의 대권주자가 되어 홍준표, 김태호 등 다른 보수 주자 앞길을 막게 된 것은 우연이 아니라 홍석현 중앙일보 라인들의 공작이 있었던 것이다. 물론 그렇다 치더라도 수시로 서울구치소에 가서 "박 대통령님 사랑합니다"라고 울고불고 외쳤던 태극기 세력들이 박근혜 대통령을 구속시킨 윤석열 앞에서 크리스마스 캐럴 등을 부르며 만세를 외치는 건 그로테스크한 장면을 넘어 역겨운 행위이다. 그렇지만 이런 엽기적인 이중 플레이는 결코 오래 갈 수가 없다.

'가짜 뉴스 25개'의 칼춤에 놀아난 대가

보수 진영에서 윤석열 대통령 만세 삼창이 한창이던 2021년 연초에 이명박·박근혜 두 전직 대통령 사면론이 터져 나왔다. 그것도 야권이 아닌 여권 당대표 이낙연 전 총리가 포문을 연 것이다. 이 대표는 "국민 통합을 위해 이명박·박근혜 대통령의 사면을 문재인 대통령에 건의하겠다"는 입장을 밝혔다. 이 발언 하나로 친문과 보수 진영 양측에 폭탄을 던진 셈이었다.

2016년 10월 24일, JTBC의 태블릿 첫 보도 이후 박 대통령은 나치 전범 수준의 악녀로 몰렸다. 언론사들은 마음 놓고 거짓·조작·날조 기사로 박 대통령을 공격했다. 월간조선의 배진영 기자는 탄핵 기간 동안

언론사들이 박 대통령을 마녀사냥으로 몰아댄 대표적인 '가짜 뉴스 25
개'를 잡아낸 바 있다.

- 최순득은 박근혜 대통령과 성심여고 동기동창 – 경향신문
- K 스포츠 이사장은 최순실 단골 마사지 집 사장 – 전 언론
- 최순실 아들, 청와대 근무 – 시사저널
- 박근혜, 세월호 가라앉을 때 '올림머리' 하느라 90분 날렸다 – 전 언론
  박근혜, 불법 줄기세포 시술 – SBS 방송
- 대통령, 차움 시설 무상 이용… 가명은 '길라임' – JTBC 방송
- 靑, 태반주사 8개월간 150개 구매 / 수술용 혈압제 무더기 구매 / 비아그
  라에 이어 '제2의 프로포폴'까지 구입한 靑 – 전 언론
- 주진우, "섹스 관련 테이프 나올 것" – 뉴스프로
- 청와대에서 사용하던 마약류가 사라졌다 – 전 언론
- 청와대 의약품 대장 속 '사모님'은 최 씨 자매 중 한 명 – 전 언론
- 최순실, 대통령 전용기로 해외 순방 동행 – 채널 A
- 경호실이 최순실 경호했다 – KBS
- 대통령 옷값은 최순실이 냈다 – 전 언론
- '통일대박'은 최순실 아이디어 – 전 언론
- 최순실, DMZ 평화공원 사업에도 간여 – 한겨레신문
- 최순실, 무기 로비스트 린다 김과 친분 – 전 언론
- 박근혜 대통령이 무속巫俗에 빠졌다 – 전 언론

이런 기사들은 모두 가짜 뉴스였다. 그러나 이미 탄핵과 촛불의 광

기가 오를 대로 올라 군중들은 마녀를 사냥하러 광장으로 뛰쳐나갔다. 위의 가짜 뉴스들만 보면 박근혜 대통령은 주요 국정운영을 최서원에게 맡기고 본인은 미용을 하거나 마약에 빠져 최서원과 함께 거액의 뇌물을 챙겨 먹은 게 분명했다. 아마 촛불을 들고 "박근혜 퇴진! 박근혜 사형!"을 외친 대다수 군중도 모두 이렇게 알고 뛰쳐나갔을 것이다. 아니 지금까지도 가짜 뉴스를 그대로 믿고 있는 국민들의 수가 더 많을 것이다.

윤석열 특검은 박 대통령이 삼성, SK, 롯데 등으로부터 받은 뇌물 액수를 433억 원으로 정리했다. 그러나 검찰은 여기에 159억 원을 더해 총 592억 원의 뇌물 액수로 기소했다. 직권 남용, 강요죄, 공직선거법 위반 등을 빼더라도 대한민국 대통령이 재직 기간 중 592억 원의 뇌물을 받은 것 하나만으로도 탄핵과 구속은 충분했다. 그래서 현재 2심까지 총 20년형을 선고받았다. 20여년의 형기 중 불과 4년밖에 채우지 않은 부패한 권력자를 왜 국민통합의 명분으로 사면 석방하느냐는 질문에 대한 답이 필요한 것이다.

친문세력의 성지라 할 수 있는 전라도 광주 지역의 광주시민단체협의회, 광주전남여성단체연합, 광주진보연대, 5·18단체 등은 "애초에 심판과 청산도 끝나지 않은 사안에 대해 사면을 제안한다는 것 자체가 어불성설"이라며 "국정농단 세력들의 재판도 채 안 끝났을 뿐만 아니라 그들의 반성도, 사과도 전혀 없었다"고 사면론을 비판했다.

이들 단체는 특히 박 대통령이 2020년 4·15 총선을 앞두고 "거대 야당을 중심으로 태극기를 들었던 모두가 하나로 힘을 합쳐 줄 것을 호소한다"며 옥중 정치한 것을 언급하며 "사죄와 반성은커녕 오히려 적반하장인 그들을 사면할 까닭이 무엇이란 말인가"라고 거듭 따져 묻기도 했다.

문재인 대통령의 임기 말이라고 해서 섣불리 사면을 하기엔 박 대통령을 탄핵시키기 위해 억지로 뒤집어씌운 죄가 커도 너무 큰 것이다. 그 정도의 죄가 맞는다면 사면은 어불성설인 것이고 사면을 하기 위해선 최소한 국민들 다수가 "박 대통령의 죄가 그렇게 크지는 않구나"하는 정도의 인식 전환이 필요한 것이다.

30년형을 구형받는 방법

문재인 대통령과 조선, 중앙, 동아를 비롯해 탄핵을 추진한 쪽에서도 박 대통령이 20년형 이상을 선고받도록 하고 싶지는 않았을 것이다. 적당히 권력만 빼앗고 손쉽게 사면할 수 있는 정도의 형량에 맞추고 싶었을 것이다. 그러나 탄핵을 관철시키기 위해서는 원천적으로 뇌물죄가 필요했고 뇌물이 아닌 것을 뇌물죄로 뒤집어씌우려다 보니 기업들의 정상적인 재단 출연금을 모두 뇌물로 둔갑시켜 상상도 하지 못할 592억 원의 뇌물 액수가 나와 버린 셈이다. 특정범죄가중처벌법 규정 상 1억 원 이상의 뇌물을 받으면 10년 이상의 징역형이 불가피하다. 오히려 무기징역이 나오지 않은 게 이상할 정도이다.

2004년 노무현 전 대통령의 공직선거법 위반으로 인한 탄핵 당시 헌법재판소는 탄핵소추안에 대해 "대통령을 파면시킬 정도로 정당하지 않다"며 "뇌물수수, 공금횡령, 부정부패"를 정당한 파면사유로 제시했다. 대통령이 설사 헌법과 법률을 어기더라도 그 범죄의 정도가 뇌물수수 정도는 되어야 탄핵이 가능하다는 가이드라인 제시였던 것이다. 그러다 보니 국회에서부터 소추안을 작성할 때 무조건 뇌물죄를 포함시켰어야 했던 것이다. 국회의 탄핵소추안에서는 박 대통령의 뇌물죄를 다음과 같이 설명해 놓았다.

> 대통령의 광범위한 권한, 기업 대표와 단독 면담을 갖고 민원 사항을 들었던 점, 재단법인 출연을 전후한 대통령과 정부의 조치를 종합하여 보면 출연 기업들 중 적어도 경영권 승계와 관련한 국민연금의 의결권 행사, 특별사면, 면세점 사업권 특허신청, 검찰 수사 등 직접적 이해관계가 걸려 있었던 삼성, SK, 롯데 그룹으로부터 받은 돈(합계 360억 원)은 직무 관련성이 인정되는 뇌물이라고 보아야 할 것이다.
>
> 또한 위에서 본 것과 같이 재단법인 미르와 재단법인 K스포츠 재단은 박근혜 대통령과 최순실이 인사, 조직, 사업에 관한 결정권을 장악하여 사실상 지배하고 있으므로 박근혜 대통령의 행위는 형법상의 뇌물수수죄(형법 제129조 제1항)에 해당한다. 만일 재단법인에 대한 지배력이 인정되지 않는다고 하더라도 재단법인에 뇌물을 출연하게 한 것은 형법상 제3자 뇌물수수죄에 해당한다. 어느 경우든지 수뢰액이 1억 원 이상이므로 결국 박근혜 대통령의 위와 같은 행위는 특정범죄가중처벌등에관한법률위반(뇌물)죄(특정범죄가중처벌등에관한법률 제2조 제1항 제1호, 형법 제129조 제1항 또는 제130조)에 해당한다. 이는 법정형이 무기 또는 10년 이상의 징역에 해당하는 중죄다.

탄핵 논란 당시부터 박 대통령이 개인적으로 받은 돈이 전혀 없다는 사실은 이미 밝혀졌다. 이런 상황에서 탄핵을 하려고 뇌물죄를 만들다 보니 공익재단인 K재단과 미르재단에 대기업들이 출연한 돈을 모두 뇌물로 뒤집어씌워서 592억 원이란 액수가 나온 것이다.

탄핵을 찬성한 대다수의 국민들은 어쨌든 "박 대통령과 최순실이 대기업을 협박해 출연금을 강제로 받아냈으니 그게 뇌물 맞지 않나. 설사 뇌물이 아니라 해도 어쨌든 둘의 사익을 위한 것 아닌가"하는 정도의 인식을 하고 있을 것이다. 물론 이것도 사실은 아니다. 박 대통령 탄핵 사건을 집중 취재한 우종창 전 월간조선 기자는 자신의 저서 『대통령을 묻어버린 거짓의 산』에서 K재단과 미르재단의 설립 과정에 대해 법정 증거 자료를 바탕으로 상세하게 서술했다.

우선 박 대통령과 최서원 모두는 K재단과 미르재단 설립에 관여하지 않았다. 아니 더 정확히 말하면 설립되는 과정조차 몰랐다. 이는 모두 안종범 전 경제수석과 전경련 이승철 부회장이 전적으로 주도한 것이다.

박 대통령은 재단 설립 후에야 기업들이 자발적으로 문화·스포츠 발전을 위해 설립했다는 정도로만 파악하고 있었다. 당연히 박 대통령이 대기업 오너들과의 독대에서 재단 출연금을 요구했다는 것은 모두 거짓이다. 삼성 이재용 부회장부터 롯데 신동빈 회장까지 대기업 오너 그 누구도 박 대통령으로부터 재단 출연금을 요구받았다고 증언한 인물은 없다.

두 재단의 조직 구성은 박 대통령이나 최서원이 아닌 차은택 창조경제추진단장이 담당했다. 결과적으로도 박 대통령과 최서원은 이들 재단에서 10원 한 장 빼 간 사실이 없다. 대기업들이 출연한 자금은 최소한 경비를 제외하곤 재단 통장에 그대로 보관되어 있었다.

탄핵을 심의한 헌법재판소에서도 도무지 이런 재단 출연금을 뇌물로 인정할 증거를 찾기가 어려웠다. 그러다 보니 다수의 국민들이 알고 있는 것과 다르게 정작 헌법재판소의 탄핵심판 결정문에는 뇌물죄 부분이 빠져 있다. 단지 최서원의 사익 추구를 위해 대통령의 권한을 남용했고, 재단 설립 과정에서 기업 재산권과 경영 자율권을 침해했다는 사유만 적혀 있을 뿐이다.

헌법은 공무원을 국민 전체에 대한 봉사자로 규정해 공익 실현 의무를 천명하고 있고, 이 의무는 국가공무원법과 공직자윤리법 등을 통해 구체화되고 있다. 피청구인의 행위는 최서원의 이익을 위해 대통령의 지위 권한을 남용한 것으로서 공정한 직무 수행이라 할 수 없으며 헌법과 국가공무원법을 위배한 것이다. 또 재단법인 미르와 K 재단 설립 시 최서원의 이권 개입에 직간접으로 도움을 준 피청구인의 행위는 기업 재산권을 침해했을 뿐만 아니라 기업 경영의 자율권을 침해한 것이다. 피청구인 지시 또는 방치에 따라 직무상 비밀에 해당하는 많은 문건이 최서원에 유출된 점은 국가공무원법 비밀 엄수 의무를 위배한 것이다.

초능력 논리 범죄 '묵시적 청탁'과 '묵시적 공모'

노무현 전 대통령 탄핵을 심의한 헌법재판소의 가이드라인과 달리 뇌물죄, 공금횡령, 부정부패 혐의가 없음에도 권한 남용과 기업 자율 침해, 이런 사유로 탄핵을 당한 셈이다. 그랬다면 박 대통령의 형사재판에서는 최소한 뇌물죄 부분이 무죄가 나왔어야 정상이다. 그러나 그렇게 되면 박 대통령이 뇌물을 받아 탄핵당한 것으로 세뇌된 국민들이 진실을 깨닫게 될까봐 겁이 났는지 재판부 1심, 2심 모두에서 뇌물죄를 선고할 수밖에 없었다.

이렇게 뇌물죄를 인정하려면 마땅히 대기업 오너로부터 구체적인 청탁을 받은 증거가 있어야 했다. 그러나 박 대통령에게 이권 청탁을 한 대기업 총수는 없다. 신동빈 롯데그룹 회장은 "박근혜 대통령은 청탁하는 걸 워낙 싫어했던 터라 롯데그룹 내부에서는 아예 사업 이야기는 꺼내지 말라는 보고서가 올라와 실제로 그렇게 했다"고 증언했다. 당시 롯데그룹은 신동빈 회장과 그의 형 신동주 회장 간의 경영권 다툼으로 국민의 따가운 눈초리를 받고 있었다. 신동빈 회장은 재판에서 "이런 상황에서 내가 어떻게 박 대통령에게 이권 청탁을 할 수 있겠느냐"고 항변했다. 돈과 관련된 박 대통령의 결벽성은 정치권에서도 널리 알려진 일이다.

그래서 윤석열의 검찰이 조작해 낸 개념이 '묵시적 청탁'이다. 삼성 이재용 부회장이 경영권 승계를 위한 명시적 청탁을 한 바는 없지만 묵시적으로 서로의 이권을 이해하여 청탁을 주고 뇌물을 받았다는 초능력 같은 논리였다.

윤석열과 함께 묵시적 청탁 개념을 조작한 한동훈 검사장은 바로 자기가 만들어 낸 논리의 함정에 걸려들고 만다. 채널A 이동재 기자와의 공모로 수감자를 협박해 유시민의 비리 관련 증언을 받아내려 한 혐의를 받게 된 것이다. 실제 한동훈 검사장과 이동재 기자 간의 공모 증거는 없다. 여기에도 '묵시적'이란 개념이 적용되어 한 검사장 스스로 큰 곤욕을 치른 것이다. 그만큼 '묵시적 청탁' 혹은 '묵시적 공모'의 개념이 재판정에서 적용되기 시작하면, 무수한 무고한 사람에게 중형을 선고할 수 있는 무서운 정치 보복의 무기가 된다. 나중에 문재인·윤석열 등에도 언제, 어떻게 적용될지 모르는 일이다.

이것만으로도 불안했는지 특검과 검찰은 최서원과 삼성의 민간 사이에서의 말 세 마리 등 사적 거래까지 모두 박 대통령이 받은 뇌물로 덮어씌웠다. 승마 선수 정유라가 빌려 탄 말 세 마리를 박 대통령이 받은 뇌물로 규정하려니 이번에는 박 대통령과 최서원이 경제공동체란 논리를 들고 나왔다.

뇌물죄는 공직자에게만 적용된다. 박 대통령은 그 누구로부터도 10원 한 장 받은 바 없다. 최서원은 삼성으로부터 국가대표 승마 선수들을 위한 명목으로 말 세 마리를 대여 받았다. 그런데 최서원은 공직자가 아닌 민간인이었다. 삼성으로부터 말뿐만 아니라 돈을 얼마를 받든 뇌물죄가 성립되지 않는다. 그럼에도 불구하고 박 대통령과 최서원을 어떡하든 경제공동체로 묶어야 뇌물죄 공범으로 처벌이 가능했던 것이다. 박 대통령의 공적 권력을 내세워 최서원이 뇌물을 받아 둘이 나눠 먹었다는 식이다.

경제공동체란 것은 박 대통령과 최서원이 서로 받은 돈을 소유자 구분 없이 마음대로 썼다는 것을 의미한다. 그러나 박 대통령과 최서원이 하나의 통장을 공용으로 사용했다거나 돈주머니를 함께 차고 다녔다는 증거는 단 하나도 없다. 유일하게 박 대통령의 삼성동 자택 매입 때 최서원이 돈을 내주었다는 주장이 있었으나 그냥 검찰이 일방적으로 퍼뜨린 '설'일 뿐이었다.

상식적으로 경제공동체라는 개념이 성립되려면 부부나 가족 정도는 되어야 한다. 이와 대비되는 사건이 바로 노무현 가족의 박연차 뇌물 사건이다. 당시 검찰은 노무현 전 대통령이 직접 박연차에게 돈을 가져올 것을 요구했기에 노 전 대통령이 받은 뇌물이라 규정했다. 그러나 노 전 대통령은 그 돈은 부인 권양숙이 받았기에 자신과 관계없다고 주장했다. 친노와 친문세력은 노 전 대통령 가족 뇌물 사건에서 여전히 그 논리를 펴고 있다. 대법원 판례상 부부 사이에서 경제공동체는 성립이 된다. 노무현 측은 경제공동체라 하더라도 노무현과 권양숙 간의 공모 증거가 없다고 주장한 셈이다.

그런데 검찰과 법원은 박 대통령과 최서원의 경우 부부 사이도 아닌데 경제공동체라 넘겨짚은 것을 넘어 둘이서 언제, 어디서, 어떻게 "대기업을 털어 해 먹자"라는 명시적 공모 증거 없이 '묵시적 공모'까지 인정해 버릴 수 있는가. 이에 대해 최서원 측의 이경재 변호사는 "박근혜 전 대통령과 최서원에게 직접 증거가 없었지만 이들이 경제적 공동체라고 판단해 '묵시적 공모'를 인정했다면, 하물며 혈연관계인 딸의 부정 입학을 도운 의혹을 받는 조국과 정경심 부부에게도 적용해야 할 것"이라 경고하기도 했다.

그래서 태블릿이 필요했다

이렇듯 법적 증거가 아예 없게 되자 박 대통령과 최서원의 경제공동체와 국정농단의 공범을 이어줄 매개체는 오직 태블릿밖에 없었던 것이다. JTBC의 태블릿 보도는 전 국민에게 최서원이 박 대통령으로부터 국가 기밀을 태블릿을 통해 넘겨받아 사익 추구를 위해 악용했다는 결정적인 이미지를 심어 준 사건이다. 그러나 검찰은 그 태블릿조차도 박 대통령과 최서원의 재판에 제출하면 조작 증거가 밝혀질까 무서워 꼭꼭 숨겨왔다. 그러다 검찰이 문제의 태블릿을 김한수가 사용했다는 증거를 은폐한 사실이 드러났다. 나의 재판부에서 태블릿 원본 파일 제출을 요구해도 검찰은 무작정 버티고 있다. 애초에 뇌물을 받은 증거나 최서원과 박 대통령이 공모한 증거가 없었던 마당에 태블릿마저 조작으로 드러나면 사기 탄핵 전체가 무너질 판이기 때문이다.

뜬금없는 김종인의 사죄

　친문 진영에서는 박 대통령을 사면시키려면 최소한의 반성과 사과는 있어야 한다고 요구하고 있다. 그러나 박 대통령 입장에서는 누명을 쓰고 4년간 억울한 옥살이를 해 왔다고 판단한다. 반성이나 사과할 입장이 아니다. 만약 일체의 사과나 반성 없이 사면이 된다면 사기 탄핵에 세뇌된 군중들은 "어떻게 592억 원의 뇌물을 먹은 자가 사과 한마디 없이 사면이 되느냐"며 민심을 폭발시킬 수 있다.

　사면권을 갖고 있는 문재인 대통령과 사면론을 촉발한 이낙연 민주당 대표는 박 대통령이 징역 20년형을 선고받을 만한 뇌물죄 같은 범죄를 저지른 게 아니라는 걸 알고 있을 것이다. 만약 박 대통령을 포함한 역대 대통령들이 해 온 관습적인 정치 행위에 이런 중형을 내린다면 문재인 역시 퇴임 이후 그 이상의 중형을 받을 일들이 수두룩하다. 임기 말에 사면론을 꺼내든 이유가 여기에 있을 것이다.

　문제는 이들이 사기 탄핵을 관철시킬 목적으로 또한 보수 진영을 죽이기 위한 목적으로 다수의 군중들에게 박 대통령을 용서할 수 없는 부패한 마녀로 몰아간 일을 어떻게 뒤집을 수 있느냐는 것이다. 이제 와서 "박 대통령은 실제 뇌물을 받은 건 아니다"라며 지지층을 설득할 수 있을까. 이 때문에 박 대통령 사면은 여권 내부에 시한폭탄이 될 사안이다.

보수 진영도 다르지 않다. 어처구니없게도 보수 진영의 제도권 정당인 국민의힘 김종인 비대위원장이 2020년 12월 15일 박 대통령 탄핵과 관련해 다음과 같이 사과를 해 버렸다.

> 아울러 탄핵을 계기로 우리 정치가 성숙하는 계기를 만들어야 했는데 민주와 법치가 오히려 퇴행한 작금의 정치 상황에 대해서 책임을 느끼며 깊이 사과를 드립니다. 두 전직 대통령의 과오에는 정경 유착의 어두운 그림자가 짙게 깔려 있습니다. 특정한 기업과 결탁하여 부당한 이익을 취하거나 경영 승계 과정의 편의를 봐준 것들이 있습니다. 공직 책임을 부여받지 못한 자가 국정에 개입해 법과 질서를 어지럽히고 무엄하게 권력을 농단한 것도 있었습니다. 국민과의 약속은 져버렸습니다.

다시 강조하지만 김종인 비대위원장의 위 사과문은 허위 사실 유포이다. 박근혜 대통령은 그 어떤 기업과도 정경 유착을 벌인 바도 없다. 특정 기업과 결탁하여 부당한 이익을 취한 적도 없다. 경영 승계 과정의 편의를 봐준 적도 없다. 공직 책임을 부여받지 않은 최서원이 국정에 개입해 권력을 농단한 바 없다.

'팬'이었다는 이유로

최서원은 자신의 자서전 『나는 누구인가』에서 자신은 박 대통령에게 감히 인사 청탁이나 국정 관련 조언을 할 엄두조차 낼 수 없었던 위치였다고 토로했다. 박 대통령이 이를 절대 용납할 인물이 아니라는 것이다. 자신은 그저 직계가족이 없는 박 대통령을 위해 값싼 옷들을 준비해 공급한 게 전부라는 입장이다.

최서원이 자신과 박 대통령의 관계를 규정한 단어는 '팬'이었다. 박 대통령은 25세 때 육영수 여사의 서거로 퍼스트레이디를 맡으면서 당시 젊은 세대에게 주목받은 정치권 스타였다. 최서원은 그때부터 팬의 입장에서 자원봉사자로서 박 대통령을 도왔다는 것이다.

실제 특검과 검찰은 최서원이 국정에 개입했다는 그 어떤 증거도 제시하지 못했다. 모두 "어디서 들었다", "그럴 거 같다" 수준의 제3자 추측성 전언으로 기소장을 채웠을 뿐이다. 최서원이 박 대통령을 뒤에서 좌지우지한다는 말들은 대부분 박 대통령 근처에도 와보지 못했던 고영태 등의 일방적 추측을 기자들이 실제 폭로인 양 기사로 적은 것들이다. 탄핵의 증거가 전혀 없던 국회는 이런 수준의 기사들을 증거로 제출할 수밖에 없었다.

대표적인 게 한겨레신문의 미르재단 초대 사무총장 이성한의 인터뷰 기사이다. 이성한은 미르재단 설립과 운영 과정에 청와대와 최서원이 깊숙이 개입했다는 의혹을 최초 폭로한 사람으로 알려져 있다. 이 씨는 미르재단 설립 직후인 2015년 11월에 재단 사무총장에 취임했으나 이듬해 6월 29일 직위해제 되었다.

이성한은 2016년 10월 26일 한겨레신문과의 인터뷰에서 "최순실 씨 주변에 비선 실세모임이 있다"는 취지의 주장을 하고, "최 씨의 사무실 책상에는 항상 30센티미터가량 두께의 대통령 보고 자료가 놓여 있었다. 자료는 주로 청와대 수석들이 대통령한테 보고한 것들로 거의 매일 밤 청와대 정호성 제1부속실장이 사무실로 들고 왔다"고 폭로했다. 이 한겨레신문 기사만 보면 최서원의 국정농단의 충분한 증언 수준은 되는 듯하다. 실제 JTBC 태블릿 보도와 함께 이 기사는 최서원의 국정농단을 확정한 수준의 파장을 일으켰다. 실제로는 한겨레신문의 인터뷰 조작에 불과했다.

이성한은 기사가 공개된 지 이틀 뒤인 2016년 10월 28일에 검찰 조사를 받았다. 검찰 특별수사본부(본부장 이영렬 서울중앙지검장)는 이성한 씨를 참고인 신분으로 비공개 소환해 조사했다. 한겨레신문 보도의 왜곡과 관련된 검찰 진술조서 내용은 다음과 같다.

문 진술인은 한겨레와의 인터뷰에서 "최 씨는 자신의 논현동 사무실에서 각계의 다양한 전문가를 만나 대통령의 향후 스케줄이나 국가적 정책 사안을 논의했다. 최 씨는 이런 모임을 주제별로 여러 개 운영했는데 일종의 대통령을 위한 자문회의 성격이었다. 모임에 오는 사람은 회의 성격에 따라 조금씩 바뀌었지만 차은택은 항상 있었고, 고영태도 자주 참석했다", "최 씨의 사무실 책상에는 항상 30센티미터가량 두께의 대통령 보고 자료가 놓여 있었다. 자료는 주로 청와대 수석들이 대통령한테 보고한 것들로 거의 매일 밤 청와대 정호성 제1부속실장이 사무실로 들고 왔다", "최순실은 모임에서 이 자료를 던져 주고 읽어보게 하고는 이건 이렇게, 저건 저렇게 하라고 지시를 내렸다, "비선 모임의 주제는 한 10퍼센트는 미르·K 스포츠 재단과 관련된 일이지만 나머지 90퍼센트는 정부 정책과 관련된 게 대부분이었다"라고 진술하였다는데 어떤가요?

답 저는 위 기사 내용에 대하여 제가 직접 눈으로 목격한 것은 없고, 고영태에게 전해 들은 말이 일부 있을 뿐입니다.

문 진술인이 고영태에게 전해 들은 말은 무엇인가요?

답 고영태가 "최순실 책상 위에 중요한 서류가 있더라"라고 하면서 손으로 이 정도 두께가 된다고 손짓을 해 주었습니다. 저는 그 서류가 지금은 대통령과 관련된 중요 서류라고 생각은 하지만, 고영태한테 그 말을 들을 때에는 그렇게까지는 생각을 못했습니다.

문 그렇다면 기자가 전혀 허위 사실을 기사화한 것인가요?

답 저는 그렇게 생각합니다.

문 진술인의 말에 따르면, 진술인과 관련하여 언론에 보도된 부분은 진술인이 실제로 기자와 만나 이야기한 것보다 많이 과장되어 있다는 것인가요?

답 그렇습니다. 저도 일부 언론에서 저에 대하여 많이 과장된 기사를 내보내어 부담스러운 상황입니다. 고영태와 관련된 부분도 제가 분명히 들은 말은 들었다고 구분해 주었는데, 기자가 자기가 알고 있거나 추측한 내용을 제가 그렇게 명시적으로 확인해 준 것처럼 기재해 버렸습니다. 그리고 일부 기사에 보면, "내가 하고 싶은 말의 10분의 1밖에 아직 말 안 했다"라고 했는데, 정확하게 말하면 그 말은 '제가 기자들에게 진짜 하고 싶은 말은 재단 사무총장에서 직위 해제된 것이 억울하다'는 것이었습니다. 이 부분은 10분의 1 정도밖에 못하고 맨날 재단 설립 과정이나 최순실 부분들에 대한 이야기로만 대부분 채웠다는 뜻이었는데, 기자는 마치 제가 최순실이나 기타 청와대의 비리에 대하여 10분의 1밖에 안 했고, 아직도 10분의 9가 더 남았다는 내용으로 써 버린 것입니다.

문 언론 보도에 의하면 현재 진술인이 차은택, 최순실, 고영태 등 미르 관련자들과의 통화 내용을 녹음한 녹음파일 또는 녹취록 70여 개를 가지고 있다는 것인데 이는 사실인가요?

답 지금 말씀하시는 기사는 한겨레신문 기사로 알고 있습니다만, 제가 관련자들과의 사적인 통화를 녹음해서 녹취록이나 녹음파일을 가지고 있는 것은 아니고, 제가 한겨레 기자에게 말한 것은 정확하게 이런 취지였습니다. 내가 미르재단에 있을 때 있었던 업무와 관련하여 미팅이나 내부 회의 관련된 녹음파일이 있었는데 그게 약 70여 개 정도 될 것이다라고 하였습니다. 그리고 그중에서 제가 제 핸드폰에 4~5개를 따로 녹음해서 가지고 있었는데 그걸 기자에게 들려주었던 것입니다. 그 4~5개의 파일에 차은택, 최순실의 목소리가 녹음되어 있는 것입니다. 저는 분명히 그런 취지로 말을 하였는데, 그 말을 들은 기자가 마치 제가 사적으로 차은택이나 최순실과의 대화 내용을 몰래 녹음한 파일을 70여 개 가지고 있다는 식으로 기사가 난 것입니다.

문 재녹음하였다는 녹음파일은 재생 시간이 각각 얼마나 되는가요?

답 그리 길지 않습니다. 하나당 한 15초 정도 됩니다.

문 공식적으로 미르재단에서 이루어진 내부 회의나 이사회 회의 등은 음성 녹음을 하는가요?

답 미르재단에서는 원칙적으로 녹음기를 구매해서 녹음을 합니다. 제가 직원들에게 "모든 회의는 녹음을 하고, 그 녹음을 들어보고 회의록을 만들어라"라고 지시를 하였기 때문에 그렇게 되어 있습니다. 이사회 이사들도 이사회 회의가 녹음된다는 사실을 알고 있을 정도입니다.

문 언론 보도에 의하면, 미르재단 대표와 이사 중 상당수가 최순실 또는 최순실과 상당한 친분이 있는 차은택에 의하여 선임되었다는 것인데, 사실인가요?

답 차은택이 대부분의 인사를 추천한 것은 맞고, 차은택이 최순실을 회장님이라고 부르면서 예우하고 있는 것은 알지만, 최순실이 차은택을 통하여 또는 직접 미르재단의 인선에 영향력을 미쳤는지는 잘 모르겠습니다.

문 현재 사용하고 있는 핸드폰으로 전화가 많이 오는가요?

답 기자들의 전화는 제가 7월경 직위 해제될 무렵부터 많이 늘었는데, 제가 해임되어서 열 받아 있는 상태라 생각하고 특종을 캐려고 그랬던 것 같은데 그런 전화들 때문에 지금 너무 힘듭니다.

문 본 건과 관련하여 진술인에 대한 내용이나 진술인이 언급한 내용과 관련한 기사들이 다수 보도되고 있는데, 지금 심정이 어떤가요?

답 기사들이 많아서 저도 다 보지 못했으나 일부 기사들을 보면, 제가 기자에게 말했던 것과 상당히 많은 차이가 있습니다. 제가 다른 사람에게 들은 말에 대한 전언도 제가 직접 발언한 것처럼 기사화된 부분도 많이 있었는데, 이를 기자들한테 일일이 설명하고 해명할 수도 없어 매우 답답한 상황입니다.

이성한에 대한 검찰 진술조서 내용을 종합하면, "최순실 씨 책상 위에 중요한 서류가 이만큼 있더라"는 고영태의 한마디 말이 미르재단 사무총장의 입을 거치면서 '최순실 책상 위의 중요한 서류'는 '청와대 수석들이 대통령에게 보고한 국가적 정책 사안'으로 왜곡되고, 보고서 전달 과정을 설명하기 위해 '거의 매일 밤 청와대 정호성 제1부속실장이 사무실로 들고 왔다'라는 기자의 상상력이 보태어졌음을 짐작할 수 있다. 또한 언론들의 거짓 선동과 달리 미르재단의 인사는 최서원이 아닌 차은택이 주도했다는 증언도 나온다. 언론들은 사기 탄핵 광풍 당시 이런 식의 조작 보도를 연쇄적으로 내보냈고 국회는 이를 탄핵의 증거로 제출했던 것이다.

딜레마에 빠진 보수 진영

김종인 비대위원장은 이러한 사실관계조차 제대로 알아보지도 않고, 언론의 보도 내용만 보고 남의 사건 관련 제3자가 대신 사과문을 발표해 버린 것이다. 이에 대해 우종창 전 월간조선 기자는 박 대통령을 대신해 허위 사실 유포에 의한 명예훼손죄로 고발할 것을 공지하기도 했다.

김종인 비대위원장이 아니어도 이미 국민의힘은 원내대표 주호영 등 지도부 전체가 탄핵을 주도하거나 찬성한 인사들로 채워져 있다. 김종인 식으로 사기와 거짓으로 점철된 탄핵을 박 대통령 한 명에게 책임을 덮어씌우고 가는 전략을 구사해 왔다.

반면 4년 전 탄핵무효를 외치며 광화문 광장을 가득 채웠던 장외 보수 세력도 마찬가지이다. 이 세력은 바로 박 대통령에게 누명을 씌워 30년형을 구형한 특검 당시 수사 팀장, 현 문재인 정권의 윤석열 검찰총장을 대통령으로 만들겠다며 스스로의 양심마저 배신해 버렸다.

그러다 보니 제도권 보수 정당은 물론 태극기 장외 보수 세력까지 다시 박 대통령 사면론이 불거지며 탄핵 논쟁이 벌어지는 것을 기피할 수밖에 없다. 국민의힘 측에서는 사기와 거짓 탄핵을 주도하여 찬성한 세력 입장에서 불편한 것이고, 장외 태극기 보수 세력은 박 대통령을 구치소에 잡아넣은 윤석열을 대통령으로 만들기에 사면론이 지장을 주기 때문에 불편한 것이다.

　장외 태극기 보수 세력의 박 대통령 사면과 윤석열 대통령 만들기 간의 정신분열적 행태를 제대로 보여 준 인물이 보수 원로 조갑제 대표이다. 조 대표는 윤석열 대통령 만들기에 나서자고 보수층의 여론을 선동하고 있다. 이런 조갑제 대표는 4년 전 탄핵 반대 태극기 집회 때 "탄핵은 내란이고 사형으로 다스려야 한다"고 주장해 큰 박수를 받곤 했다. 박 대통령 사면과 관련해선 "박 대통령에게 20년형을 선고한 판사와 같은 하늘 아래에서 산다는 것 자체가 끔찍한 일"일이라며 박 대통령의 무죄 석방을 주장하고 있다. 그런데 박 대통령에게 30년형을 구형하여 20년형의 선고를 받도록 한 윤석열에 대해선 '사실, 법치, 자유의 편'이라며 차기 대통령 만들기를 하자고 주장한다. 이게 정신분열이 아니면 대체 뭐란 말인가.

　실제 박 대통령 탄핵무효를 외치며 후원금을 받아오다가 최근 윤석열 대통령 만들기에 나선 보수 측 유튜브 채널들은 박 대통령 사면론 관련 당혹감을 감추지 못하고 있다. 4년 전 탄핵 반대 집회를 총괄했던 탄기국의 정광용 사무총장은 자신의 유튜브 채널 '레지스탕스'에 박 대통령 사면론 관련 영상을 단 한 편만 올려놨다. 그것도 강력하게 무죄석방·탄핵무효를 주장하는 게 아니라 문재인 세력이 박 대통령 사면을 갖고 사기를 쳤다는 내용 정도이다. 정광용 총장 역시 자신의 채널을 대부분 윤석열 찬양 콘텐츠로 채워 넣고 있다.

　제도권 보수와 장외 보수로서는 박 대통령과 탄핵, 그리고 그들 스스로 외쳐온 탄핵무효 구호는 이제 무덤 속에 묻어야 할 치부가 되어 버렸다. 탄핵무효를 외치며 거액의 후원금을 챙겨온 장외 태극기 보수세력은 탄핵무효 운동의 돈벌이 효용성이 다 끝났다고 판단한다. 탄핵무효라는 진실의 길을 피하고 박 대통령을 구치소에 잡아넣은 윤석열 대통령 만들기라는 정반대의 돈벌이 길에서 연초부터 박 대통령 사면론과 태블릿 조작의 진실이라는 거대한 산을 다시 마주하게 된 형국이다.

짝퉁 보수의 궤변을 직격하다

탄핵무효라는 진실과 정직의 길을 포기하다 보니 한술 더 떠 아예 보수 자체를 제거하려는 움직임도 보인다. 자칭 좌파 사회민주주의자 진중권 전 동양대 교수의 보수 죽이기 담론을 조선·중앙·동아는 물론 보수 야당이라는 국민의힘에서 적극 유포하고 있는 것이다. 진중권은 본인이 보수가 아닌 좌파라면서 주간동아에 연재한 보수 죽이기 칼럼을 묶어 『진중권 보수를 말하다』는 책을 펴내기도 했다.

동아일보 계열의 채널A는 신년 토론회로 '보수를 말한다', '진보를 말한다' 2편을 기획했다. 진중권은 이 두 편 모두 출연했다. 문제는 '보수를 말한다' 토론회에 함께 출연한 박성민 '민 컨설팅' 대표부터 여야 국회의원까지 그 누구도 지금껏 보수주의자를 자청한 인물이 없다는 점이다. 보수주의자 토론자가 없는 상태에서 좌익 진중권이 마치 보수를 대표하는 양 발언을 하게 된 셈이다. 채널A뿐만 아니라 지상파·종편 시사프로그램에 보수주의자, 특히 탄핵 반대론자의 경우 사실상 출연이 불가능하다. 진중권이 보수를 대표하는 논객으로 위장할 수 있었던 건 바로 제도권 언론 전체가 사기 탄핵 선동에 참여하면서 탄핵 반대 보수 논객의 출연이 금기시되었기 때문이다.

진중권은 주간동아는 물론 중앙일보에도 연재를 하고 있다. 주된 내용은 문재인 정권 비판과 보수 죽이기이다. 진중권의 보수 죽이기에 대한 반론은 제도권 언론에서는 불가능하다. 애초에 보수와 탄핵무효론자는 대한민국의 제도권 언론과 제도권 정치에서는 출입금지 상태이기 때문이다. 탄핵을 직접 주도한 조선, 중앙, 동아 등 언론계에서 단순히 탄핵무효의 진실만 은폐하는 것으론 불안한지 보수적 가치 전체를 끝장내려고 기획한 게 바로 진중권 보수 대표론인 것이다. 그간 진중권이 동아와 중앙을 오가며 내지른 보수 죽이기를 위한 왜곡된 주장은 크게 다음과 같다.

첫째, 태극기 집회는 국가적 상징물인 태극기를 특정 정치 사회단체가 집회의 도구로 악용하는 것이고, 태극기 집회는 허상에 가까운 주사파와의 싸움만을 겨냥하고 있다.

그렇지 않다. 보수 진영은 탄핵무효 때 처음 태극기를 들고 나온 게 아니다. 노무현 집권 세력이 공식 행사 때 애국가를 부르지 않고 태극기도 들지 않는 것에 대한 불만과 불안감으로 이 당시 집회부터 자발적으로 태극기를 들고 나오게 되었다. 즉, 태극기 집회는 진중권과 같은 친문 좌익 세력들이 태극기와 애국가를 경시하는 태도에 대한 반발로 시작된 것이다.

2012년에 썼던 칼럼 '우리가 부정하는 태극기는…'에서도 진중권은 다음과 같이 태극기를 둘로 쪼개 놓았다.

태극기도 마찬가지다. 우리가 부정하는 것은 태극기가 아니라 시도 때도 없이 태극기를 들라고 강요하는 억압적인 군사 문화다. 강요되는 태극기는 국가의 상징이 아니라 특정한 정권, 즉 독재정권이 우리 입에 물린 재갈일 뿐이다.

우리가 부정하는 것은 조회 시간에 억지로 부르던 애국가와 전두환을 연호하라고 들려주던 그 태극기이다. 우리가 긍정하는 것은 1980년 금남로에 펼쳐졌던 그 태극기, 도청 광장에 울려 퍼지던 그 애국가이다.

태극기와 애국가는 자신들 입맛에 맞는 행사 때만 들고 부르라는 게 아니다. 1980년 광주 금남로에 있던 태극기는 진짜 태극기이고, 2016년 한겨울에 휘날리던 박 대통령 탄핵무효의 태극기는 가짜라고 주장하는 게 바로 태극기를 부정하는 그의 사고이다. 학교에서 공식적으로 아침조회를 할 때 국민의례를 하면 태극기를 드는 것이고 애국가를 부르는 것이다. 전두환이 보기 싫다고 대한민국 대통령 전두환이 들고 있는 태극기를 내버리겠다면 전두환을 부정하는 걸 넘어 태극기를 부정하는 짓이다. 그 논리라면 보수층은 문재인에게 태극기를 들지 말라고 요구해야 하는 것이고, 그런 과정으로 국론 통합의 상징물인 태극기는 무력화되는 것이다.

오히려 보수 진영에서 줄기차게 태극기 집회를 이어가자 최근에는 친문 좌익 진영에서도 변형된 태극기를 들고 나와서 애국가를 1절이라도 부르는 경향이 생겼다. 태극기 집회를 통해 태극기 경시 문화에 경종을 울렸다는 점에서 일정 부분 성공한 셈이다.

또한 태극기 집회의 주된 목표는 사기와 거짓 탄핵에 대한 진실을 밝히겠다는 것이다. 박 대통령 투옥 이후 돈벌이 목적으로 변질되긴 했어도 탄핵무효 태극기 집회는 진실 존중을 위한 집회였던 것이다.

둘째, 북한의 핵무기는 남한을 위협하는 게 아니라 북한의 힘이 워낙 미약하여 어쩔 수 없이 만든 것일 뿐, 보수는 북한의 힘을 과장하여 반공 이데올로기로 손쉽게 선거를 이기려 한다.

아니다. 현대 국방력은 재래식 무기와 이른바 비대칭 전략인 핵무기, 화학무기, 특수전까지 다 포함해야 한다. 재래식 무기와 경제력에서 앞선다 해도 전쟁을 단기간에 종식시킬 핵무기, 화학무기, 특수전은 북한이 절대적으로 우위에 있다. 이 때문에 대한민국은 안보를 한시도 게을리할 수 없는 것이다.

특히 2000년대 이후 중국의 급부상과 미국보다 지리적으로 가깝다는 이유로 대한민국의 안보는 6·25 시대와 비슷한 수준으로 위협받고 있다. 이상하게 진중권류의 좌파는 북한 김 씨 왕조는 비판해도 중국의 팽창 위협은 의도적으로 은폐한다.

또한 진중권은 서울대 경제학과 이영훈 전 교수 등이 대한민국은 일제시대 때부터 근대화와 건국의 틀을 갖추기 시작했다고 주장하는 이른바 식민지 근대화론을 친일파 논리라며 음해 비방한다. 진중권은 "일제가 근대화시켜 주었으니 축복이고 감사한 마음을 갖자는 것이냐"며 학술 이론을 제대로 이해하지도 못한 채 상습적으로 비방해 왔다.

식민지 근대화론은 일제시대를 살았던 조선인 엘리트들이 비록 일제가 조선을 수탈하기 위해 근대화 제도를 이식했더라도 그 제도를 적극 활용하여 근대화 준비를 해 나가며 결국 1945년 해방에 이어 1948년 근대국가 건국에 성공했다는 이론이다.

이 부분은 진중권이 사회민주주의자 혹은 신좌파, 문화좌파의 정체성과 크게 어긋나는 지점이기도 하다. 진중권은 주사파도 아니고 민노총식 마르크스 노동운동파도 아니다. 개인의 자유를 극대화하고 물질적 쾌락도 부정하지 않는 신좌파이다. 이들은 국가와 민족이 개개인의 본성을 억압하는 것을 극단적으로 반대한다. 여기서 더 나아가면 무정부주의자가 된다.

신좌파라면 일제 당시에 살았던 조선의 백성 한 명, 한 명의 삶의 질에 초점을 맞춰야 한다. 신좌파는 국가와 민족을 위해 장엄하게 목숨을 바치는 등의 행위를 비웃고 조롱한다. 실제로 진중권은 수시로 이런 행위를 '신파'라며 평가 절하해 왔다. 진중권은 유독 일제시대 이야기만 나오면 국수주의자나 민족주의자들과 똑같이 친일파 프레임에 갇혀서 어떤 새로운 시각도 부정한다. 이렇게 앞뒤가 안 맞는 말을 하다 보니 진중권은 "일제와 맞서 싸운 것은 이 땅의 백성들이었다"는 황당한 국수주의자나 민중주의자와 비슷한 결론을 낸다. 당시 하루하루 먹고 살기도 힘든 백성들이 어떻게 일제와 맞서 싸웠겠나. 아니 진중권의 신좌파 시각으로 보면 백성들이 군이 일제와 맞서 싸울 이유가 있었는가.

조선 땅 내에서 일제가 심어놓은 근대화 틀에서 건국을 준비한 이른바 협력 엘리트를 부정하게 되니까 해외에서 독립운동을 했던 이승만과 김구까지 모조리 부정하게 된다. 결국 다시 케케묵은 민중사관으로 복귀하는 것이다. 일제시대와 관련해 진중권의 궤변은 실은 진중권이 진짜 신좌파가 아니라는 증거이다. 그냥 이 눈치 저 눈치 보며 욕먹지 않을 길만 찾다가 자신의 진짜 논리의 길을 잃어버린 셈이다.

진중권은 역사 문제만 나오면 이승만도 필요 없고 박정희도 필요 없다고 한다. 그냥 모두 민중들이 알아서 했다는 극단적 민중론자로 돌변한다. 그렇다면 진중권은 왜 이제껏 대선 때만 되면 문재인 등 특정 좌익 후보에 줄을 서서 찬양가를 불러대며 선거운동을 했는가. 기층 민중들이 다 알아서 한다면 대통령이 누가 되든 진중권이 왜 신경을 쓰냐는 것이다.

끝으로 진중권은 박정희 시대 경제개발의 성과는 깡그리 무시해 버린다. 고교 평준화, 그린벨트, 국민연금 등 좌익적 정책에만 초점을 맞춘다. 심지어 박정희 식 국가주도 개발 노선을 마치 좌익 사회주의 노선인 것처럼 호도하기도 한다.

진중권을 띄우는 조중동의 핵심 목표

이런 진중권의 시각은 케임브리지대 경제학과 장하준 교수의 잘못된 시각을 그대로 베낀 수준이다. 박정희 시대의 경제개발 성과는 결과적으로 삼성, 현대, SK, LG 등 최첨단 중화학 공업을 중심으로 한 국제 경쟁력을 갖춘 민간 대기업을 만들었다. 실제 박정희 시대에 성장한 이 대기업들이 아직까지도 대한민국 경제의 주축이다. 민간 대기업을 성장시킨 게 어떻게 좌익 사회주의 노선일 수 있는가.

이런 진중권의 궤변이 보수의 새로운 이론이 되었을 때 보수 이념은 사라지고, 이념이 사라진 보수 세력 역시 궤멸될 것이다. 이게 바로 동아·중앙·조선 등이 진중권을 띄우는 핵심 목표일 것이다.

11
장

보수가
나아갈 길

진정한 보수주의란

정치철학적으로 보수주의란 자유주의·사회주의와 대별되는 점진적 개혁론이다. 프랑스대혁명 당시, 2만 명 이상이 목숨을 잃는 유혈 사태를 지켜본 영국의 정치가이자 정치철학자 에드먼드 버크의 이론이 그 중심이다. 영국은 프랑스와 달리 왕의 절대 권력을 귀족들이 통제한 1215년 마그나 카르타 이후에 전쟁이나 폭력 사태 없이 점진적으로 민주주의를 발전시켰다. 이렇게 영국식 정치제도의 발전 과정에서 축적된 지혜와 경험을 살려 지킬 것은 지키고 바꿀 것은 점진적으로 바꾸자는 게 보수주의 이론이다.

영국의 이런 정치 제도와 보수주의 이론은 미국에도 이식되었다. 물론 그 과정에서 미국은 독립전쟁을 벌이며 근대적 독립 공화국가라는 또 하나의 정치적 가치를 만들어 냈다. 그러나 그렇다 해도 미국이 큰 충돌 없이 민주주의를 발전시킬 수 있었던 것은 영국의 전통을 이어받았기 때문이다. 당연히 보수주의 정치철학은 영국과 미국을 중심으로 논할 수밖에 없다.

지켜야 할 것과 점진적으로 바꿔야 할 것

일제 지배 이후 1948년에야 비로소 민주 공화국을 세운 대한민국은 지켜야 할 정치적 전통이 그다지 많지 않았다. 그중에서 건국의 뿌리를 찾는다면 일제시대에 육성된 근대국가를 지탱할 관료 시스템이다. 이들 관료 중 최상층 관료는 친일파로 규정되어 이승만 대통령 1기 내각에 일체 참여할 수 없었다. 그러나 독립운동을 하다 두 번이나 투옥된 조병옥이 국회에서 친일파 등용을 비판한 김규식을 향해 "우리야 일제에 맞서 싸웠다 쳐도, 일본에 유학 가고 일본 해군에서 일한 당신과 나의 자식들은 뭔가. 그들도 모두 친일파라 배척하면 대체 그 어떤 청년들이 대한민국에서 일할 건가"라고 항변했듯이 하급 관료와 경찰들은 대부분 직을 이어 갔다. 여기에 이승만 대통령 본인이 직접 공부하고 체험한 미국식 대통령제가 결합되면서 대한민국은 건국될 수 있었다. 미국의 힘은 단지 제도와 문물뿐만 아니라 6·25 당시 미군이 대한민국을 지켜내는 데까지 영향을 미친다.

이에 이승만 대통령은 반공 포로 석방 등을 통해 미국을 압박해 세계에서 유일하게 미국과 상호방위조약을 맺고, 6·25 이후에도 미군을 대한민국에 주둔시키는 데 성공했다. 이것이 대한민국의 안보를 지켜 온 한미군사동맹이다.

이승만 대통령은 이에 더해 타이완(대만)의 장제스 총통과 함께 필리핀, 태국, 홍콩, 마카오, 베트남, 일본 오키나와를 포함시키는 아시아반공연맹을 구상했다. 원래는 아시아의 나토로 군사동맹이 목표였지만 미국의 반대로 정치동맹으로 시작했다. 그 후신인 한국자유총연맹은 아직도 존재하고 있다.

박근혜 대통령은 그 자유총연맹을 활용해 북한 자유통일 작업에 나서다 탄핵을 당하기도 했다. 이승만 대통령이 구축한 한미군사동맹과 아시아반공연맹은 최근 미국 트럼프 정부의 아시아 인도태평양 정책과 무척 닮아 있다. 더구나 이제는 아예 미국이 앞장서서 일본, 호주, 인도 등과 함께 아시아판 나토, 즉 군사동맹까지 구상 중에 있다.

이승만 대통령 당시 대한민국 안보 위협의 주적은 물론 북한 김일성 집단이었다. 그러나 6·25 전쟁에서 드러났듯이 그 배후의 중공도 언제든지 한반도를 침략해 올 수 있었다. 현재 미국의 인도태평양 전략의 핵심 역시 중국의 팽창 저지이다. 그 점에서 이승만 대통령이 구축해 놓은 한미군사동맹, 아시아반공연맹은 지금도 대한민국 안보를 지탱하는 변할 수 없는 두 축이다. 이런 이승만 대통령의 안보 정책을 지켜나가는 것도 바로 보수주의 원칙이라 할 수 있다.

이외에도 앞서 언급한 대로 박정희 대통령의 민간 기업 주도 경제성장 정책도 지켜나가야 할 하나의 훌륭한 전통이다. 박정희 대통령 당시에는 손쉽게 공기업을 만들어 친인척이 모두 장악할 수 있었다. 그러나 박 대통령은 기업가 정신에 주목해 민간 기업을 육성하는 정책을 훌륭하게 성공시켰다.

정치권력은 수시로 민간 기업을 장악하여 국유화하려는 습성을 지니고 있다. 문재인 정권에서 국민연금의 적극적 의결권 행사도 그중 하나이다. 그럴 때마다 국가가 기업을 먹어치울 기회를 마다하고 민간 기업인들이 활동할 터전을 만들어 준 박정희 대통령의 지혜를 다시 되돌아볼 필요가 있다.

사실 한미동맹과 민간 기업 육성 등은 기존의 조·중·동에서 정면으로 내세운 보수의 가치였다. 조·중·동이 이것마저 부정할 리는 없다. 그럼에도 불구하고 진중권으로 하여금 자신들이 내세운 가치조차 포기하면서까지 반드시 죽여야 하는, 보수의 진정한 가치는 무엇이었을까. 바로 보수주의 내의 진실의 DNA를 파괴하는 일이 아니었을까. 사기와 거짓 탄핵의 진실을 영원히 파묻어 버리기 위해서.

'진실'과 '도덕'을 다시 세우고

공산주의와 사회주의 등 좌익의 이념은 진실과 도덕을 중시 여기지 않는다. 그건 기존 체제를 유지하기 위한 도구들일 뿐 체제를 붕괴시키기 위해서라면 진실과 도덕은 마음대로 조작하고 부정해도 된다는 인식을 하고 있다. 실제 광우병 거짓 보도와 세월호 거짓 행태, 그리고 사기 탄핵 과정에서 진실과 도덕은 완전히 실종되었다.

반면 기존 체제를 지켜내야 할 보수주의에선 진실과 도덕은 절대적 가치이다. 거짓이 난무하고 도덕이 파괴된 세상에서 기존 체제가 유지될 방법은 없다. 진실과 도덕은 체제의 상위 계층일수록 더 철저히 지켜야 한다. 보수주의 핵심에 노블레스 오블리주noblesse oblige 정신이 포함될 수밖에 없는 이유가 여기에 있다.

박근혜 대통령 사기탄핵은 국회, 언론, 검찰, 헌법재판소, 법원 등 사회의 최상층 권력 집단이 벌인 진실과 도덕 파괴 공작이었다. 이를 막지 못했기에 일단 보수주의는 한 번 무너졌다. 무너진 증거는 "박근혜 사랑해요. 무죄 석방"을 외친 보수 세력이 박 대통령에게 30년형을 구형한 이를 대통령으로 모시자며 "윤석열 만세"를 불러대는 정신분열적 현상에서 나타난다. 이제 보수 스스로가 진실과 도덕은 물론 더 나아가 양심까지 파괴하기 시작한 것이다.

영국과 미국에서 보수적 윤리라 하면 기독교 윤리관을 의미한다. 기독교 윤리관에도 진실, 성실, 정직의 미덕이 포함된다. 대한민국의 건국에도 미국에서 유입된 기독교 정신이 큰 기여를 했다. 보수 파괴를 목적으로 투입된 진중권이 수시로 "보수는 기독교 반공주의를 버려야 한다"고 외쳐대는 것도 이런 맥락 때문이다.

사기탄핵을 성사시킨 조·중·동 입장에서는 보수적 가치와 보수주의, 그리고 보수 세력이 남아 있는 한 언제 어떤 방식으로 탄핵의 진실이 터져 나올지 불안해할 수밖에 없다. 보수 내에 도덕이 살아 있으면 진실이 터져 나올 가능성은 더 높아진다. 진실의 길로 들어가긴 힘들어도 4년 동안 구치소에서 홀로 갇혀 있는 박 대통령 보기가 미안해서라도 '탄핵무효'를 외치는 마음이 도덕이다. 그래서 이들은 보수 내의 진실과 도덕을 말살시키고 사기 탄핵 공범들끼리 적절히 권력을 나눠먹는 내각제 개헌을 꿈꾸는 것이다.

사실 진중권이 주장하는 보수론에서의 가장 큰 맹점도 일단 그의 주장이 진실에 근거하고 있지 않다는 점이다. "일제시대 때 백성들이 맞서 싸웠다"라거나, "박정희 정권이 국가 사회주의 노선의 정책을 내세웠다"라는 것은 진실이 아니다.

여전히 진실의 힘은 세다

2012년도 박근혜와 문재인이 출마한 대선에서 첨예한 쟁점이었던 노무현 정권의 북방한계선NLL 무력화를 주제로 나와 진중권은 인터넷 끝장토론 사망유희에서 맞붙었다. 나는 30여 편의 관련 논문과 저서를 학습하여 노무현 정권은 김정일과의 회담에서 NLL을 완전히 무력화시키려 했다는 점을 입증했다. 반면 신문 기사에 의존했던 진중권은 토론 이후 백기를 들고 말았다.

당시 토론 전 승패 예상은 진중권이 92퍼센트였고 나는 8퍼센트에 불과했다. 그러나 토론 이후 승패 분석에서 내가 55퍼센트였고 진중권은 45퍼센트였다. 불과 2시간여 만에 대역전을 해버렸다. 이것이 진실의 힘인 것이다.

탄핵 당시 각종 여론조사에서 탄핵 찬성이 80퍼센트였고 반대가 20퍼센트였다. 이후 2019년 9월 미디어워치가 자체 조사한 결과, 박 대통령 석방 찬성이 35퍼센트, 반대가 51퍼센트였다. 2021년 1월 초에 박근혜 대통령과 이명박 대통령 사면 여론조사에서는 찬성이 47.7퍼센트, 반대가 48퍼센트로 대등한 상황까지 올라왔다. 물론 아직도 탄핵이 옳았느냐 틀렸느냐고 묻는다면 여전히 큰 차이가 날 것이다.

그러나 당시 모든 언론이 거짓으로 선동했던 태블릿이 최서원이 아닌 중앙일보 홍석현 회장 아들 홍정도의 친구 김한수 전 청와대 행정관 것이라는 걸 알게 된다면? 그리고 그에 대한 결정적 증거인 김한수의 요금 납부 기록을 검찰이 은폐했다는 게 알려진다면?

이미 2019년 9월 가로세로연구소와 미디어워치가 디오피니언에 의뢰한 여론조사에서 "최서원이 태블릿으로 대통령의 연설문을 수정했다"는 JTBC의 보도를 당시 국민 65퍼센트가 사실로 믿었다는 결과가 나왔다. 애초에 태블릿은 문서 수정 기능이 없기 때문에 최서원이 태블릿으로 문서를 수정했다는 전제가 거짓이다. 더 나아가 태블릿이 김한수의 것이란 게 드러나자 검찰이 증거를 은폐하며 국민을 속여 왔다는 것을 알게 되면 검찰이 주도한 탄핵에 대한 국민들의 인식에 변화가 없겠는가.

같은 조사에서 '태블릿 관련 과학적 검증이 필요한가'라는 질문에는 43퍼센트가 찬성, 38퍼센트가 반대로 조사됐다. 실제 2심 재판에서 피고인 측은 태블릿 과학적 검증을 위해 사본 파일을 복사 요청했고, 재판부는 검찰 측에 이를 이행하라고 명령했다. 그러나 검찰은 재판부의 명령에도 무작정 버티며 피고인 측에 사본 파일을 복사해 주지 않고 있다. IT 기기 분석 전문가인 김인성 전 한양대 컴퓨터 공학과 교수는 "국가 안보가 걸린 공안 사건 때조차 IT 기기의 사본 파일을 제출하라고 하면 일단 내준다. 단지 태블릿 사용자를 특정하기 위한 사안에서 재판부의 명령에도 이렇게 사본 파일을 주지 않는 경우는 처음 봤다"며 혀를 내둘렀다. 그만큼 검찰은 순순히 태블릿 사본 파일 전체를 내주기에는 부담스러운 어떤 짓을 했을 가능성이 매우 높다.

2018년 12월 10일, 나는 태블릿 재판 1심 선고에서 2년형을 선고받았다. 역설적으로 선고를 받는 순간, 나는 나의 주장이 틀리지 않았을 거라 확신을 더 갖게 되었다. 나의 주장이 틀렸다면 벌금형 정도로 끝났을 것이다. 내가 진실을 말하니까 유례없는 언론인 사전 구속을 자행하고, 그래도 굽히지 않으니 2년형까지 선고해 버렸다고 확신한다.

내가 구속된 후 함께 태블릿 진실투쟁을 이끌었던 황의원 대표마저 1년형을 선고하여 법정 구속시켰다. 5명짜리 회사에서 대표급 2명이나 구속된 상황에 저들은 진실 게임이 종료되길 바랐을 것이다. 그러나 오히려 2심에 들어가면서 태블릿의 치명적인 조작 증거들이 튀어나왔다. 이제는 태블릿 관련 대부분의 진실은 드러났다. 월간조선 우종창 전 기자의 말대로 태블릿에서 더 밝혀야 할 사안은 태블릿이 김한수로부터 어떻게 JTBC로 넘어갔는지에 대한 유통 경위뿐이다.

변질된 보수 운동을 바로잡고

2017년 3월 10일, 헌법재판소에서 박근혜 대통령 탄핵소추안 선고가 있던 날 당시 나는 태극기 집회에 참여하지 않았다. 당시 탄기국에서는 헌법재판관 중 최소 4명의 탄핵 반대표가 확보되어 기각될 것이라는 의견이 지배적이었다. 나는 단순히 탄핵 반대만 한 게 아니었다. 검찰, 언론이 주도한 태블릿 조작의 배후까지 잡아야 한다는 입장이었다. 그래서 탄기국 지도부와 상의해 나는 축제와 같을 게 뻔한 집회는 불참하고, 곧바로 태블릿 조작 진실 규명 관련 기자회견을 준비하겠다는 의사를 전했다. 그러나 예상 밖으로 헌법재판관 8명 전원의 탄핵소추안 인용 결정이 나버렸다.

사무실에서 탄핵 인용 결정 소식을 들었을 때 가장 먼저 떠오른 생각은 '대체 언제까지 탄핵무효 운동을 지속해야 할까'였다. 탄핵이 성사되었으므로 박 대통령은 구속될 것이고 차기 대선은 문재인이 집권할 게 분명했다. 그렇다면 최소한 문재인 임기 내에 탄핵무효 관철은 불가능해 보였다. 문제는 불가능해 보여도 누군가는 해야 한다는 데에 있었다.

앞서도 언급했지만 탄핵 반대 태극기 집회는 보수 진영에 수백억 원의 돈벼락을 내려주었다. 어찌 보면 모두 박근혜 대통령이 탄핵되고 구속된 대가이기도 하다. 탄핵 반대 태극기 집회가 매주 축제처럼 이어진 것도 이런 돈벼락의 힘이었을지도 모른다. 당연히 박 대통령이 탄핵된 이후 문재인 정권에서의 돈벼락 없는 탄핵무효 운동이 제대로 지속될 수 있을지 걱정할 수밖에 없었다. 우려대로 동력은 점차 상실되었다.

이제는 오히려 태극기 세력들이 사기 탄핵의 주범 윤석열을 찬양하며 또 다른 돈벌이를 시작한 상황이다.

악마의 유혹, 소주 한잔

탄핵의 최대 수혜자 문재인 정권이 들어서자 탄핵무효 관철을 위한 핵심 열쇠였던 태블릿 조작 문제를 거론한 나의 구속은 어찌 보면 당연한 일이었다. 그렇게 사전 구속영장이 발부되어 서울구치소에 수감되자 검찰 쪽과 잘 아는 변호사가 접견을 들어왔다. 개인 성향은 보수적이나 보수 운동쪽과 연결된 바 없는 그냥 검찰 출신 엘리트 변호사였다. 변호사는 오랜 미디어워치 독자이기도 했다. 그는 다짜고짜 석방 카드를 꺼내들며 나를 설득했다.

> "어차피 탄핵 다 끝났는데 최순실이 태블릿 썼냐 안 썼냐 이게 뭐가 중요하냐. 최순실이 쓴 게 맞다고만 인정하면, 조금 조작되든 말든 뭐가 중요해. 그냥 인정만 하면 바로 석방 가능한 걸."

그러면서 그는 한마디를 더 덧붙였다.

> "검찰과도 얘기 다 됐어."

순간, 그의 말에 나는 피가 거꾸로 솟구치는 것 같았다. 이대로 석방되고 싶다는 유혹을 느끼기보다 변호사의 말이 이명처럼 떠돌았다. 구속이 안 되었으면 느끼지 못했을 온갖 감정들이 난무했다. 이상한 것은 찰나에 많은 감정들이 뒤엉켰다. 그중 가장 크게 뒤엉킨 단어는 '구속', '석방', '진실'이었다. 이미 문재인 정권과 탄핵 세력에 의해 구속까지 된 상황이다. 구속이 되지 않았다면 태블릿 진실을 밝힐 기회를 찾지 못 했을 때 접을 수도 있을 이유가 수만 가지나 되었다. 차라리 그 끝에 뭐가 있는지 진실에 승부를 걸어야겠다는 의지가 타올랐다. 이미 구속되어 갇힌 몸인데 입장을 180도 바꾼다? 용납할 수 없는 현실이었다. 그랬다가 그 불명예로 어떻게 언론 생활을 할 것인가. 이것은 내가 특별히 의지가 강해서라기보다는 진실밖에 길이 없다는 믿음으로 추운 겨울 내내 탄핵무효를 외치며 견뎠던 내 몸이 마음보다 빠르게 반응했기 때문이다.

나는 마음을 가지런히 정리하고 미디어워치 독자로서, 대학 선배로서 나름의 방법을 찾아서 달려와 준 변호사에게 거부의 말을 건넸다.

"여기 식사도 좋고 드라마 볼 것도 많아. 책 읽을 것도 많으니 좀 더 있다 나 갈게."

내 말에 변호사가 나를 설득하려는 듯 말을 이었다. 하지만 그도 이미 내 몸과 표정에서 설득할 수 없음을 알고 있는 듯했다. 말끝이 살짝 흐려졌다.

"야, 여기 식사가 아무리 좋아도 삼겹살에 갈비 구워 소주 한잔 할 수 있어? 나랑 당장 나가서 소주 한~잔…."

그날 이후 나는 수감 생활을 이어 가며 드라마와 책 읽는 일로 시간을 보냈다.

멈추지 말고 진실의 길을 계속 가라

박근혜 대통령은 4년째 수감 중이다. 수감 중에 국민을 상대로 입장을 발표한 건 두 차례다. 하나는 1심 도중 불법적인 추가 구속을 당하면서 문재인 정권이 장악한 법원을 불신해 재판 참여를 거부하겠다는 성명이었다. 두 번째는 2020년 4월 총선 때 태극기 세력과 제1야당이 손잡고 승리하라는 내용이었다. 박 대통령은 자신의 범죄 행위와 탄핵 사유를 인정하지 않으면서도 구구절절 변명하지 않고, 사실상 침묵으로 자신의 정당성을 시위해 왔다.

4년 전 탄핵무효를 외쳤던 증거와 근거 중 오류가 드러난 사례는 하나도 없다. 오히려 재판이 진행되면 진행될수록 더더욱 박 대통령의 무죄와 탄핵무효의 증거가 더 드러난다. 태블릿은 최서원이 아닌 김한수가 썼다는 증거가 이미 다 드러났다. 이런 상황에서 4년 전 태극기를 들고 탄핵무효를 외쳤던 사람들이 다시 모두 모인다면 얼마든지 탄핵무효를 관철시킬 수 있다. 충분히 할 수 있는데 '설마 문재인과 윤석열이 있는데, 태블릿 진실이 드러나겠어' 하며 지레 겁먹고 자포자기를 하고 있는 사람이 많다.

탄핵을 인정한다는 것은 보수가 만든 정권 수장이 측근과 함께 592억 원의 뇌물을 받고, 국정을 파탄 낸 사실을 받아들인다는 애기이다. 이런 세력이라면 최소 20년 이상 집권하지 못하는 게 맞다.

보수의 새로운 길을 찾을 필요조차 없다. 4년 전 걸었던 탄핵무효의 길, 태블릿 진실의 길을 그대로 가기만 하면 된다. 이 길 이외에 보수가 재건되고 보수가 정권 탈환하는 다른 길은 없다.

보수는 변칙이 아닌 정석으로 간다. 탄핵의 주범 윤석열 만세를 부르는 게 더 돈벌이가 잘된다는 이유로 정석의 길, 진실의 길을 외면한다면 그건 보수가 아니다.

『열린사회와 그 적들』에서 플라톤, 헤겔, 마르크스를 열린사회의 주적으로 간주한 영국의 철학자 칼 포퍼는 "진실을 마주하면 누구나 이를 인정할 것이다"라는 결론을 내린다. 처음부터 권력이나 금권의 욕심으로 고의로 거짓을 유포하거나 받아들인 사람이 아니라면 진실을 거부할 이유가 없다.

진실을 보여 주면 기존 탄핵을 반대했던 국민들 이외에 국회와 언론에 속아 촛불을 들었던 국민들까지도 모두 승복할 거라 믿는 확신도 보수주의 철학이다. 그 진실의 철학을 믿고 그냥 하던 일을 계속하고 가던 길을 계속 가면 되는 것이다.

변희재의
태블릿
사용 설명서

발행일	2021년 2월 5일 초판 1쇄

지은이	변희재
발행인	황의원
발행처	미디어워치(미디어실크)
책임편집	박지영

주소	서울시 마포구 마포대로 4길 36, 2층
전화	02 720 8828
팩스	02 720 8838
이메일	mediasilkhj@gmail.com
홈페이지	www.mediawatch.kr
등록	제 2020-000092호

ISBN 979-11-959158-7-3(03340)

진실을 추구하는 독자가 좋은 책을 만듭니다.
미디어워치는 독자 여러분들의 소리에 항상 귀 기울이고 있습니다.

＊ 가격은 뒤표지에 있습니다.
＊ 잘못 만들어진 책은 구입처에서 바꾸어 드립니다.